本书得到湖南省自然资源厅重大科研项目
"湖南省全民所有自然资源资产产权体系实现机制创新研究"的资助

国家自然资源所有权委托代理制度研究

——以湖南省委托代理试点为例

屈茂辉 等 著

湖南大学出版社

·长沙·

图书在版编目（CIP）数据

国家自然资源所有权委托代理制度研究：以湖南省委托代理试点为例／屈茂辉等著. -- 长沙：湖南大学出版社，2024. 11. -- ISBN 978-7-5667-3757-1

Ⅰ. D923. 24

中国国家版本馆 CIP 数据核字第 2024R4W117 号

国家自然资源所有权委托代理制度研究
——以湖南省委托代理试点为例
GUOJIA ZIRAN ZIYUAN SUOYOUQUAN WEITUO DAILI ZHIDU YANJIU
——YI HUNANSHENG WEITUO DAILI SHIDIAN WEILI

著　　者：屈茂辉　等
责任编辑：谌鹏飞
印　　装：湖南省众鑫印务有限公司
开　　本：710 mm×1000 mm　1/16　　**印　　张**：21.5　**字　　数**：353 千字
版　　次：2024 年 11 月第 1 版　　　　　**印　　次**：2024 年 11 月第 1 次印刷
书　　号：ISBN 978-7-5667-3757-1
定　　价：95.00 元

出 版 人：李文邦
出版发行：湖南大学出版社
社　　址：湖南·长沙·岳麓山　　　　　　**邮　　编**：410082
电　　话：0731-88822559（营销部），88821691（编辑室），88821006（出版部）
传　　真：0731-88822264（总编室）
网　　址：http://press.hnu.edu.cn
电子邮箱：presschenpf@ qq.com

目　次

引　言 ……………………………………………………… 1

第一章　国家自然资源概念及其资产产权体系 ……………… 6

　　第一节　国家自然资源的法律界定……………………… 6

　　第二节　国家自然资源资产及其产权体系 ……………… 27

第二章　国家自然资源所有权法律特性及其行使 …………… 59

　　第一节　国家自然资源所有权的法律表达 ……………… 59

　　第二节　国家自然资源所有权的法律性质 ……………… 70

　　第三节　国家自然资源所有权的权利行使 ……………… 82

第三章　国家自然资源所有权委托代理制度的理论逻辑 … 137

　　第一节　国家自然资源所有权委托代理制度的功能导向…… 137

　　第二节　国家自然资源所有权委托代理的性质与类型……… 147

　　第三节　国家自然资源所有权委托代理的主体设计……… 156

　　第四节　国家自然资源所有权委托代理的内容设计………… 164

第四章　国家自然资源所有权委托代理主体的权利义务 … 173

　　第一节　国家自然资源所有权委托代理权利义务的构造逻辑

　　………………………………………………………… 173

　　第二节　国家自然资源所有权委托人的权利义务………… 176

　　第三节　国家自然资源所有权受托人的权利义务………… 189

第五章　国家自然资源所有权委托代理的内容清单…………　205

　　第一节　国家自然资源所有权委托代理清单的法律表达与功能
　　　　　　………………………………………………………　205

　　第二节　国家自然资源所有权委托代理清单编制的依据与程序
　　　　　　………………………………………………………　217

　　第三节　国家自然资源所有权委托代理清单的合法性审查
　　　　　　………………………………………………………　225

第六章　国家自然资源所有权委托代理的规范构造…………　233

　　第一节　国家自然资源所有权委托代理规范构造意旨………　233

　　第二节　国家土地所有权委托代理的规范构造………………　236

　　第三节　矿产资源所有权委托代理的规范构造………………　260

　　第四节　国家林草资源所有权委托代理的规范构造…………　271

　　第五节　水资源所有权委托代理的规范构造…………………　280

　　第六节　其他国家自然资源所有权委托代理的规范构造……　287

第七章　国家自然资源所有权委托代理的监督制度…………　294

　　第一节　国家自然资源所有权委托代理监督的基本制度逻辑
　　　　　　………………………………………………………　294

　　第二节　国家自然资源所有权受托人的监督考核…………　296

　　第三节　国家自然资源所有权委托代理的人民代表大会监督
　　　　　　………………………………………………………　304

　　第四节　国家自然资源所有权委托代理的检察监督…………　312

　　第五节　国家自然资源所有权委托代理的行政监督…………　320

参考书目　………………………………………………………　328

缩略语表　………………………………………………………　334

后　记　…………………………………………………………　336

引　言

　　包括山水林田湖草沙在内的自然资源，作为自然生成之物，是人类生存的重要基础，是人类生产生活所需的物质资源。它既是环境、生态的重要组成部分，也是人类赖以生存和发展的重要物质来源。

　　是故，自然资源尤其是土地早就是法律调整的社会关系的客体，自然资源的归属即所有权历来备受关注。这种意义上的自然资源即资产性自然资源（有别于生态性自然资源），亦即现阶段政策和非法律人士所言的自然资源资产。我国是社会主义国家，我国《宪法》和《民法典》等法律明确规定，在我国主权范围内的自然资源都属于全民所有即国家所有和集体所有。全民所有即国家所有的自然资源法律当然成为中国特色社会主义法律体系十分重要的组成部分。

　　2013 年 11 月 12 日，中国共产党第十八届中央委员会第三次全体会议通过的《中共中央关于全面深化改革若干重大问题的决定》在"加快生态文明制度建设"中开宗明义地指出："建设生态文明，必须建立系统完整的生态文明制度体系，实行最严格的源头保护制度、损害赔偿制度、责任追究制度，完善环境治理和生态修复制度，用制度保护生态环境。"中共中央、国务院 2015 年发布的《生态文明体制改革总体方案》要求我国"构建起由自然资源资产产权制度、国土空间开发保护制度、空间规划体系、资源总量管理和全面节约制度、资源有偿使用和生态补偿制度、环境治理体系、环境治理和生态保护市场体系、生态文明绩效评价考核和责任追究制度等八项制度构成的产权清晰、多元参与、激励约束并重、系统完整的生态文明制度体系"。2019 年 4 月中共中央办公厅、国务院办公厅印发的《关于统筹推进自然资源资产产权制度改革的指导意见》指出："自然资源资产产权制度是加强生态保护、促进生态文明建设的重要基础性制度。改革开放以来，我国自然资源资产产权制度逐步建立，在促进自然资源节约集约利用和有效保护方面发挥了积极作用，但也存在自然资源资产底数不清、所有者不到位、权责不明晰、权益不落实、监管保护制度不健全等问题，导致产权纠纷多发、资源保护乏力、开发利用粗放、生态退化严重。"将"明确自然资源资产产权主体"作为九大主要任务之一。为此，该意见进一步指出："推进相关法律修改，明确国务院授权国务院自然资源主管部门具体代表统一行使全民所有自然资源资产所有者职责。研究建立国务院自然资源主管部门行使全民所有自然资源资产所有权的资源清单和管理体制。探索建立委托省级和市（地）级政府代理行使自然资源资产所有权的资源清单和监督管理制度，法律授权省级、市（地）级或县级政府代理行使所有权的特定自然资源除外。完善全民所有自然资源资产收益管理制度，合理调整中央和地方收益分配比例和支出结构，并加大对生态保护修复支持力度。"①

为贯彻落实中央决策，探索建立全民所有自然资源资产所有权委托代理机制，中共中央办公厅、国务院办公厅于 2022 年 3 月 17 日印发了《全民所有自然资源资产所有权委托代理机制试点方案》，明确"在各省（自治区、直辖市）和新疆生产建设兵团同步试点"。湖南省的试点工作由湖南省自然资源厅具体负责组织实施，以我领衔的湖南大学学术团队全程参与了调研和方案研讨，在湖南省政府办公厅印发的《湖南省全民所有自然资源资产所有权委托代理机制试

---

① 中国共产党二十届三中全会审议通过的《中共中央关于进一步全面深化改革、推进中国式现代化的决定》在"深化生态文明体制改革"中进一步将"完善全民所有自然资源资产所有权委托代理机制"作为"完善生态文明基础体制"的重要组成部分。

点实施总体方案》和《湖南省人民政府代理履行全民所有自然资源资产所有者职责的自然资源清单》中贡献了理论智慧和智力支撑。

根据湖南省自然资源厅 2022 年重大科技研究项目计划，我领衔的湖南大学学术团队经公开招标获批了湖南省自然资源厅重大科研项目"湖南省全民所有自然资源资产产权体系实现机制创新研究"。从 2022 年 9 月起，项目组全体人员按照研究计划着手研究，搜集了数百万字的国内外研究资料，先后赴衡阳市、常德市、岳阳市、郴州市，以及南山国家公园、南滩国家草原自然公园等地开展调研，与广东省、江苏省、海南省、江西省、贵州省、辽宁省等兄弟省份从事全民所有自然资源资产所有权委托代理研究的专家通过现场或者视频的方式进行研讨，数次赴北京参加自然资源部权益司组织的相关研讨会。

按照湖南省自然资源厅党组的意见，本项目重在进行理论研究，其最终成果不限于研究报告，需出版学术著作。故此，项目组组织本项目的骨干人员撰写了《国家自然资源所有权委托代理制度研究——以湖南省委托代理试点为例》一书。本书是项目研究报告之外的独立成果，也与研究报告的内容紧密关联，主要是以湖南省全民所有自然资源资产所有权委托代理试点为例，集中研究我国全民所有自然资源资产所有权委托代理的理论问题及其制度需求，力求回答我国全民所有自然资源资产所有权委托代理试点中的实践之问、时代之问和中国之问。

诚如自然资源部自然资源所有者权益司负责人所言："开展所有权委托代理机制试点，是在我国进入新发展阶段、贯彻新发展理念、构建新发展格局的大背景下，党中央、国务院为统筹推进自然资源资产产权制度改革和落实统一行使全民所有自然资源资产所有者职责，作出的一项重大改革举措和制度性安排，对于切实落实和维护国家所有者权益，促进自然资源资产高效配置和保值增值，实现国家治理体系和治理能力现代化有着极为重要的现实意义。"① 所有权委托代理机制设计，关涉一系列理论和制度建设问题，包括自然资源国家所有权的法律特性、自然资源国家所有权主体及其行使主体、所有权委托代理机制的总体设计、改革举措和重点任务，所有者职责是什么、怎么构建、如何行使，如何界定所有权、使用权以及管理权的关系，如何建立配套制度体系，等等。本书正是立足于全民所有自然资源资产产权的中国国情，全面贯彻习近平新时代中国特色社会主义理论、习近平生态文明思想和习近平法治思想，紧密结合全民所有自然资源资产所有权委托代理的试点做法和经验，既遵循法的一般原理，又不拘泥于传统法学理论，力求构建中国自主的全民所有自然资源资产所有权知识体系和理论体系并提出相关的法律政策建议。

在建设中国式现代化的新征程中，我们必须牢牢把握"建设生态文明是中华民族永续发展的千年大计"②，"我们要建设的现代化是人与自然和谐共生的现代化，既要创造更多物质财富和精神财富以满足人民日益增长的美好生活需要，也要提供更多优质生态产品以满足人民日益增长的优美生态环境需要"③。"我们要牢固树立社会主义生态文明观，推动形成人与自然和谐发展现代化建设新格局，为保护生态环境作出我们这代人的努力！"④

必须指出的是，在我国现行制度框架下，国家所有权的行使方式主要是国务院为主代表行使、地方人民政府辅助代表行使，典型代表是经营性国有资产出资人代表分别是国务院和地方人民政府，其中非金融国有资产又由国务院特设机构国务院国有资产监督管理委员会、省级人民政府国有资产监督管理委员会、设区的市人民政府国有资产监督管理委员会代表国家行使出资人权利。在自然资源国家所

---

① 《促进自然资源资产高效配置　建设生态文明实现永续发展》，载《中国自然资源报》2022年3月25日，第1版。

② 习近平：《习近平著作选读》（第二卷），人民出版社2023年版，第20页。

③ 习近平：《习近平著作选读》（第二卷），人民出版社2023年版，第41页。

④ 习近平：《习近平著作选读》（第二卷），人民出版社2023年版，第43页。

有权行使方面，地方人民政府及其职能部门给人们的一般观念是行政机关而没有彰显其作为国家所有权行使者的权利和职责。因此，自然资源国家所有权的行使，国务院统一代表再委托代理模式仅仅是试点的一种模式，其与国务院和地方人民政府法定分别代表模式，孰优孰劣，尚待实践检验，当然也需要理论界予以高度关注、潜心研究，充分结合中国国情，提出切合中国实际的科学方案。

第一章　国家自然资源概念及其资产产权体系

第一节　国家自然资源的法律界定

一、自然资源的法律意蕴

（一）自然资源的含义

自然资源既是人们广为熟悉的概念，也是多个学科普遍使用的概念。作为人类文明存续与发展的必需品，古往今来，无论是自然科学范畴还是社会科学范畴，都将"自然资源"作为重要的研究对象。所以，在相关的研究成果中不乏对"自然资源"较为完备的定义。革命导师马克思、恩格斯在《资本论》中阐释了他们对于自然资源的理解："劳动和土地，是财富两个原始的形成要素。其实，劳动和自然界在一起才是一切财富的源泉，自然界为劳动提供材料，劳动把材料转变为财富。"① 马克思和恩格斯的定义，强调了自然资源的客观存在，也强调了人的劳动价值性。世界著名的地理学家金梅曼，在1933 年出版的《世界资源与产业》一书中明确指出：只有当环境或其某些部分能够（或被认为可以）满足人类的需求时，它们才被视为自然资源。在当前全球范围内，普遍接受的"自然资源"概念是

---

① 《马克思恩格斯选集》第四卷，人民出版社 1995 年版，第 373 页。

由联合国环境规划署（UNEP）给出的定义："自然资源是指一定时间地点条件下，能够产生经济价值以提高人类当前和将来福利的自然环境因素。"

在我国，关于"自然资源"的定义，最直观的表现体现于词义的解读上。《现代汉语词典》将"资源"等同于"自然资源"，"资源"一词被解释为"生产资料或生活资料的来源"①。《辞海》则将"自然资源"概括为："天然存在的自然物（不包括人类加工制造的原材料），如土地资源、矿藏资源、水利资源、生物资源、海洋资源等，是生产的原料来源和布局场所。随着社会生产力的提高和科学技术的发展，人类开发利用自然资源的广度和深度也在不断增加。"② 可见，"自然资源"即一般意义上讲的"自然界存在的"，是为人类社会存续、发展所必需的物质性客观存在。除了自然资源科学对自然资源进行界定外，经济学和法学都将自然资源作为自己的重要研究对象。关于自然资源的含义，从现有法学文献看，遵从的还是自然资源科学的定义。而在经济学界学者看来，自然资源是由人类发现的在自然状态中有用途和有价值的物质，③ 即将自然资源作为生产要素，具有价值性和稀缺性。这种观点似乎更能体现自然资源自身的独有特质，因为它所指向的对象仅限于自然资源，这也成为目前学术界普遍接受的观点。如此，自然界绝大部分天然形成的客观要素均可被纳入自然资源的范畴。其种类复杂多样，既包括过去进化阶段中无生命的物理成分，如矿产，又包括地球演化过程中的产物，如植物、动物、景观要素、地形、水、空气、土壤和化石资源等。④ 随着人类科学技术的发展，太阳能、风力等也有被列入自然资源的趋势。

---

① 《现代汉语词典（第7版）》，商务印书馆2016年版，第1732页。
② 辞海编辑委员会：《辞海》（缩印本），上海辞书出版社1980年版，第1897页。
③ ［美］阿兰·兰德尔：《资源经济学：从经济角度对自然资源和环境政策的探讨》，施以正译，商务印书馆1989年版，第12页。
④ 曹明德、黄锡生主编：《环境自然资源法》，中信出版社2004年版，第209页。

（二）自然资源的基本特征

按照通常的理解，特征是一事物区别于其他事物的显著点，也称为特点。从某种程度上来讲，自然资源的定义实际上就是各类自然资源普遍性特征的总结。所以归纳出自然资源具备的一般性特征是准确定义自然资源的必然要求。关于自然资源的基本特征，无外乎以下几方面。[①]

1. 自然资源具有来源天然性

从来源上看，自然资源不依赖于人类的主观意识，是客观存在于自然界的天然物质。当然，能够促使自然资源产生、发展和变化的唯一要素就是自然规律。尽管人类社会对自然资源利用的深度和广度在不断加大，但从根本上说，自然规律决定着自然资源的演变方向，人类围绕自然资源展开的各种社会经济活动只是对自然规律的一种认识途径，若违背自然规律则会带来灾难性的后果。

2. 自然资源物质构成呈现出多元性

尽管自然资源的物理实体在生物圈、土壤岩石圈、水圈和大气圈中以多种形态存在，但从物质的本质来看，它们主要是由碳、氢、氮、氧、硫、磷等基本元素组成，或者是与其他金属和非金属元素相互作用和组合形成的。从这一意义上说，自然资源包括具有基本物理性质和化学性质的各类物质及其相互关系。人类社会与自然物质元素之间的物质和能量交换循环，其核心目的是更加合理和高效地利用自然资源中的物质元素，或者通过这些物质元素之间的相互作用和组合来创造出具有特殊使用价值的功能。[②] 于此意义而言，自然界中的一切事物，实际上都是通过这种物质元素之间相互关系而实现的。正是基于这个原因，自然资源在其物质构造中所呈现的元素和成分的多元性和复杂性，决定了其使用价值具有多功能性。

---

① 部分观点，已发表于课题组成员撰写的文章之中。见屈茂辉、陈希：《论自然资源法双重体系之建构》，载《中州学刊》2020年第9期，第39—47页。

② 陈德敏：《资源循环利用论》，重庆大学2004年博士学位论文。

3. 自然资源呈现出一种整体性

尽管我们可以从多种视角对自然资源进行分类，但在自然赋存状态下的自然资源之间存在着深厚的、内部的和有机的联系，形成了一个紧密相连的整体，共同组成了自然环境中不可或缺的一部分。因此，我们必须把资源作为一个系统来考察，才能揭示其运动规律，从而使人们认识到自然资源具有整体性的特点。在两个不同的层面上，自然资源的整体性表现得尤为突出。从自然属性看，无论是森林、河流、矿藏、草原，这些丰富的自然资源都与土地紧密相连或深藏其中，且每一种自然资源的存在都为其他资源创造了生存的物质条件和基础，进而构建了一种共生和共存的关系。在功能方面，不同种类的自然资源是相互关联的。在自然界的生态系统里，各类自然资源是相互作用、相互制衡和相互推动的。任何一种自然资源的变动都将不可避免地对其他自然资源的存在和功能产生影响，甚至可能干扰整个生态系统的正常运作。从这种意义上讲，自然资源与生态环境之间具有密切联系。例如，在某一生态环境中，森林资源的变动会对与之关联的土地、草地、河流以及野生生物等多种自然资源的生存状况和功能产生直接影响。同时，由于自然资源彼此具有一定的关联性，它们之间又会发生相互作用，产生相互依赖或竞争关系，从而形成了一系列复杂多样的结构与过程，使之呈现出多样性特征。因此，自然资源的整体性特征决定了其存在形态的相连性和功能的相关性，这要求我们必须从整体与系统的角度来看待自然资源，并在相关的法律规范设计中也要保持整体性，以此为基础，不断推进自然资源立法的体系化发展。[1]

4. 自然资源具有社会需求性

虽然自然资源的基础特性是其天然性，但人类仍然有责任去开发和利用这些资源，这也使得自然资源在社会上的需求变得尤为突

---

[1]　周珂：《我国民法典制定中的环境法律问题》，知识产权出版社 2011 年版，第 90 页。

出。自然再生产过程中，资源具有一定的稀缺性和不可替代性，这种特殊性决定了人类需要不断地开发和使用这些资源来满足自身的生存需要以及其他方面的需要。人类进行与自然资源相关的各种社会经济活动，都是基于对自然规律的深入了解和掌握。这种对自然规律的理解和掌握是一个社会性的过程，在这个过程中，社会的个体和群体的主观能动性起到了积极的推动作用。这不仅为人类社会的进步和发展提供了强有力的支持，同时也带来了许多负面的社会影响，例如自然资源的浪费和破坏、环境污染等问题，从而产生了对自然资源进行法律调整的社会需求。[①] 需要强调的是，虽然自然资源被视为人类社会的财富来源，但其真正的价值并不完全体现在其所包含的劳动价值上，它与人类通过劳动所创造的物质财富有着显著的区别。

5. 自然资源具有功能多重性

自然资源的多功能性表现为其在社会经济增长和生态环境保护方面都扮演着至关重要的角色。自然资源的这些特殊价值，使其成为人们普遍关注的焦点之一。在当代社会背景下，自然资源不只是生产的基础要素，人们对于自然资源还存在非生产性的需求，并且随着社会经济的持续发展，这些需求也在逐渐增加。在自然资源价值多样化和需求多样化的背景下，在自然资源的开发和利用上的多重社会目标很容易产生冲突。这种冲突主要体现在围绕自然资源开发和利用中的各种经济利益需求之间的争夺和对立——自然资源开发活动与自然资源保护行为之间的矛盾。自然资源在推动社会经济发展方面的作用，与其在社会开发和利用中存在的生态矛盾，正是当前出现众多环境问题和严峻的自然资源不良状况的核心原因。因此，必须对自然资源的开发与利用进行协调。

---

① 周珂：《我国民法典制定中的环境法律问题》，知识产权出版社 2011 年版，第 90 页。

二、自然资源的类型划分与国家自然资源

学界关于自然资源的分类有多种标准。有的将其分为可再生资源、可更新资源和不可再生资源。可再生资源如水资源、水力、海潮、气候资源、地热资源等；可更新资源如生物资源；不可再生资源包括地质资源如矿产资源中的金属矿、非金属矿、核燃料、化石燃料等，以及半地质资源如土壤资源。有的将其分为生物资源、农业资源、森林资源、国土资源、矿产资源、海洋资源、气候气象、水资源等。为加快建立系统完整的生态文明制度体系，加快推进生态文明建设，增强生态文明体制改革的系统性、整体性、协同性，我国陆续出台了一系列关于规范自然资源利用、保护、可持续发展的政策意见。中共中央办公厅、国务院办公厅 2019 年印发的《关于统筹推进自然资源资产产权制度改革的指导意见》明确提出："加快研究制定统一的自然资源分类标准，建立自然资源统一调查监测评价制度，充分利用现有相关自然资源调查成果，统一组织实施全国自然资源调查，掌握重要自然资源的数量、质量、分布、权属、保护和开发利用状况。"这意味着，建立起全国范围的自然资源统一分类标准是落实生态文明建设中有关自然资源领域制度改革的基础性工作。

在我们看来，自然资源的分类有着多种标准，这些划分标准都有其合理性。需要指出的是，将自然资源划分为原生资源和次生资源的观点很有新意，值得肯定。即原生资源，是源自地球自身的资源；次生资源，是在地球表面上由原生资源相互作用产生的各类资源，主要是生物资源。①

其实，自然资源是人类赖以生存和发展的物质来源，那么，以人类为中心，我们可以将自然资源分为可利用自然资源和不可利用自

---

① 张凤荣：《建立统一的自然资源系统分类体系》，载《中国土地》2019 年第 4 期，第 9—10 页。

然资源。前者是人类可以对其支配并加以利用的自然资源，后者是受制于技术条件暂时还不能利用的自然资源。自从工业文明时代开始，人类对自然资源的利用赋予了其财产性和资产性。因此，所谓可利用的自然资源就是近年来许多人常提及的自然资源资产或资产性自然资源。

尤其值得指出的是按照自然资源的归属所作的划分。自古以来，自然资源尤其是土地、森林、水等都是人类不可缺少的财产，其所有权归属是必然不可回避的制度问题。自然资源划分为私人所有的自然资源、公有自然资源和无主的自然资源，则是法学界关于自然资源主体归属的基本认识。在我国，根据《宪法》和《民法典》等法律的规定，我国主权范围的自然资源都属于公有，既没有私人所有的自然资源，也没有无主的自然资源。公有自然资源又可细分为全民所有即国家所有的自然资源和集体所有的自然资源。具体来说，除法律规定属于集体所有的森林和山岭、草原、荒地、滩涂外，矿藏、水流、森林、山岭、草原、荒地、滩涂等自然资源，都属于国家所有即全民所有；无居民海岛、城市的土地属于国家所有，农村和城市郊区的土地，除由法律规定属于国家所有的以外，属于集体所有；宅基地和自留地、自留山，也属于集体所有；法律规定属于国家所有的野生动植物资源，属于国家所有，无线电频谱资源属于国家所有。[①]

因此，国家所有即全民所有的自然资源，即为国家自然资源。

三、自然资源的法律属性

总体来看，当前法学理论界和法律实务界关于自然资源属性的

---

① 见《宪法》第9条、第10条；《民法典》第247-252条。

研究，主要集中于其自然属性、政治属性、经济属性、社会属性等方面。① 所谓自然资源的自然属性，乃自然资源本身就有的性质，如天然性、不可再生性等等，显然这是与自然资源的法律属性不同层面的属性。所谓自然资源的政治属性、经济属性、社会属性，都是与自然资源法律属性相平行的属性表述，不能替代自然资源的法律属性，甚至都需要通过法律属性实现其功能。如果缺失了对自然资源法律属性的深入研究，"健全自然资源产权制度的法治建设"在理论逻辑层面的科学性和周密性就丧失了根基，将成为"无本之木，无源之水"。纵观我国现行《民法典》《环境保护法》对自然资源的相关规定，自然资源无疑是人类主体之外的客体，同时也是环境、生态的组成部分，这是无须讨论的公理，因此，自然资源被赋予生态属性。所谓自然资源的生态属性，是指自然资源是生态系统的组成部分，能与其他组成部分和整个生态系统之间发生长期的、相对稳定的相互作用或相互联系。② 除此之外的自然资源属性，基本的起点是要区分人类能够控制、利用的自然资源和人类尚不能控制、利用的自然资源，前者就是中央文件所言的"自然资源资产"，也就是资产性自然资源。换言之，在自然资源资产产权语境下，自然资源资产即指人类可以控制、具有经济价值并且具有稀缺性的自然资源。③ 其法律属性应当是一个多元结构：第一层级的法律属性应为财产，以此表明其法律属性的社会性价值并与自然资源的自然性特征形成区分；第二层级的法律属性应为物，这是对自然资源资产性的本质概括；第三层级的法律属性则为不动产。以上三个层级的法律属性之间存在位阶，表现

---

① 作为课题研究的重要内容，本小节核心观点已发表于期刊之中。见屈茂辉、陈希：《自然资源资产基本法律属性阐释——兼及"环境法典"编纂中自然资源之立法》，载《湖南师范大学社会科学学报》2024 年第 1 期，第 48-56 页。

② 郭洁、宋振玲：《滩涂资源所有权物权法解释》，载《农业经济》2015 年第 5 期，第87 页。

③ 我国《民法典》第 209 条、第 210 条、第 324 条、第 325 条、第 467 条中均使用了"自然资源"而非"自然资源资产"，但依条文主旨实乃"自然资源资产"。

为一种递进关系，这也反映了自然资源参与经济社会发展的大致过程，先是成为人们观念中的财产，再被限定为有体物一类的财产，最后以不动产的形式参与社会经济活动。

（一）自然资源的第一层级法律属性——财产

财产是古老的法律概念。根据《元照英美法词典》的解释，"财产是所有权的客体"[①]。古罗马五大法学家之一的乌尔比安指出："财产"这个词不仅包括现金，而且包括所有的物品，即所有的物体，因为谁也不会怀疑物体被包含在财产这个词之内。赫尔莫杰尼安则提出，"财产"一词不仅包括现金，而且包括像动产、不动产、有体物和权利这样的所有的物。[②] 可见，在古罗马法中，财产主要指有体之物，但也包括各种权利。罗马法的这一财产界定为欧洲封建社会所沿袭，其时的财产也主要是指动产、不动产（主要是土地）以及其上设立的各种权利。由于财产不脱离法律关系而存在，所以财产反映的是人与人之间的关系，而不完全是人与物之间的关系，不仅指作为对象的物质客体本身，而且是一种或一组权利。英国普通法之父布莱克斯通认为，"财产"的内涵在于它是一种权利，而且是一种天赋的人权，即"财产、生命和自由，这是英国人所固有的绝对权利"[③]。现代美国学者罗伯特·考特和托马斯·尤伦也提出："财产是一组权利。这些权利描述一个人对其所有的资源可以做些什么、不可以做些什么。他可能占有、使用、改变、馈赠、转让或阻止他人侵犯其财产的范围。这些权利并不是永远不变的。"[④] 可见，在法律关系中一类客体要具备财产属性无外乎拥有如下几种特质：其一是可支配性；其二是价值性；其三是稀缺性。那么作为自然资源来说，必须具备上述

---

① 薛波主编：《元照英美法词典》，北京大学出版社 2019 年版，第 1107 页。

② ［意］桑德罗·斯奇巴尼：《罗马法大全选译：物与物权》，范怀俊译，中国政法大学出版社 1993 年版，第 23—24 页。

③ 尹田：《法国物权法》，法律出版社 1998 年版，第 13—14 页。

④ ［美］罗伯特·考特、托马斯·尤伦：《法和经济学》，张军等译，上海三联书店 1994 年版，第 125 页。

三类财产特质，方有可能明确其财产属性。

1. 自然资源的可支配性

依法理，财产是适格外在客体和排他支配权相结合的结果，这表示只有能被人类所切实掌控的客观存在才有成为财产的可能。实际上人与财产的关系表现为：人是主体，财产是客体。而那些内含于或依附于人身的东西，如人的生命、健康等，是不可能成为财产的。概言之，财产必须是在社会实践中和人的意识形态中，能够与人相分离或相对地分离，并现实地成为人所占有的对象、客体的东西。就自然资源而言，它与自然规律不同，自然规律是人类在千百年的文明发展中，通过对实践经验的总结，提炼出的对自然万物抽象性认识。自然规律的发生是不以人的意志为转移的。但自然资源因其与生俱来的天然性、物质性，却可以被人类确实掌控、支配。在法律层面，"支配"应被解释为"可为个人所调配和控制"①。因此，"为人所支配"指代的，就是能够被排他性的占有、使用。比如江、河、湖、海中的水资源，因为任何人都无法对它排除占有、使用和交易，就无法成为民法中的物。但是经过人类加工、量产化的包装饮用水就不同，可作为单独的物来出售。

2. 自然资源的价值性

从始源意义上说，价值即有用性。② 自然资源作为财产的另一个特性即其价值性。依法理，财产的价值性主要包括两个方面的内容。其一，财产具有使用价值，可以由人按照经济社会基本发展规律和人的意志、设想和愿望来任意支配，从而达到满足自己需要的目的。那些不能被人掌控的要素和环境，无法与人形成占有和使用关系，从而也就无法成为财产。其二，财产具有交换价值，这主要体现在财产的可交易性上。近代以来尤其是现代社会，任何财产和其他财产之间必

---

① 王利明：《物权法论》，中国政法大学出版社 1998 年版，第 6 页。
② 屈茂辉：《民法引论》，商务印书馆 2014 年版，第 108 页。

然存在着某种共同的、可以比较的东西，即价值或称交换价值。财产是社会发展必不可少的生产要素，而生产要素就意味着可以通过市场予以配置。当然，对财产"效用"的理解，不但要考虑标的物的属性和特质，还要兼顾人类需求能否从中得到满足。[①] 自然资源于人类来说不可或缺，在法律人眼里，由于人类对自然资源的追逐和占有，自然资源在社会活动中逐渐产生了财产性价值。

而在经济学上，"资源""资本""资产"等词汇均用于表示某物于人类社会可产生经济价值。所以，无论是"自然资源""自然资本"，还是"自然资产"，其实质都是揭示特定自然生成物对人类社会有重要价值，它能够给占有者带来利益或满足某种需要。同时，由于自然资源有价值，为保障人类对自然资源的有序利用，必须立法确权。依法理，有用性或有价值，是客观物质纳入财产权或法律调整的前提。这主要是出于对有价值的客观物质，在数量上与人类需求之间不对等的考虑。简言之，自然资源是每一个社会个体都渴望充分享有的生存、生产资料，我们必须设置获得和利用自然资源的秩序。这也正是学界普遍认同的物权形成的根本原因："物权是社会创设出来的使人们获取物之价值的工具。这种对于物的支配而产生的支配利益就是物的价值的实现。"[②] 正因为物的价值是由人对物的支配行为而产生，那么作为一类物权客体的自然资源，其价值必然也产生于人类利用行为之上。那些无法被人类切实支配、利用的自然生成物，也就无法被纳入自然资源范畴。

可交换性是自然资源具有价值的直接体现。自然资源的价值性能够提升社会福利，可促进全体人类福祉最大化。自然资源的可转让性促进了自由流转市场形成，使得自然资源能够流转到有需求、有能力处理并挖掘其价值的适当地方，以此为经济社会发展提供有效物质保证，自然而然地为社会产出更高价值，最终推动社会文明可持续

---

① 程萍：《所有权的保护与限制》，中国人民公安大学出版社 2006 年版，第 138 页。
② 高富平：《物权法原论（第二版）》，法律出版社 2014 年版，第 253 页。

发展。正因为自然资源在人类社会发展中具有经济价值，亦可进入市场流转，所以我们必须通过法律规范来维持社会对自然资源的利用秩序。我国《民法典》规定，自然资源可以作为交易对象，进行市场配置。[①] 这为我国盘活自然资源经济，完善自然资源市场配置各项环节提供了明确指引。当前，国家正大力推动"健全自然资源产权制度的法治建设"，自然资源资产、自然资源资本等全新概念被相继提出。这表示法学界正试图突破长期囿于自然资源自然属性的研究格局，希望通过对自然资源社会经济价值的研究，突出自然资源的财产性价值，推动社会对自然资源的珍视。

自然资源的价值性也可称为自然资源的资产性。资产，原本是经济学上与负债相对的概念。当我们强调自然资源的资产性时，即将该类自然资源称为自然资源资产。现行的法律并未对自然资源资产进行明确定义。从这个意义上讲，自然资源资产又可被称作资产性自然资源，仅指那些能够切实为人类所利用的自然资源，人类技术暂无法收集甚至无法感知的自然资源不被纳入自然资源资产的范畴。还要指出的是，自然资源资产概念的出现，也揭示了在自然资源法律关系中，自然资源的法律客体地位以及其总体上以不动产形式存在的合理性论断。至于与传统的经营性资产相比，自然资源资产在基本经济用途和存在领域上更具稀缺性，更有经济价值，更能用货币计量，更能明确所有者和经营者。

作为具有价值性的自然资源，亦可以作为一类投资物，简称为"自然资本"。这说明，能够资本化的自然资源必然是可以被人类掌握、搜集以及利用的。因为人类对它们有着绝对的支配能力，能让它们身上所蕴含的价值被人类充分利用、好好珍惜，进而转化为社会财富。而且，伴随科学技术的不断进步，在未来特定的经济活动中，自然资源资本将发挥出越来越大的经济价值。

---

① 见《民法典》第 324 条、第 325 条。

随着经济社会的发展，自然资源对于人类的价值不仅仅体现在经济方面，也体现在生态方面，即所谓的生态价值。例如，林木不仅可以用木材来生产家具等商品以实现其经济价值，还具备涵养水源、固碳释氧等作用，后者即林木的生态价值。在财务会计学来看，自然资源的生态价值也是可以进行科学计量的，体现成自然资源资产。①

3. 自然资源的稀缺性

前文已述，人对财产的占有是一种排除他人妨害的排他性占有。之所以要以此种方式来对财产进行占有，是由于财产具有稀缺性，无法保证每个社会个体平均享有。财产的稀缺性特质涵盖了四方面的内容。

第一，可成为财产的标的物数量有限，不可再生，即便是可以再生，其再生速度也落后于人类消耗速度。

第二，从民法的一般原理出发，"一物一权"决定了某特定物之上只可能存有一个所有权。若同一标的物上存有两个以上的所有权，其权利势必无效，这就是所有权的对世性、排他性。基于此，当追求财产所有权的主体多于财产数量时，财产的稀缺性就会更加明显。

第三，人类劳动力的发展水平决定了财产的稀缺性。

第四，财产的稀缺性是动态变化的。造成这种变化的因素很多，其中较为突出的是人口数量、生产力水平、社会需求等。

于人类生产生活而言，自然资源并非取之不尽用之不竭。在某一历史时期，某一特定范围内，特定自然资源的数量往往是稳定的，这并不以特定自然资源是否可再生为区分标准，而在于对可再生资源再生周期的认定。就拿水与空气来说，它们都属于可再生资源，一般认为它们的生成过程简单且可不断再生。但事实上，这是忽略了可再生周期这一因素。再生周期取决于自然资源承载量，也就是说可再生

---

① 罗华伟、姜雅勤：《自然资源资产生态价值计量：理论与案例》，载《会计之友》2019年第22期，第104-110页。

自然资源的再生周期，受制于该自然资源的承载力；如果自然资源的承载量超出其承载力，那么再生周期就会延长甚至出现无法再生的情况。这说明，无论在哪个历史时期，能够被人所知所用的自然资源永远都是具有稀缺性的。

从以上三个方面的论述我们不难发现，自然资源因其可支配性、价值性、稀缺性与财产的法律特质实现了一致。

（二）自然资源的第二层级法律属性——物

在我国法学界，"财产"与"物"虽为相对独立的概念，但因两者概念接近且存在交集，使得两者的关系始终无法厘清。实际上，依法学原理，财产的范畴应宽于物的范畴，因为财产既包括有形之物也涵盖了无形之物，而物则均指代有体物。也就是说，财产与物之间是一种包含与被包含的关系。具体到自然资源领域，因其有形、可再生、可利用，使它具备了明显的有体物特征。因而，在明确自然资源第一层级法律属性为财产后，自然资源第二层级的法律属性就应是物。在我国现行民法体系下，有关"物"的法律属性无外乎以下两点。

1. 物须独立

从法律层面来说，只有独立个体物方能被特定主体支配，也只有独立的物，才能界分出不同主体之间对其行使权利的边界。可以说，独立性是物之法律属性的核心。如果没有清晰的边界，无法与周边进行区分，就不能设定排他支配权，也就不能成为物权客体，这是由物权本身的抽象性决定的。物权不具形态、无法被人直观认知，需要通过明确客体物边界来界定权利（支配权）范围。"一物一权"是《物权法》的基本原则，它要求一个权利对应一个确定的物，一个物表征一个权利，物的边界也就表征着权利的范围。物权客体的特定性，要求物权客体应当具有独立性。应予注意的是，物的价值具有相对性，物的独立性同样也具有相对性。因为一个物既可以有独立的价值，也可以与其他物结合为一体而成为一个物。比如，灯泡可以与灯座、灯罩合为一体作为一个物（学理上称为结合物），也可以独立地成为物权的客体。一些种类、性质或功能相同或不同的物，放在一起（即集合物），在一定条件下也可以成立一个所有权。因此，理论上，一物一权有利于表征权利，但在现实交易中并不妨碍人们将范围确定的集合物视为一个物，成立一个物权或所有权。

2. 物必有形

传统《物权法》之所以将物权定位在有形物上，是因为有形物客观存在，轮廓清晰可被人直观感知，可将抽象的权利直观表现。而无形物则纯粹是一种思想或观念，不能为人所察觉，自然无法通过物质来进行呈现。此外，有体物是物的基本类型，也是人类社会生存发展的基本财产形态。从人类文明起源看，人类为了生存而狩猎野兽、采拾果实、耕种农作物，所能接触者尽皆有体物，所以那时能成为排他性支配权利客体的，也就仅为有体物。之后，伴随社会经济发展，人们权利意识增强，法治不断推进，无形权利方才开始成为物权客体。这说明人类的需要起始于物质，因此自然界中客观存在的有体物质首先被纳入排他支配权的范畴。至此，我们可以总结出有体物的一般概念：有体物是由一定的物质元素组成、具有一定体积或物理形态、可以被观测和感知的客观存在，它可以切实满足人们的生产和生活需求。

反观自然资源，因其稀缺性、价值性及可为人所支配等特征，与有体物的概念形成自洽。由此，我们可就自然资源"物"之属性展开针对性研讨。前文已就财产属性下的自然资源稀缺性进行了论述，此处，我们将就物之属性下的自然资源稀缺性展开分析。事实上，自然资源作为财产时强调其稀缺性是以其蕴含的社会经济价值为前提的；至于自然资源为物时展现的稀缺性，则是以天然状态下自然资源的储量和再生情况为前提。可以说，自然资源的物质属性决定了自然资源的稀缺性实质是一种自然规律，这种规律需要通过人与自然资源间的供需关系展现。而人与自然资源的供需关系，又受制于人类科技发展的水平，呈现出一种动态变化的状态。比如说，现如今已成为稀缺资源的矿产，在农耕文明时期由于当时人类生产生活对它的需求量小且利用程度低，虽然其储量同样有限且不可再生，但在当时其稀缺性特征并不明显。

至于自然资源作为物的价值性特征，同样也包含了使用价值和社会经济价值两个层面的内容。其中自然资源的使用价值表现为自然资源能够为人类社会提供必需的物质资料，这源于自然资源具有物质功能和能量功能，这是自然资源自身自然本质的反映。自然资源在被人类改造之前，其存续状态仍具有天然性，因其并未作为商品融入经济社会活动中，它的经济价值尚未显现，直到人们对其进行改造利用后，才被赋予经济价值。这也要求我们对自然资源的利用，应遵循从实际出发的科学态度，最大限度地发挥其功能和用途。而就物之属性下的自然资源经济价值而言，我们必须明确自然资源具备的潜在价值和现实价值。其中，潜在价值是与自然资源的潜在使用价值相对应而存在的，而现实价值则在自然资源开发利用中，凝结了一般人类劳动后进入生产、流通和消费阶段，通过市场交换来实现。

人类对自然资源的支配从人类文明伊始就有，在人类社会演进的各个阶段都伴随着对自然资源认识和利用方式的革新，这也使得可为人支配成了自然资源的一大特质。伴随着自然资源被人类利用、支配程度加深，其本身的社会性特征也越发明显。人类文明初期，古人为了寻求更广阔的生存空间，必须掌握超越其他物种的生存技能，其中就包括对周边自然资源的利用，如寻找更加广泛的食物来源，利用山洞、木材建筑居所，以及为了增强战力用以狩猎、抵御野兽而制作武器等，都是人类对自然资源第一层次的利用，即以自然资源为生存资料。之后，伴随着人类文明由纯手工农业向工业化转变，越来越多的自然资源开始参与人类社会各种经济活动。这种社会经济活动，仍旧是依托于千百年来对自然规律的认识和掌握。在这个过程中，由于人类文明不断演进，人类社会形式逐步完善，自然资源开始具备社会性。

综上，通过厘清民法中"物"之本源，再通过对自然资源稀缺性、价值性和可支配性的逐一解构，我们认为于首阶法律属性——财产属性之后，应进一步明确自然资源的"物"之属性。

（三）自然资源的第三层级法律属性——不动产

在成文法语境中，动产和不动产是"物"的两个下位概念。《法国民法典》第516条和《意大利民法典》第812条中甚至明确表示，"凡是可以纳入物权客体的物要么为动产，要么为不动产"。我国《民法典》物权编也明确提出："本法所称物包括不动产和动产。"在理论上，对动产和不动产的界定，基本上是按照物移动后，是否损害或减损本身价值确定的。不动产是不能移动或移动后即损坏其完整性、损害其使用价值和价值的物；动产是可容易地移动、转移而不损害其价值的物。[①]

在比较法视角下，世界各国民事立法对不动产的解释各有侧重。在《德国民法典》中，不动产是指不可移动的物。比如《德国民法典》中不动产用语即"unbeweglicheSachen"，含义为"不可动之物"。据此，有学者指出，不动产是不能移动或移动必然毁损经济价值的物的总称，包括土地、建筑物、固定于土地上的机器设备、不能与土地分离的物（如土地的出产物、果实、树木、种子、肥料）等。[②] 很明显，自然资源就属于不能与土地分离的物。《法国民法典》与《德国民法典》形成了明显的差异。《法国民法典》将不动产表述为"依据法律或者自然性质不可以移动的财产"。这就使得法国法上的不动产不再像德国法那样成为一个独立的概念和范畴。在法国的法律体系里，存在如下几类不动产：（1）那些根据其性质无法移动的天然不动产；（2）根据用途，附着在自然不动产上的动产，由于

---

① 高富平：《我国不动产物权判定的规则》，载《山东社会科学》2014年第10期，第43-47页。

② 孙宪忠：《中国物权法总论》（第4版），法律出版社2018年版，第257页。

其与自然不动产紧密相连并且在经济上是不可分割的，所以被视为具有特定用途的不动产；（3）以不动产作为目标的权益和不动产的股权，例如不动产用益物权；（4）根据法律所规定的不动产，是指通过特定的法律条款，将某一动产赋予不动产的法律地位。[①] 在德、法两国既有立法的影响下，我国法学界倾向于确认不动产本质为物，即以德国法的基本思想为蓝本。基于此，有学者提出，不可动之物并不等于不动产。物的下属概念应该是可动之物和不可动之物而非动产与不动产。但实践中，将可动之物称为动产，将不可动之物称为不动产，已成为我国语言表达中的约定俗成，强行区分似无意义。但即使在表达上不做区分，实质上还是要明确："不动产"本身是"不可移动或者移动必然毁损其经济价值之物"，包括土地；土地之上的固着物、建筑物；不能与土地分离的物（如土地的出产物、树木、种子、肥料等）。[②] 至于不动产的具体类型，可按照三类要素进行界分。

第一，因在天然状态下自生成便不可动而成为不动产。土地便是唯一具备这一特征的物。土地以外的物要么因生成需要附着于土地，要么因服务土地定着于土地上不可移动，而成为不动产。[③]

第二，因其固定于土地而不可动。土地本身是一个独立的物，但它又可以承载、附载其他物质，为其他物质提供生存空间和环境。故此，因利用土地而深植于土地，或附着在土地之上的物，被称为附着物或定着物。这些物因与土地不可分离，故也被称为不动产。这类不动产大致可分为三类：一是生长着的树木；二是人类在土地上建设的建筑物，如房屋、桥梁、道路等其他设施；三是装饰于建筑物内部而成为建筑物不可分割的组成部分的物。在附着物与土地关系上，法律上有两种安排：一是附着物可以视为土地的成分，与土地视为一个整

---

① 周枏：《民法》，知识出版社1981年版，第43页。

② 孙宪忠：《中国物权法总论》（第4版），法律出版社2018年版，第257页。

③ 高富平：《我国不动产物权判定的规则》，载《山东社会科学》2014年第10期，第43-47页。

体，作为一个物看待，如河流、山川、矿藏、森林等；二是可以作为独立的不动产（物）看待。当附着物被作为独立的物看待时，固定于土地上的许多物就被视为独立的不动产了。在我国，房屋、林木等均是与土地分离的独立不动产。不过，这里的分离或独立均是法律上的，而在自然状态上，林木、房屋等一旦与土地分离，就不再是不动产了。

第三，因其服务于不动产的使用而被视为不动产。例如小区的地下停车场。

申言之，关于不动产的学理阐释可表述为：不动产是以土地为核心，并以土地为媒介，与地上定着物共同构成的物的体系。土地的固定性导致地上建筑物和生成物的不可动，与土地一并被纳入不动产；同时，又有许多本来可动的物，因固定或服务于土地或房屋也成为不动产。回归自然资源领域，若将上述标准与自然资源进行对照，可发现，自然资源包括了可整体为人类所掌控和利用的附着于土地之上的天然生成物，以及由这些生成物所构成的环境要素，它们与不动产的基本特征高度契合。由此，我们可基本明确自然资源的第三层级的法律属性为不动产。

自然资源作为在自然规律的支配下天然生成的客观存在，它们或分布于土地之上，如林木、草原、海洋、河流等；或分布于土地之中，如地下矿藏等。但无论何种分布形式，各类自然资源的生成、存续与消亡都依赖于土地。因此，结合界定不动产时运用的不可移动标准和独立性标准可知，自然资源既可以被视为土地的一部分而成为不动产，也可以视为于土地独立的不动产。据此，在鉴定自然资源不动产属性时，我们可以土地为媒介，根据自然资源在土地上的分布情况，将自然资源作出以下分类：地面以下的自然资源，如矿产资源；地面以上的自然资源，如水资源；地面生长物。换言之，因上述三类自然资源依附于土地形式的不同，其基本涵盖了作为不动产的自然资源应有的全部特质。

我们先来看矿产资源的不动产特质。关于土地之中的矿产资源，我们一般可以将它们分为两大部分。一部分是土地之中埋藏的各类油气、矿石资源，另一部分是土壤中本身含有的一般成分。土地之土壤、沙子、石头等一般属于土地的成分，与土地成为一个物。当然这是针对一般性的土壤而言，当这些土壤具有特殊的科研或经济价值时，亦可以单独进行处分，成为独立的物。有些土壤、沙石本身又可以归类到矿石之中。因此，土地的成分在一定条件下亦可以独立成为物，单独设定物权。那些附着于土地表面或内含于土地中的可分离油气、矿石资源，可准用矿产规则。矿产及其可分离土地成分，在与土地分离之前作为土地的组成部分被视为不动产，其与土地分离后即成为动产。

我们再来看水资源的不动产特质。一般所讲的水资源，大体包括结晶水和液态水，结晶水本质上属于矿产资源，液态水就是我国《宪法》《民法典》等法律上规定的水流。水的存在总要占据一定地表面，而且还存在地下水源，故土地和水资源密不可分。实际上，水资源存续始终涉及水本身，以及水所占据的土地两个方面。因此，法律上的土地概念，还包括被水占据的土地，如河流、湖泊、水库等。在传统民法中，水是被纳入土地所有权来规范的，即这些水面也被视为土地，适用土地所有权规范。土地所有者自然拥有地表水和地下水源。但是，由于水资源是人类生产和生活的必需品，现代法律开始采取分别立法的方式，合理配置水资源的归属。从归属的角度来看，世界各国通常根据水源的规模以及其是否可用于航行或发电，来确定水源所有权的归属。一般原则是，可航河流和超过一定量的水资源归国家所有，其他水资源归土地所有者所有，只是不得拒绝相邻人合理范围的使用（以地役权调整相邻水源的使用）。在我国，水资源一律属国家所有，但个人或集体可以通过承包经营方式，取得水面使用权（水面承包经营权）。在我国，水资源是被作为独立于土地的不动产来看待的，无论土地是否由国家所有，其水资源均归国家所有。

　　最后是关于地表生长物的不动产特质。一切植物都离不开土地，因此一切依赖土地生长的、有价值的植物都被称为不动产。这些植物包括牧草、药材、灌木、林木、果木，及其未成熟的果子、未收割的庄稼或经济作物等。这些依赖土地生长的植物，在生长期间一般被视为土地的成分，随土地转让而转让，否则将会大大减损这些植物的价值。但是这并不意味着植物在土地上完全不可动，当植物成熟尤其是一些经济作物成熟后，人们必须进行采摘制作成商品，以发挥其经济价值，此时脱离土地的植物及果实就成了动产。比如，割取的牧草、砍伐的木材、收割的庄稼或果实等，均可作为动产转让、买卖。采摘行为意味着植物与土地分离，而分离使得植物由不动产转化成了动产。可见，植物或其果实只有在与土地分离之前，方为不动产，分离后即为动产。因而，地表生长物的不动产特性是相对的或有条件的。

　　如此一来，作为不动产，生长物可否被视为独立的不动产？一般认为，生成周期短的种植物既无此必要也无此可能。因为成立独立物权客体，需要稳定性且独立可识别，像生长的庄稼就不宜作为独立的物对待，但可以独立处分，设定抵押权。而林木因生长周期长，可独立标识其存在，因而可以作为独立的不动产对待。在我国，林木可以独立登记，取得林木所有权。

　　特别需要指出的是，正是基于对自然资源财产、物、不动产的科学认知，国家将自然资源资产产权改革作为生态文明建设的一项重要任务。在这项改革的进程中，我们要充分发挥自然资源类法律规范在规范自然资源法律关系中的基础性地位，以自然资源类法律规范为本，重视自然资源的内在经济价值，规范、激发自然资源的市场活力，将"自然资源利用与保护并重"作为自然资源法律规范基本原则，以应对当前各类新型自然资源不断融入经济社会发展、自然资源法律关系客体快速扩充的现实，强化我国自然资源法律规范体系的包容性和时代性。

第二节　国家自然资源资产及其产权体系

一、国家自然资源资产及其产权的法律界定

（一）国家自然资源资产的概念厘清

在当前我国的法律规范体系中，《宪法》《民法典》（包括已失效的《物权法》）等法律均使用的是"自然资源"这一概念，未见"自然资源资产"的用语。2013 年《中共中央关于全面深化改革若干重大问题的决定》提出"建立健全自然资源资产管理体制"，自此之后，"自然资源资产"一词一直被各类政策性文件沿用，包括为《生态文明体制改革总体方案》《关于统筹推进自然资源资产产权制度改革的指导意见》以及《国家所有自然资源资产所有权委托代理机制试点方案》采纳。

资产，英语为 property、asset，法语为 Propriété，德语为 Vermögenswert，其基本意思就是财产。不过，我国学界普遍认为财产与资产的含义是有一些细微区别的。资产是指可作为生产要素投入到生产经营过程中，并能带来经济利益的财产和财产权利。[1] 例如，按《证券投资大辞典》的解释，资产为"负债的对称。企事业单位或其他社会团体所拥有的各种产权、债权以及其他各种权利"。[2]《企业国有资产法》认为资产是"指国家对企业各种形式的出资所形成的权益"。[3] 由上可知，资产是典型的经济学用语。它是指由企业过去的交易或事项形成的、由企业拥有或者控制的、预期会给企业带来

---

[1]　屈茂辉：《中国国有资产法研究》，人民法院出版社 2002 年版，第 2 页。

[2]　韩双林、马秀岩：《证券投资大辞典》，黑龙江人民出版社 1993 年版，第 616 页。

[3]　《企业国有资产法》第 2 条。

经济利益的资源，可分为流动资产、长期资产、固定资产、无形资产和其他资产等。按照这一概念，资产有三大特征：一是由过去的交易所形成的；二是由所有者拥有或控制；三是能够带来经济利益。

我国有许多学者对自然资源资产提出过诸多见解——从权利客体层面，即认为自然资源资产是具有确定性并能够为人类稳定控制和利用的自然资源；或认为自然资源资产是自然资源中具有稀缺性和产权明确的部分；[①] 同时，也有部分学者认为，自然资源资产是一个不够严密的非法律术语，不是所有权化的客观依据。[②] 自然资源概念使用范围在宪法、民法、自然资源单行法领域，而自然资源资产目前主要在政策范围领域内使用，在宪法上仅有自然资源概念而无自然资源资产概念。从自然资源与自然资源资产关系来看，自然资源资产应当属于自然资源的范畴内。《宪法》第9条规定矿藏、水流、滩涂等自然资源除法律规定属于集体的外属于国有自然资源。《宪法》第9条的"等"字应当属于等外等，未对全部归属国家所有的自然资源种类进行穷尽。《民法典》进一步扩张国有自然资源的范围，将野生动植物资源、无线电频谱列为国有自然资源。[③] 在法律形式上，根据法律保留原则，只有宪法和法律能够规定哪些自然资源属于国家所有。进而，自然资源资产的种类范围限于民法对于自然资源种类的规定。自然资源资产概念的构造实际上需要民法物权制度的支持，例如确权登记制度等。2012 年《综合环境经济核算体系》将自然资源与资产联系在一起，提出环境资产这一概念，其中包括土地、林木资源、水资源等自然资源资产。但从我国各类政策性文件可知，自然资源资产的外延包括土地资产、森林资产、湿地资产等。

事实上，能够成为自然资源资产的自然资源应当在规范技术上

---

① 王秀卫、李静玉：《国家所有自然资源资产所有权委托代理机制初探》，载《中国矿业大学学报（社会科学版）》2021 年第 3 期，第 66-75 页。

② 郭志京：《自然资源国家所有的私法实现路径》，载《法制与社会发展》2020 年第 5 期，第 121-142 页。

③ 见《民法典》第 251、252 条。

具有民法上的可操作性，即符合物的特征、能够与物权的规范衔接。因此，自然资源资产应当是具备有用性、稀缺性、能够实现排他支配的具有经济属性的自然资源。上述特性应当引起重视，一些地方的实践对自然资源资产的界定已经出现了一些错误示范。例如，黑龙江气候立法案出现地方政府以法规的形式宣布气候资源归属国家所有的情况。① 但是气候资源具有公共物品属性，不能排他支配；同时，气候资源属于恒定资源，不具备稀缺性特征，不需要利用法律对其所有权进行分配。另外，关乎国民经济和人类生存的自然资源，具有使其可被规定为国家所有的公益性。因此，自然资源资产应当是与国民经济、人类生存相关的自然资源。

作为一类具体的资产，自然资源资产既具有资产的共性，也具有其特殊性。第一，自然资源资产不是由过去的交易所形成的，而是天然存在的，既可以是未经人类劳动开发的自然资源，也可以是经过人类劳动开发的自然资源。第二，自然资源资产必须要明确所有者，即产权归属必须明确。在我国，自然资源所有权主体有国家和集体之分，这也就导致我国自然资源资产管理体制上的复杂性，国家实际上只是表面上的所有者，而实际使用者仍为地方政府。② 第三，自然资源资产能够给所有者带来价值，需要指出的是，自然资源资产的价值不仅体现在经济价值上，也可能是给所有者带来生态价值，这也是自然资源资产与其他资产的重要区别。第四，自然资源资产具有实物形态和价值形态，而价值即在交易中体现的自然资源的商品性，也称为交换价值。森林资源的碳汇价值、生态价值资产即属交换价值的具体形态。因此，其计量方式可以以实物形态统计或以货币方式计量。第五，自然资源资产具有公共物品特征，其价值补偿具有不完全性，有

---

① 苏苗罕：《气候资源权利归属与探测开发的法律规制》，载《法治研究》2013 年第 12 期，第 40-46 页。

② 裴玮：《基于产权效率的国家自然资源资产管理体制研究》，经济管理出版社 2022 年版，第 34 页。

的可以通过技术、货币等方式补偿，有的则完全不能补偿。

综上所述，自然资源资产是天然生成的，具有明确的产权归属，是能够交易并为所有者带来经济价值和生态价值的自然资源。简言之，自然资源资产仅代表那部分可以被资产化的自然资源。这也说明自然资源资产仅是自然资源的一部分，并非所有的自然资源都具有资产属性。自然资源成为自然资源资产必须具备三个条件：一是天然状态下数量具有稀缺性；二是所有权能够被明确界定包括权利主体和权利内容；三是能够为权利主体带来经济利益。

（二）自然资源资产产权的法律涵义

"产权"这一概念属于舶来品，翻译自英文的 property rights，其直译为财产权（利）。① 在不同的语境下，有不同的含义，有时指所有权（如房屋产权），有时指用益物权甚至是股权。一般而言，产权的实质为财产权即法定主体对财产所拥有的各项权能的总和，是指主体对财产的占有、使用、收益、处分的权利。

根据以上述论断并类推之，自然资源资产产权即是以自然资源资产为客体的财产权。依据我国现行法的规定，自然资源资产产权主要包括所有权、用益物权、担保物权、租赁权、占有权等权利类型，其中用益物权属于自然资源资产产权的核心要素。自然资源资产产权是自然资源作为资产性客体而非生态环境性客体的产权，因此，要厘定自然资源产权特质，下述要点应予以重点把握：第一，自然资源资产产权具有"自然性"，它是自然资源经济价值的充分体现，虽然自然资源也有生态价值，但在资产产权观念下，自然资源的生态价值也要体现为资产性即在资产会计报表中得到体现；第二，自然资源资产产权具有"不动性"，它是以自然资源为客体的权利，而自然资源必须立基于土地，即自然资源的法律属性之一为不动产，因此，自然资源产权也就是不动产资产产权，具有社会普遍理解的"不可移动"

---

① 屈茂辉、张彪、章小兵：《产权概念的经济学与法学比较》，载《安徽广播电视大学学报》2005 年第 4 期，第 19-22 页。

特性；第三，自然资源资产产权具有"多样性"，它既是主体对于自然资源的支配性权利，也包含主体对于自然资源的请求性权利，是物权和债权一体构成的权利束。需要特别注意的是，根据自然资源资产要素划分，土地资源产权作为其他自然资源资产产权的载体，具备了最重要的地位，其他自然资源权利往往同土地资源产权产生一定的重合和冲突，需要对土地分类标准进行调整和明晰。

二、国家自然资源资产产权体系的构成

（一）自然资源资产国家所有权

关于自然资源所有权，作为最重要的产权，其权能在法律上存在明确规定。《物权法》（已失效）、《民法通则》（已失效）以及《民法典》中均规定了所有权相关权能，根据《民法典》第240条"所有权人对自己的不动产或者动产，依法享有占有、使用、收益和处分的权利。"可知，自然资源资产国家所有权包含了占有、使用、收益、处分四大权能。我们认为所有权权能归属于国家，人民政府代表国家行使，国家在我国《民法典》中并非法人，只有国家机关可以其机关法人身份行使自然资源资产国家所有权。

以上所有权内容是在《民法典》中存在明确规定的自然资源所有权，限制范围较窄，局限性较强。国家所有自然资源资产作为新兴概念，不应当过度局限于传统所有权的四项权能，而应当保留权能扩充的缺口，梳理相关法律法规，保留自然资源资产国家所有权权能体系的开放性，基于存在相关法律依据的情况下对其适度扩充。如此则有利于构建更为完善健全的国家自然资源资产产权权能体系。

（二）国家所有自然资源资产用益物权

用益物权是他物权的一种重要形式，构建完善的国家所有自然资源资产用益物权制度是我国基本国情的需要，是当今时代的要求，也是本书的重要内容之一。建设具有中国特色、符合中国实际的自然

资源资产国家所有权委托代理机制，离不开用益物权制度的构建，这实质上还原了自然资源资产国家所有制的优势，回归了社会主义经济制度的本质。自党的十八大、十九大以来，经济社会健康可持续发展日趋重要，对各类自然资源资产的可持续使用、实现经济生态效益最大化逐步成为发展要求，要想协调经济与生态发展，实现人与自然的良性互动、和谐共生，就离不开完善合理的用益物权体系对社会发展保驾护航。因此，本节在后文中针对性强化了国家所有自然资源资产用益物权相关内容的笔墨，拟从其现实需求以及改革思路两方面进行写作，希冀于对自然资源资产用益物权体系提出切实的改进思路与建议。

根据《民法典》的规定，国家所有自然资源资产用益物权在我国主要有：土地承包经营权、建设用地使用权、宅基地使用权、地役权、海域使用权、探矿权、采矿权、取水权、捕捞权、养殖权等。国家所有自然资源资产用益物权作为重要的产权权利之一，其相比于自然资源资产所有权缺少处分权能，仅包括占有、使用、收益权能。按照传统民法理论，用益物权也即国家或集体将他们享有的所有权的部分权能让渡给个人或者组织行使，通过设立他物权的方式对自然资源资产加以利用，但保留了处分权。针对占有权能，应当明确占有的主体为何，占有的形式是什么，由谁来行使占有权能，所有者与代理者的权责应当如何划分等；针对使用权能，应当进一步厘清所有者与代理者的权责划分，明确使用权能的行使主体，避免因权责不对等导致政府部门在未行使相关权能情况下承担了过多的行政和诉讼压力，力求实现权责统一；针对收益权能，明确收益的主体为国家，国家将所有权进行让渡，并向受让主体收取相关的费用以满足收益；由传统用益物权转换至国家所有自然资源资产用益物权之上，在自然资源资产用益物权的授权中，国家作为所有权人是否保留了处分权？针对该处分权具有何种解释？又应当如何理解？处分权完全让渡或是部分让渡？

同时，自然资源资产用益物权的权能范围仍较为狭窄，应当通过对《宪法》《民法典》以及各自然资源资产单行法的进一步解释和明确，适度扩大用益物权范围，为用益物权填充出让、转让、出租、抵押、担保、入股等权能，充分实现用益物权的最大经济价值，构建更为完善的权能交易系统平台。

在国家所有自然资源资产产权体系中，用益物权是所有权实现的最重要形式，具有不可替代的地位，因此本文将国家所有自然资源用益物权体系相关内容单列，力求呈现国家所有自然资源用益物权体系的现实概况。

1. 国家所有自然资源资产用益物权概况

用益物权是指非所有人对他人之物所享有的占有、使用、收益的权利，属于他物权的一种。用益物权可基于各自然资源资产要素划分为相应的种类，从而构建一个国家所有自然资源资产用益物权体系，包括国家所有土地用益物权、国家所有森林用益物权、国家所有草原用益物权、矿藏用益物权、水用益物权、海域用益物权。各用益物权之间存在紧密的联系，也存在彼此重叠与冲突的地方，需要明晰并化解其中存在的矛盾，避免资源浪费与资源争夺。

2. 国家所有自然资源资产用益物权体系

第一，关于国家所有土地用益物权。《土地管理法》《土地管理法实施条例》中区分了国家所有和集体所有的土地，明确了国家所有土地用益物权，国家依法实行土地有偿使用制度，鼓励开发荒山荒地，且能对土地实行征收。通过整理《宪法》《民法典》以及土地资源单行法可知，国家所有土地用益物权内包括国有建设用地使用权、土地承包经营权、地役权等相关权利。《民法典》第 344 条规定："建设用地使用权人依法对国家所有的土地享有占有、使用和收益的权利，有权利用该土地建造建筑物、构筑物及其附属设施。"该条明确了国有建设用地使用权的性质与权能，可于建设用地使用权之上设立与之相容的其他用益物权。

《民法典》第 331 条规定："土地承包经营权人依法对其承包经营的耕地、林地、草地等享有占有、使用和收益的权利，有权从事种植业、林业、畜牧业等农业生产。"明确了耕地、林地、草地等集体所有以及国家所有集体使用的基本属性。作为最基础的自然资源资产，土地与各类自然资源资产均存在重合部分，如草原、森林建立在土地之上，矿藏蕴含于土地之下，湿地属于多种自然资源资产相综合的结果。土地资源在开发利用过程中，应当与森林、草原、内陆水域、海域、湿地等各类自然资源资产相衔接，综合规划利用方式，减少自然资源资产彼此的冲突与重叠，充分保护每一种自然资源资产。

第二，关于国家所有森林用益物权。《森林法》中区分了国家所有和集体所有的森林，明确了国家所有森林用益物权，其范围包括了林地承包经营权，也包括了林地之上森林和林木的所有权。集体所有和国家所有的由农民集体使用的林地实施承包经营制，享有林地承包经营权，承包方可以依法采取出租（转包）、入股、转让等方式流转林地经营权、林木所有权和使用权。结合单行法可知，受让方违反法律规定或者合同约定造成森林、林木、林地严重损坏的，发包方或者承包方有权收回林木经营权。如果因某些正当原因需要占用林地，应当坚持尽量少占的原则，并办理相关手续，缴纳森林植被恢复费；如果是临时占用，时间不得超过两年，并应当在期满一年内恢复植被和林业生产条件。

但部分自然资源资产相关法律法规之间的概念、逻辑体系与具体规定并不统一。如《森林法实施条例》第 2 条规定："森林资源，包括森林、林木、林地以及依托森林、林木、林地生存的野生动物、植物和微生物。"这一界定比较宽泛，其与《森林法》第 2 条中"在中华人民共和国领域内从事森林、林木的保护、培育、利用和森林、林木、林地的经营管理活动，适用本法"的规定不一致。[①]

---

① 王晨、阚翔：《健全自然资源资产产权体系》，载《自然资源资产情报》2022 年第 2 期，第 1-4 页。

第三，关于国家所有草原用益物权。《草原法》中区分了国家所有和集体所有的草原，明确了国家所有草原用益物权，既包括国有草原承包经营权，也包括草原之上的草地资源使用权。国家所有的草原，可以依法将使用权转移给国家所有制单位、集体经济组织等使用，并需要合法使用权证，由县级以上人民政府确权登记；未确定使用权的，应当由县级以上人民政府登记造册并负责管理保护。草原承包经营权可以依法自愿、有偿转让。如果需要临时占用草原的，应经同意，且占用期限不得超过两年，占用期满必须恢复草原植被并及时退还。

第四，关于矿藏用益物权。《矿产资源法》中规定了矿产资源属于国家所有，地表或者地下的矿产资源的国家所有权，不因其所依附的土地的所有权或者使用权的不同而改变。矿藏用益物权也即探矿权、采矿权。《民法典》第 329 条规定："依法取得的探矿权、采矿权、取水权和使用水域、滩涂从事养殖、捕捞的权利受法律保护。"勘查、开采矿产资源，必须依法分别申请、经批准有偿取得探矿权、采矿权，并办理登记，使得探矿权、采矿权具备明显的用益物权性质以及行政许可性质。同时，探矿权、采矿权的转让受到了严格的限制，除部分情况外不得转让，限制了矿藏用益物权的经济效益流转。探矿权、采矿权的分离使得矿藏资源的探明与开采存在一定的问题。仅取得了探矿权，探明了矿种、储量和品味的同时还需继续申请采矿权，如果采矿权并未申请成功则探矿行为效益显著减少。而探矿行为又是采矿行为的必要前提，单独的采矿行为不具备合理性。因此将探矿权、采矿权合并，实现以探代采未尝不是更好的选择。

第五，关于水用益物权。《水法》中规定水资源属于国家所有，水资源的所有权由国务院代表国家行使，相关用益物权主要为取水权、水域养殖权等。国家对水资源依法实行取水许可制度和有偿使用制度，水域滩涂养殖权的行使也需经过申请并取得养殖证。《水法》所称水资源，包括地表水和地下水。国务院水行政主管部门在国家确定的重要江河、湖泊设立的流域管理机构在所管辖的范围内行使法律、行政法规规定的和国务院水行政主管部门授予的水资源管理和监督职责。县级以上地方人民政府水行政主管部门按照规定的权限，负责本行政区域内水资源的统一管理和监督工作。直接从江河、湖泊或者地下取用水资源的单位和个人，应当按照国家取水许可制度和水资源有偿使用制度的规定，向水行政主管部门或者流域管理机构申请领取取水许可证，并缴纳水资源费，取得取水权，具备较强的行政许可色彩。但是，家庭生活和零星散养、圈养畜禽饮用等少量取水的除外。

第六，关于海域用益物权。《海洋环境保护法》《海域使用管理法》《海岛保护法》规定了国务院代表国家行使海域所有权、无居民海岛所有权以及养殖捕捞等权利，个人和单位使用海域、无居民海岛、从事捕捞行为，必须依法取得相应权利。个人或单位使用海域，需要由国务院海洋行政主管部门或者地方人民政府登记造册，向海域使用申请人颁发海域使用权证书，且未经依法批准，不得从事海洋基础测绘。除该种方法外，也可以通过招标或者拍卖的方式取得。海域使用权期限届满，海域使用权人需要继续使用海域的，可以提交申请，在批准后依法缴纳续期的海域使用金。海域使用权可以依法转让，也可以依法继承。填海项目竣工后形成的土地，也属于国家所有。

（三）国家所有自然资源资产担保物权

国家所有自然资源资产担保物权的设立，在某种程度上会加大各自然资源资产的经营风险，使各类自然资源资产处于不稳定状态，可能不利于自然资源资产的基本生产与利用。但从另一方面来看，担保物权权能的设定，对刺激经济活力、促进资源流通大有裨益，能赋予各类自然资源融资渠道，扩大其经济金融效益。将各类自然资源资产局限在其本身的经营使用范围内，而一味抵触担保物权权能的实现，实际上是放弃了其所拥有的巨大权能价值，对经济体系的进一步完善并无益处。在各自然资源资产要素相关权利中，部分自然资源权利依法能够设立担保物权，如建设用地使用权、海域使用权等，分别在其单行法中作出了权能设定，行使自然资源资产担保物权合法合规。而仅仅在上述自然资源权利上设立自然资源资产担保物权便存在前文中提及的不足，即将担保物权权能局限在了固定的用益物权上，无法完善整体产权权能体系，放弃了其他各类权利的巨大价值。

丰富自然资源资产产权权能范围对国家所有自然资源资产产权权能体系的完善至关重要，推进自然资源资产担保物权权能扩充也是其中的重要一环，在后续工作中应当在法律中探寻、填补自然资源资产担保物权兜底条款，为探矿权、采矿权、林地林木使用权等各项权利的担保物权权能设定提供法律依据。

（四）国家所有自然资源资产租赁权

国家所有自然资源资产租赁权相对简明，主要包括土地、森林等，通过法律规定赋予部分主体出租、承租自然资源资产的相关权利。在《土地管理法》中规定了集体经营性建设用地使用权可以转让、互换、出资、赠与、抵押，建设用地可以租赁。在《森林法》中规定了林业经营者依法取得的国有林地和林地上的森林、林木的使用权，经批准可以转让、出租、作价出资等。我们应当参照已有的法律规范对能够设立抵押权的相关自然资源资产进行扩充，如水域使用权等。

（五）国家所有自然资源资产占有权

国家所有自然资源资产占有权权能的设定在实务中同样存在不够明晰之处。实务中存在着这类情况，在国家所有自然资源资产所有人因某种原因并未直接行使其所有权时，自然资源资产附近的部分自然人或者组织对相关自然资源资产实施了占有行为，并一定程度上利用了自然资源资产，如铁路路基修建完毕后因某种情况遭到废弃，附近的农民占有了废弃地并在其上耕种。

占有分为有权占有和无权占有，行为人通过所有权实施的占有便是有权占有，用益物权人的占有权能是所有权人让渡而来，亦为有权占有。上文提及的针对废弃土地的占有行为并不基于合法的授权，因此为无权占有，其占有行为实质上是侵害了所有权人和用益物权人的相关权利，应当考虑赔偿补偿的实现。

自然资源资产占有权的行使，往往会对所有权人的合法权益造成一定程度上的损害尽管该行为客观上是对闲置自然资源资产的利用，但其并未征得所有权人的许可，并未办理相关手续，并未缴纳相关费用对所有权人进行补偿。因此，所有权人或用益物权人有权在事后对实施了占有行为的当事人主张相关权益，要求其放弃占有并缴纳相关费用。

三、国家自然资源资产产权体系的科学化需求

党的二十大提出要"以中国式现代化全面推进中华民族伟大复兴"作为新时代新征程的国家发展使命任务。从经济维度来看，中国式现代化的首要任务就是要通过建设新发展格局，建设现代化高标准市场体系等手段实现经济的高质量发展。[1] 从社会维度来看，中国式现代化其核心任务就是在不断解放和发展生产力的基础上实现全体人民共同富裕，严防两极分化。[2] 从生态维度上来看，中国式现代化的价值追求是通过践行绿色发展理念和走可持续的高质量发展道路实现人与自然和谐共生的现代化发展。[3]

在分析政府与市场交互、国家与社会联系、中央与地方互动以及城乡关系等复杂背景后，可以将适应中国现代化路径的自然资源资

---

[1] 洪银兴：《贯彻新发展理念的中国式现代化新道路》，载《经济学家》2022 年第 11 期，第 5-12 页。

[2] 刘伟、陈彦斌：《以高质量发展实现中国式现代化目标》，载《中国高校社会科学》2022 年第 6 期，第 33-40 页以及第 155 页。

[3] 韩保江、李志斌：《中国式现代化：特征、挑战与路径》，载《管理世界》2022 年第 11 期，第 29-43 页。

产产权体系化建设，进一步分解为五个方面的内容：第一，保障市场对产权的基本要求；第二，推进产权制度的法治化建设；第三，确立权属关系中的责任与权益的一一对应；第四，促进产权的公平分配；最后，强化产权配置与治理权力之间的有效衔接。对这些关键领域的深化认识和应对，将有利于相关改革措施更加精确和有效地得到执行。[①]

（一）自然资源资产产权体系建设的市场化需求

在"发挥市场对自然资源资产配置决定性作用"的原则指导下，自然资源资产产权体系化建设的关键步骤，包括在构建自然资源资产产权体系时，更加准确地定义国家所有自然资源资产的含义及其边界，并对自然资源资产产权进行明确划分，以此巩固市场在资源配置中发挥决定性作用的产权基础。此外，还需要加深对自然资源资产市场化配置机制的探索，改进市场化定价方法，并且加强对产权收益的保护，以促进其维护和增值。

（二）自然资源资产产权体系建设的法治化需求

在实现建设社会主义现代化国家的目标中，党的二十大报告提出了依法治理的重要性。因此，针对自然资源资产产权体系的改革，需采取以下措施：首先，应在现有的中国政治体系基础上，进一步加强对自然资源资产产权法律框架的完善，明确区分并阐述"国家所有"与"集体所有"这两种所有权形态在法人身份和产权功能上的具体表征。其次，必须明确界定自然资源资产产权管理的法律职责范围，提高自然资源资产产权法制建设的完整性与权威性，确保自然资源资产产权管理过程中的行政决策、执行和监督都能严格按照法律进行，以防止行政行为对产权所有者权益的侵害和防止资产收益的不正常流失。

---

① 郭恩泽、曲福田、马贤磊：《自然资源资产产权体系改革现状与政策取向——基于国家治理结构的视角》，载《自然资源学报》2023 年第 9 期，第 2372-2385 页。

（三）实现自然资源资产所有权责权利关系的清晰匹配

在国家所有自然资源资产的所有权代理框架之下，国家必须合理安排中央政府与地方政府在处理、管理及获得国家所有自然资源资产收益方面的权限。这要求对地方政府作为一个代表国家行使所有权的角色，在资源的实际保护工作和从资源中获得的收益之间找到平衡点。与此同时，改革还应当加强对国家所有自然资源资产产权的监督机制，明确设定地方政府的代理权限，以消除地方政府在管理自然资源资产时出现所有权代表与监管者角色混淆的现象。

（四）促进自然资源资产产权体系平等建设

面对经济发展的高质量要求，改革的目标是创建一个将要素公平和城乡融合作为核心原则的自然资源资产产权架构。该架构的目的是减少城乡在自然资源资产产权上的差异，并针对集体所有自然资源资产因产权制约而未能充分释放其价值和低配置效率的问题提供解决方案。此外，改革还需要促进一个统一的城乡及区域资源市场的形成，通过增强资源资产在城乡和不同地区间的分配效率，推动城乡之间的均衡发展和共同繁荣。

（五）强化自然资源资产产权安排与行权安排的对应

在当前的时代背景下，应以国家已经建立的国家和集体所有自然资源资产产权结构为基础，以提高国家所有自然资源资产产权体系的效率为目标。这需要在行权层面探索一条确保权利能力与产权配置相协调的有效路径。通过这种方式，不仅能够促进自然资源资产价值的最大化和改善资源治理，还能够更有效地推进实现中国式现代化的实现。[1]

---

[1] 郭恩泽、曲福田、马贤磊：《自然资源资产产权体系改革现状与政策取向——基于国家治理结构的视角》，载《自然资源学报》2023 年第 9 期，第 2372-2385 页。

四、国家所有自然资源资产产权体系化的现实问题

根据现行法律法规，对湖南省内国家所有自然资源资产的主要权利类型进行了整理，形成表1-1。

表1-1 湖南省国家所有自然资源资产的主要权利类型

用益物权	担保物权	租赁权	占有权
探矿权、采矿权	国有林场抵押权	国有林场租赁权	种植权
标本、化石采集权	国家所有的森林、林木、林地抵押权	国家所有的森林、林木、林地租赁权	
地质遗迹资源开发利用权	国有建设用地抵押权	国有建设用地租赁权	
地下水开采权（取水权）			
养殖、捕捞权			
林木采伐权			
河道采砂权			
国有建设用地使用权			
地下空间建设用地使用权			
国有土地承包经营权			
地役权			

由表1-1可知，湖南省内已设立的自然资源资产产权体系，其权利种类并不丰富，主要包括用益物权、担保物权、租赁权，占有权并无相关规定，其中用益物权与担保物权的重要性最为突出。在各项权利中，用益物权占比大，权利数量多，凸显了用益物权在产权体系与权能设定中的重要地位与突出作用。尽管如此，湖南省内设立的用

41

益物权仍具有一定缺陷,将在后文中阐述。而担保物权、租赁权、占有权的不足之处更为明显,应当予以丰富和完善。

由于中国特色社会主义法律体系的形成是一个历经几十年而逐渐完善的过程,国家治理体系还处于现代化的进程中,迄今为止,我国自然资源资产用益物权体系仍然不完善,从而使得自然资源在开发利用和保护过程中出现许多问题,无法很好地发挥自然资源资产的效用,造成了资源的一定浪费。[1]

针对目前的情况,构建健全的国家所有自然资源资产产权制度能促进社会经济高质量发展和加快生态文明建设,能很好地解决自然资源资产存在的缺陷与不足。健全、完善的国家所有自然资源资产产权制度具有以下几方面显著优势:首先,符合目前我国绿色发展的原则。习近平总书记在多次讲话中提到了"绿色"与"环保",且绿色原则已被写入我国《民法典》,作为基本原则之一,对我国整体发展起了重要引导作用。进一步贴合绿色原则是该产权制度的优势之一。其次,可以更充分地保障我国国家所有自然资源资产的所有者权益。我国国家所有自然资源资产存在所有者权益无法完全实现,实际经济利益得不到保障的问题。通过建立健全国家所有自然资源资产产权制度,可以更充分地实现自然资源资产的价值,保障自然资源资产所有者的权益。再次,能促进资源的高效合理利用。通过对现有自然资源资产做好分类,不同自然资源资产适用不同的利用与管理方式,实施差异化分配,能避免产生资源浪费,更高效合理地利用现有的自然资源资产,充分实现其经济与生态价值。最后,能更好地维护自然资源资产市场的秩序。通过对国家所有自然资源资产用益物权、抵押权、租赁权的进一步明晰,丰富各类自然资源资产的权能种类,能够更好地规制自然资源资产市场,维护市场秩序。由此可见,构建国家所有自然资源资产产权制度具有相当程度的必要性,该制度针

---

① 钟骁勇、潘弘韬、李彦华:《我国自然资源资产产权制度改革的思考》,载《中国矿业》2020年第4期,第11—15页以及第44页。

对目前已有的缺陷有着显著的弥补作用。从理论与实践相结合的角度出发，我们汇总了当前我国自然资源资产产权体系设置的几类典型问题并加以评析。

（一）用益物权体系不周延

我国在自然资源资产相关领域的立法不够完善，并无《自然资源法》的单独立法，其他各自然资源单行法如《水法》又久未修订，稍显陈旧，导致目前用益物权体系自身存在缺陷，体系不周延，无法涵盖国家所有自然资源资产用益物权的全部内容。

在实践中，存在部分自然资源资产用益物权交叉重叠，如养殖捕捞权和水资源使用权、海域使用权之间，土地用益物权和森林、草原承包经营权之间等；又有部分自然资源资产的用益物权并未受到保护，存在空白，可能导致经济效益、生态效益的损失，比如湿地用益物权等。且由于各类自然资源资产实行分类管理，各门类自然资源资产法的立法背景、立法理念存在差异，造成自然资源资产使用权制度构建缺乏系统性、整体性和协调性，部分自然资源资产使用权之间边界不清、权责交叉矛盾突出。例如：探矿权、采矿权与土地使用权、海域使用权的关系，渔业权与海域使用权、水权的关系，林权与土地承包经营权的关系以及海域使用权与土地使用权的关系等等。

着眼于湖南省内，在自然资源资产用益物权体系中同样存在不周延之处，主要涉及的便是土地用益物权、森林用益物权、内陆水域使用权、矿业权、湿地用益物权等方面，彼此间缺乏连贯性与整体性。如湿地用益物权的行使存在大量空白，本身又具有多种自然资源资产要素的特质，是土地、水域、草场、林木的结合体，较为复杂，且无专门负责此项事务的机构，需要由人民政府以及水利、林业、生态环境、自然资源资产、农业农村等部门共同监管处理相关事务，不利于湿地的保护以及其用益物权的行使，在整体运作上存在明显的割裂感。

（二）用益物权权能的交叠与冲突

现行的国家所有自然资源资产用益物权因具体内容有限、种类不够丰富，导致部分自然资源资产用益物权的权能存在交叠与冲突，而部分用益物权的权能又不够完整，无法充分辅佐其用益物权的行使，不符合高效率的要求。

部分自然资源资产使用权权能不完整，进而导致使用和流转受到严格限制，权利实现方式单一，限制了市场的流动性与积极性，资源优势无法快速转化为经济优势，无法对经济发展提供显著助力。较为突出的权能缺陷体现在如：探矿权和采矿权转让受到严格限制；海域使用权规定了海域转让、继承、续期、变更、终止、收回等权能，对需求强烈的抵押、出租、作价（入股）等权能缺乏明确规定等。[①]

（三）用益物权种类不能满足社会需求

现如今，国家所有自然资源资产用益物权已经得到相当程度的发展，湖南省内也已设立数十种自然资源资产用益物权，但相较于社会实际需求仍有一定差距。尽管部分自然资源资产内已形成较完整的用益物权以及其他权利，但社会在实践中提出了更高的要求，意图加强对现有自然资源资产的掌控与利用，需要进一步探索与完善自然资源资产用益物权的种类。

1. 矿藏用益物权转让条件限制过多

矿藏用益物权，也即探矿权与采矿权，统称为矿业权。探矿权、采矿权因经济利益重大，资源价值较高，其转让与流通受到了较为严格的限制。湖南省作为有色金属之乡，矿产资源丰富，矿藏用益物权的缺陷目前在省内也体现得较为明显。

《矿产资源法》第3条规定："勘查、开采矿产资源，必须依法分别申请、经批准取得探矿权、采矿权，并办理登记；但是，已经依

---

① 钟骁勇、潘弘韬、李彦华：《我国自然资源资产产权制度改革的思考》，载《中国矿业》2020年第4期，第11-15页以及第44页。

法申请取得采矿权的矿山企业在划定的矿区范围内为本企业的生产而进行的勘查除外。"第 5 条规定：除按下列两种情况可以转让外，探矿权、采矿权不得转让。这两种情况分别是：（1）探矿权人有权在划定的勘查作业区内进行规定的勘查作业，有权优先取得勘查作业区内矿产资源的采矿权。探矿权人在完成规定的最低勘查投入后，经依法批准，可以将探矿权转让他人；（2）已取得采矿权的矿山企业，因企业合并、分立，与他人合资、合作经营，或者因企业资产出售以及有其他变更企业资产产权的情形而需要变更采矿权主体的，经依法批准可以将采矿权转让他人采矿。

由此不难看出，探矿权、采矿权的转让存在非常严苛的限制，仅有少数几种情况能实现权利的转让。诚然，该种限制能一定程度上将资源置于国家可管控的范围内，但在追求经济效益和扩大自然资源资产经济价值的基调下，适当减少矿藏用益物权的转让限制也许更符合目前需求，适度放开转让限制同样能更好地促进湖南省矿藏资源的合理利用与开采。

2. 内陆水域使用权的流转存在问题

此处进行探讨的内陆水域使用权流转是指广义上的流转，不仅包括内陆水域使用权的转让，还包括水域使用权的出租、抵押、入股（作价出资）等内容。内陆水域权的流转可以有效实现市场配置内陆水域资源的作用，[①] 在内陆水域权是可以转让的情况下，市场可以通过竞争机制、价格机制以及供求机制来实现对资源的有效配置。但是现行的内陆水域使用权的流转存在着一定问题，影响到了整体水权经济效益的实现。

第一，水域使用权立法相对落后。《水法》久未更新，内容较为陈旧，无法支撑水域使用权的交易流转。第二，水域使用权交易的主体认定范围不妥。政府作为水资源所有权的代行者以及公共事务管

---

① 周红星：《内陆水域使用权研究》，湖南大学 2021 年博士学位论文，第 89 页。

理者，并不享有水的所有权，不应当成为水域使用权交易的主体。第三，水权交易的客体与现行法律也有冲突。水权交易的是水资源的使用权，而不是水资源的调度权力。

因此，现行水权无法满足社会需求，湖南省内有着广阔的水域，如湘江、资江、沅江、澧水、洞庭湖、东江湖等，具备航运、养殖等功能，及时更新法律，制定修改方案，能极大地促进目前水域使用权的流转与行使，进而推动水资源的高效合理利用。

3. 湿地用益物权存在大量留白

湖南省内水域宽广，河流众多，为湿地的形成提供了良好的天然条件。现如今，湖南省有着洞庭湖这一国际重要湿地，以及浪畔湖、江口鸟州等国家重要湿地，以及若干省级重要湿地，湿地资源极为丰富。尽管省内湿地资源丰富，但利用程度却极为浅显，相关湿地用益物权存在大量留白，应当予以重视并健全。《湿地保护法》中涉及湿地用益物权的相关条文极少，仅规定建设项目确需临时占用湿地的，应当依照《土地管理法》《水法》《森林法》《草原法》《海域使用管理法》等有关法律法规的规定办理，对于湿地用益物权应当如何行使，具有哪些权能均未探讨。着眼于省内颁布的相关条例，《湖南省湿地保护条例》《湖南省洞庭湖保护条例》《湖南省东江湖水环境保护条例》中同样未对湿地的更深入利用做出规定，更多倾向于环境保护生态保护层面，注重退耕还湖、禁渔禁养等限制性措施。

目前，我国对于湿地产权方面的立法存在大量空白，[①]《湿地保护法》中仅规定禁止占用、尽量避让、必要情况减少占用国家重要湿地，国家重大项目、防灾减灾项目、重要水利及保护设施项目、湿地保护项目等除外，针对用益物权的规定以及权能设定近乎为零。这与湿地的特殊性有关，湿地具有多种自然资源资产的复合型特征，与

---

① 王晨、阙翔：《健全自然资源资产产权体系》，载《自然资源资产情报》2022 年第 2 期，第 1-4 页。

水域、土地、草原、森林等多种自然资源资产均有交集，且现阶段经济效益不显著，而生态效益极为重要。这就导致了湿地的生态意义极为重要，但现有研究较难实现其经济价值，挖掘程度不深。应当在日后的研究中不断填补其空白，发展湿地用益物权，充分实现其经济价值和生态价值。

（四）自然资源资产产权权能设立及行使不足

根据前文表1-1不难看出，在湖南省自然资源资产权利类型中，用益物权明显占比较高，而担保物权、租赁权和占有权的行使却极为有限。占有权在实务中存在较少，争议点相对较少，在此不做赘述。作为自然资源资产产权构成的重要部分，担保物权和租赁权的设立与行使却严重不足，因湖南并未形成广袤的草原，担保物权与租赁权在土地、森林这类特殊自然资源资产之上存在，且应用较少，不利于产权的实现。

1. 自然资源资产担保物权行使不充分

自然资源资产担保物权中，最为普遍的便是抵押权，因自然资源资产以不动产为主，其余质权、留置权等较难在自然资源资产中应用。根据表1-1可知，湖南省针对国有林场设立了国有林场的抵押权以及集体经营性建设用地抵押权。国有林场实施资产化管理，可通过抵押的方式实施产权变动，为自然资源资产担保物权的行使提供了途径与渠道。

但是，整体资产担保物权的行使不能完全依赖于单一权利，多种自然资源资产共同设立担保物权才是更合理科学的方式。在省内，土地资源与矿产资源并未设立相关的担保物权，虽然并不会完全阻隔自然资源资产的利用，但其经济效益无疑受到了相当程度的影响。自然资源资产担保物权的设立能缓解资产所有者的资金压力，加速资金周转，提高经济活力，只要经过有效监管和合理规划必然能很大程度上推动自然资源资产的经济效益提高。

2. 自然资源资产租赁权行使不充分

租赁权相较于担保物权设立更为宽松，租赁无法改变自然资源资产的所有，但抵押行为无法还款却需要将抵押物变卖拍卖，可能造成所有权的改变，因此自然资源资产租赁权种类更为丰富。结合表1-1可知，享有租赁权的自然资源资产，不仅包括国有林场，还包括非国有的林场、林地、林木，以及集体经营性建设用地，范围更广。租赁权的设立与行使，能帮助自然资源资产所有者更好地利用其自然资源资产。如果该自然资源资产闲置或者没有合适的利用手段，则将其租赁能避免资源浪费；如果自然资源资产所有者资金较为紧张，也可以通过租赁的方式实现资金回笼，减轻资金压力。由此可见，更广泛地设立与行使自然资源资产租赁权对提高自然资源资产的经济属性具有较大帮助，同时能为自然资源资产所有者提供更多利用自然资源资产的选择。

同担保物权一样，目前省内对租赁权的设立与行使规定较少，目前可进行担保和租赁的自然资源资产极为有限，对充分实现其经济效益有一定阻碍，应当适度扩大该类资产的范围。

（五）自然资源资产配置市场化程度不足

目前，对于自然资源资产的开发利用已较为完善，资源利用率较高，资源浪费的情况不明显，但资源配置的市场化程度不足，市场活力不强，流通机制不成熟且仅存在部分自然资源资产内，主流配置方式仍为行政许可，对自然资源资产的充分利用无益，应当进一步推进资源配置市场化，给予市场"看不见的手"更多参与资源配置的空间。

1. 主流配置方式仍为行政许可

综合现行各自然资源资产单行法，不难看出，除土地之外的自然资源资产目前的主流配置方式仍为行政许可。第一，矿藏中，勘察、开采矿产资源必须依法分别申请、经批准取得探矿权、采矿权，并办理登记，且一般情况下探矿权、采矿权不得转让，限制了其流通；第二，海域中，个人或单位使用海域，需要由国务院海洋行政主管部门或者地方人民政府登记造册，向海域使用申请人颁发海域使用权证书。海域使用权期限届满，海域使用权人需要继续使用海域的，可以提交申请，在批准后依法缴纳续期的海域使用金；第三，国家所有的土地、森林、草原中取得承包经营权的方式也是申请后核发使用权证，并登记在册；第四，内陆水域中，采用取水许可制度，除家庭生活和零星散养、圈养畜禽饮用等少量取水外，均应当向水行政主管部门或者流域管理机构申请领取取水许可证，并缴纳水资源费，取得取水权。行政许可必然会导致资源配置受到较强的监管与限制，行政色彩浓厚，因而降低了市场化程度。尽管存在出让、继承等其他获取相关用益物权的方式，但目前主流仍为行政许可的手段。

2. 部分用益物权的市场流动受限

能否进入市场并实现流通，是衡量自然资源资产用益物权经济效益的一个关键因素。自然资源资产并非仅能用于所有和转让，如果充分挖掘其权能种类，扩大权利的流通范围，开放权利进入市场流动，将对刺激市场活力和市场自由度大有裨益。

在用益物权的行使过程中，权利主体更多是实现其占有、使用、收益的权能，局限于"切实使用"之内，而忽视了权利本身拥有的更深层次的价值。如果减少对用益物权流通的限制，赋予其更为丰富的权能，如允许用益物权的出让、转让、抵押、担保、入股等。尽管部分自然资源资产用益物权的权能范围较为广泛，包含了上述权能的一部分，仍有相当一部分的用益物权权能狭窄，效益转化率低。通过对各项自然资源资产用益物权分门别类探讨，构建自然资源资产用益物权流通平台，针对性地扩大各用益物权权能，加强市场流动性，刺激市场活力，从而提升自然资源资产经济效益。

五、国家所有自然资源资产产权体系化建设的科学进路

推进国家所有自然资源资产产权权能创新的具体路径，需从制度方面着眼并入手，颁布相关法律法规，建立配套制度，对自然资源资产产权体系以及其下的用益物权体系予以完善。湖南省内自然资源资产产权体系同样脱不开现有的体系缺陷与不足，整体体系的修缮与改进对省内也大有帮助。

（一）健全国家自然资源所有权行使制度

在国家所有自然资源资产产权体系中，所有权为至关重要的一部分。目前我国所有权行使存在所有者不到位、权责不清晰、权益不落实、监管保护制度不健全等问题。对所有权行使制度的健全与完善能显著推进自然资源资产产权体系建设，契合中共中央办公厅、国务院办公厅印发的《关于完善产权保护制度依法保护产权的意见》，代理所有者更好地行使所有者职责。健全国家自然资源所有权行使制度的关键一环，就是建立健全国家自然资源委托代理制度。

国家自然资源委托代理制度也即国家作为自然资源所有者，为充分实现自然资源资产的价值，将国家自然资源资产所有权授权国务院或自然资源部代表其行使，再由国务院或自然资源部委托给院内其他部委或者省、市地级人民政府代理履行所有者职责。国家自然资源委托代理制度对所有权行使的益处，主要体现于以下几方面：第一，能充分保障国家作为自然资源所有者的相关权益，避免国家的所有者权益受到侵害；第二，能厘清各级人民政府在所有权行使过程中的责任界限，避免责任不清、归责不明，推动各级人民政府合理高效地行使国家自然资源所有权；第三，各级人民政府尤其是市地级、县级人民政府对于本省内的自然资源更为熟悉了解，由地方各级人民政府代理履行所有者职责更为妥当，对于促进自然资源合理开发、利用、保护亦更加显著。

（二）建立科学有偿的自然资源资产使用制度

党的十八大报告提出"深化资源性产品价格和税费改革，建立反映市场供求和资源稀缺程度、体现生态价值和代际补偿的资源有偿使用制度和生态补偿制度"，要求将资源有偿使用制度提升到生态文明制度建设的高度。党的十八大届三中全会通过的《关于全面深化改革若干重大问题的决定》提出"健全自然资源资产产权制度和用途管制制度、实行资源有偿使用制度和生态补偿制度"，要求多方面齐头并进，共同发展。2017 年初发布了《国务院关于国家所有自然资源资产有偿使用制度改革的指导意见》（后文中简称《指导意见》），这是国家层面就国有自然资源资产有偿使用做出了全面部署的首个文件。《指导意见》明确指出自然资源资产有偿使用制度是生态文明制度体系的一项核心制度，提出坚持发挥市场配置资源的决定性作用和更好发挥政府作用，以保护优先、合理利用、维护权益和解决问题为导向，以依法管理、用途管制为前提，以明晰产权、丰富权能为基础，以市场配置、完善规则为重点，以开展试点、健全法制为路径，以创新方式、加强监督为保障，加快建立健全国家所有自然资源资产有偿使用制度，努力提升自然资源资产保护和合理利用水平，切实维护国家所有者权益。因此，建立科学有偿的自然资源资产使用制度是完善国家所有自然资源资产产权体系的关键一环。[1]

值得注意的是，通过保障和促进自然资源资产使用者合法权益并藉此实现国家自然资源资产所有权益，重在以尊重自然规律为前提保障经济社会的资源需求而不以追求经济利益为主要目标。从长远看，应当遵循自然规律和产业发展特点，处理好国计民生保障与发展改革之间的关系，以先予后取的方式促进资源可持续利用和产业经济可持续发展。为此，应对自然资源资产产权的设立方式、有偿出让范围、征费额度及方式等进行科学设定，尤其是有偿使用制度主要

---

① 吕宾：《全民所有自然资源资产产权制度理论与实践》，载《中国国土资源经济》2023 年第 3 期，第 4-9 页以及第 24 页。

适用于经营性项目的开发利用后端而非产权取得前端环节，绝不能以超前大额征收权益性价款而加大市场主体的生产经营成本，影响其后期持续投入乃至整个产业结构均衡。①

（三）实施差异化的自然资源资产用益物权管理制度

前文已提及，各自然资源资产要素的经济效益和生态效益差距较大，如矿藏资源的经济效益、湿地资源的生态效益等，且各自然资源资产要素彼此间特性差异较大，如森林资源包括林地和地上林木等，土地资源与森林、草原、湿地等存在空间上的交集等，因此想要弥补自然资源资产用益物权体系的不足与缺陷，需要实施差异化的自然资源资产用益物权管理制度，将土地、海域和海岛视为国土空间和环境要素以区别水、矿藏、森林、草原等自然资源资产。

不同类型的自然资源资产的赋存状态、功能、属性等存在较大差别，应当尊重自然规律，根据不同类型的自然资源资产的功能、属性分别配置不同的自然资源资产用益物权客观上存在合理性。即便是同一类型的自然资源资产，其利用目的和方式也可以是多元的、有差别的，可实行分类经营，分别确定不同的自然资源资产使用权类型。因此，在构建自然资源资产用益物权时，一方面需要遵循整体协调性原则，另一方面需要遵循差别对待原则。在兼顾二者的基础上，实现整体协调和区别对待的平衡，以构建差异化的用益物权管理制度，克服既有的自然资源资产用益物权体系的缺陷、不足所带来的权利冲突和体系不协调的问题。

土地方面，在深化国有城镇土地市场化改革的同时，按照集体土地的国有化方向，谋划实施农村集体土地所有权包括产权制度的战略改革。将农村集体土地保障由生存保障变为社会保障，并从根本上解决征地补偿所带来的利益分配及相关的技术难题。建立符合农业农村发展实际需要的产权流转交易市场，促进农村土地承包经营权、

① 刘欣：《民法典视域下自然资源资产产权制度理论分析》，载《中国国土经济》2021年第8期，第4-14页以及第36页。

集体林权、"四荒"地使用权、农村集体经营性资产出租等交易流转，制定产权交易管理办法，健全市场交易规则，加强农村产权交易服务和监督管理。

海域海岛作为特殊的海洋国土，着眼于战略意义和生态保护，并以此为前提进行统筹规划和严格管理，完善海域使用权、海岛使用权申请审批与有偿使用管理制度，强调保护性开发利用海洋，发展多元化海洋产业经济，强化法制建设与监管措施。

在矿产资源方面，要围绕探矿权、采矿权的设立、取得与资源开发利用及监管内容，通过对《矿产资源法》及相关法规的修改完善，形成一套以物权为核心、合理开发利用资源、促进权利自由交易和充分流转兼以必要行政管控的现代矿政管理制度体系。

水资源管理着眼于供需关系，经历了由供给型转向需求型、由工程管理转向资源管理、由单项工程技术手段向综合管理手段的转变，而且根据民生与生产用途的轻重缓急程度明确了生活用水、灌溉用水、航运用水、工业用水和其他用水之间的用水排序。[1] 要通过调整横向与纵向相结合的管理体制，改变相对单一的区域性行政调配手段，理顺民事产权关系和行政管理关系并界定权利与权力范围，更多地采用经济手段、法律手段和技术手段，提高水资源配置质量和利用效率并实现水资源供需动态平衡。

对于森林资源，要创新国有林场管理体制，确立林权主体法律地位并保障其经营权。因地制宜地完善农村集体所有林权流转管理，保护和调动林农造林、管林、营林的积极性，在促进专业化、规模化的基础上推进林业产业化，促使山林资源转化为资产和资本，使林权人获得最大经济收益的同时实现社会效益与生态效益。对于草场资源，重在明晰产权包括国家所有和集体所有权的行使范围，让使用草地的生产者依法获得相应的法律地位和使用权，制约地方政府对草原

---

① 田东奎：《中国近代水权纠纷解决机制研究》，中国政法大学 2006 年博士学位论文，第 80 页。

牧场的不当行政干预，查处集体所有权代理人对牧户草场使用权的侵权行为。①

（四）完善自然资源资产用益物权配置与流转架构

前文中已分析和阐述目前自然资源资产配置的市场化程度不足，相对应的应当在制度上减少用益物权的配置以及流转限制，提高资源利用率与资源的金融效益。

针对资源配置与流转，应当减少行政许可这种目前主流的资源配置方式，提高市场自由度，允许资源自由流转。国家作为国家所有自然资源的所有权人，《民法典》第 246 条规定了"国有财产由国务院代表国家行使所有权"，《关于统筹推进自然资源资产产权制度改革的指导意见》明确国务院"授权国务院自然资源资产主管部门具体代表统一行使国家所有自然资源资产所有者职责"，即国务院是自然资源资产的管理者，且可以将行使自然资源资产所有权的权限再授权，使国务院自然资源资产主管部门兼具自然资源资产国家所有权的代表者与社会事务行政管理者身份。如此一来，对自然资源资产的配置方式经由国务院自然资源资产主管部门或者地方政府自然资源资产部门的监管，采取行政许可的方式，受到了行政机关的过多关注与限制。行政许可的方式固然稳妥，但效率较低，活力较差，不利于自然资源资产的市场化，并不适应当今社会对制度的需求。政府应当在自然资源资产方面与市场共同承担重要但不同的角色，摆脱以往计划型配置模式，转而寻求法治和服务型自然资源资产配置方式，② 追求多元化的资源配置模式，放松资源流转的限制。

（五）规范对自然资源资产的监督与管理

监管是确保自然资源资产用益物权在法律允许的范围内行使的

---

① 刘欣：《民法典视域下自然资源资产产权制度理论分析》，载《中国国土经济》2021年第 8 期，第 4-14 页以及第 36 页。

② 陈德敏、郑阳华：《自然资源资产产权制度的反思与重构》，载《重庆大学学报（社会科学版）》2017 年第 5 期，第 68-73 页。

重要手段，确保各项自然资源资产能得到充分合理科学地利用，避免资源浪费与违法行为的出现，及时追究事件相关责任人员的责任。对此，应当做到：第一，健全监管机制。通过建立健全自然资源资产市场交易监管机制，完善拓宽公众监督的渠道，建立及时反馈和处理机制，实现市场监管、社会监督和政府督察的有机结合；第二，创新监管手段。充分发挥移动互联、大数据、云计算、物联网等现代技术手段的作用，构建事前突出防范、预警，事中强化监控、制约，事后侧重追责、反馈的监管制度体系，实现对自然资源资产所有权和使用权人全流程动态监测。①

将自然资源资产的监管规范化，不仅对自然资源资产用益物权制度有显著完善作用，对整个自然资源资产产权体系都大有裨益，应当充分贯彻。

（六）对湖南省推进国家所有自然资源资产产权体系化的具体建议

推进国家所有自然资源资产产权权能创新的具体措施较为丰富，能从多维度多方面进行设置。针对湖南省自然资源资产产权权能设定的现状及原因，我们提出了更贴近湖南省内现状的改进建议。

1. 在湖南省"十四五"规划的指导下开展工作

湖南省出台了《湖南省国民经济和社会发展第十四个五年规划和 2035 年远景目标纲要》，主要阐明全省战略意图，明确经济社会发展宏伟目标、主要任务和重大举措，是市场主体的行为导向，是政府履职的重要依据，是全省人民共同奋斗的行动纲领。"十四五"规划作为湖南省内的纲领性文件，在引领湖南省内自然资源资产的合理开发与充分利用上有着指导性的作用，只有充分融会贯通"十四五"规划，并在其指导下开展工作，才能更好实现湖南省内自然资源资产

---

① 钟骁勇、潘弘韬、李彦华：《我国自然资源资产产权制度改革的思考》，载《中国矿业》2020 年第 4 期，第 11-15 页以及第 44 页。

权能的创新。

根据"十四五"规划，建设人与自然和谐共生的现代化新湖南主要从"持续改善环境质量""大力推动绿色发展""完善生态文明体制机制"三个方面展开。

2. 持续改善环境质量

湖南省地处长江流域，因此环境质量的持续改善包括长江地区环境污染防治，以及水污染、土壤污染、大气污染几个方面。通过防治"一江一湖四水"，牵动其他各方面污染防治，从而推动生态系统保护。

3. 大力推动绿色发展

《民法典》第9条规定了绿色原则，绿色原则是民法基本原则之一，因此大力推动绿色发展在人与自然和谐共生中也至关重要。推动绿色发展主要包括能源资源节约利用、循环低碳发展、绿色生活三方面，围绕着"低碳""可再生""节能节约"等关键词展开。

4. 完善生态文明体制机制

生态文明体制机制分别从完善现代环境治理体系、建立生态产品价值实现机制、健全生态文明市场机制着手，要求构建产权清晰、多元参与、激励约束并重的生态文明制度体系。其中，"完善市场化、多元化生态补偿，加大重点生态功能区、生态保护红线区域的转移支付力度，引导生态收益区和保护区、流域上下游间创新补偿方式，建立健全地区间横向生态保护补偿机制，积极推进生态环境损害赔偿制度改革，深入开展环境强制责任保险试点。完善生态环保多元投入机制，推广实施政府绿色采购制度，推动生态环保领域公共产品服务投资主体多元化，构建绿色信贷、绿色债券、绿色产业基金、绿色保险等绿色金融链。完善资源市场交易机制，构建用能权、用水权、排污权、碳排放权交易体系"对本书具有直接意义上的指导作用，应当依照文件提出的要求开展工作。

5. 建立统一的土地分类标准

总称意义上的自然资源资产由各种类型的具体资源构成，它们相互之间既具有概念上的相互独立性，又具有自然生态意义上的相互联系，自然资源资产是一个相对独立但又存在交集的整体。这个整体的现实载体就是土地。土地作为最基本的自然资源资产要素，承载了其他绝大多数自然资源资产，如森林、河流、矿藏、草原、野生动物等各种自然资源资产都附着于土地之上或者蕴藏在土地之中，任何一种自然资源资产都不可能脱离土地而独立存在。

在考虑自然资源资产产权的行使时，与土地资源、土地用益物权的重合以及冲突也是需要着重厘清的部分。如对土地的开发利用必然对土地相关的植被、水流等的赋存产生影响；开采矿产资源势必会对土地利用造成影响；国有森林承包经营权与国有草原承包经营权也建立于土地资源之上；湿地资源可能与土地资源存在重合等等，对各类情况都应当进行明确与界定。

有效减少冲突与矛盾的方法之一就是建立统一的土地分类标准。尽管湖南省内已有土地利用的总体规划，但对于土地的分类并无一个统一的标准。① 土地作为自然资源资产要素中基础的部分，与大多数自然资源资产都有相衔接的地方。建立统一的土地分类标准，通过专业、统一的土地类型划分，能避免不同自然资源资产在开发利用上存在重叠或者空白，进而能显著减少各种自然资源资产、自然资源资产产权之间的冲突，提高自然资源资产的利用效率。土地分类标准的建立，是推进国家所有自然资源资产产权权能创新的重要措施。

6. 整理合并探矿权与采矿权

矿藏资源是自然资源资产中经济价值最直接的一类，根据矿藏类型、储量、品味的高低，矿藏价值各不相同。湖南省作为矿藏大省，在郴州、邵阳、湘西自治州、娄底等地储有大量煤炭、铁矿、锰矿、铅锌矿、锑矿等等。探矿权、采矿权的分别设置虽给予了矿藏这一重要自然资源严格的监督和限制，但在后续的社会发展中，探矿

---

① 见《湖南省土地利用总体规划条例》。

权、采矿权的合并也许能带来更多好处。

探矿权、采矿权目前学界统称为矿业权，根据《矿产资源法》的规定，两权必须依法分别申请，虽然已有法律规定支持针对复杂矿床边探边采，但探矿权、采矿权彼此之间仍不具备强关联性，某些情况下可能导致探矿权、采矿权的分离，进而导致资源开采、利用的搁置，造成资源浪费。

为提升湖南省内矿业权的市场经济活力，可考虑将探矿权、采矿权合并，减少行政负担，降低权利申请成本，实现以探代采，采探合一，通过一个行政申请实现探矿权、采矿权的统一授权，避免探矿权、采矿权分离造成的不合理。简化行政流程，减少申请限制，对湖南这一矿藏大省来说大有帮助，两项权利合并后的效果也可以作为试点成果进行展示。

7. 建立专属的湿地管理保护部门

湖南省地处降水量丰富的南方地区，天然气候优势以及地势优势为湖南省孕育出了丰富的湿地资源，大到东、西、南洞庭湖均为国际重要湿地，记录于《中国国际重要湿地名录》中，小到若干省级重要湿地。湿地具有极强的生态功能，不仅能大量持水起到涵养水源的作用，还能净化污水、调节气候，为多种动植物的生命循环提供不可缺少的生存环境，有着极高的生态效益。如若湿地受到破坏或者污染，对湖南省整体的生态系统都会造成严重影响。而现行的人民政府牵头，带领林业、水资源、农业农村等各个部门的管理和监督模式过于松散，多部门联合不具有专门性与专业性，仅在部分时间联合在一起，而湿地涵盖了森林、水域、草场、居民等多个主体的特殊性质容易造成日常事务或者管理遭到推诿，反而阻碍了湿地的保护。

由此可见，建立专门的湿地管理保护部门，实现专项专管，既能减轻政府以及其他相关行政部门的政务负担，又能更好地实现湿地资源的保护与管理，是一项值得尝试的行为。

第二章　国家自然资源所有权
法律特性及其行使

第一节　国家自然资源所有权的法律表达

全民所有自然资源资产所有权即国家自然资源所有权，又称自然资源国家所有权，系以自然资源为客体的国家所有权。国家自然资源所有权是我国所有权体系中的重要类型，它最先诞生于我国《宪法》之中，之后再陆续为《民法通则》《物权法》《民法总则》《民法典》规定，[①] 并在各具体自然资源单行法中设有具体规定。

一、国家自然资源所有权的宪法表达

（一）宪法自然资源国家所有的解释

我国《宪法》对自然资源国家所有的规定，主要体现在第9条与第10条之中。依第9条之规定，除法律规定属于集体所有的森林和山岭、草原、荒地、滩涂之外，矿藏、水流、森林、山岭、草原、荒地、滩涂等自然资源，皆属于国家所有。《宪法》第9条第1分句是自然资源国家所有权规定的核心，它在宪法意义上确立了自然资源为国家所有的归属规范，并且界定了国家所有的法律意义是全民

---

① 《民法通则》颁布于1986年，后于2009年修正；《物权法》颁布于2007年，《民法总则》颁布于2017年。《民法典》自2021年1月1日施行，《民法通则》《物权法》《民法总则》同时废止。

所有；第 2 分句则指出国家所负担的社会义务，即自然资源为国家所有的同时，应基于公共利益的考量而受到合理利用的限制；① 第 3 分句为制约条款，禁止其他主体侵害或破坏国家所有的自然资源。② 《宪法》第 10 条规定了城市土地归国家所有。

《宪法》第 9 条是否为自然资源国家所有权的规定，学界似乎对此颇有分歧。有观点认为《宪法》第 9 条规定的是自然资源国家所有制，而非自然资源国家所有权。国家所有制在本质上是国家垄断，它是实现国家目的的工具手段。③ 这种观点体现了政治经济学的基本立场，遵循从政治经济学到宪法确认的规范逻辑：旨在消灭剥削的社会主义理论-公有制-宪法规范-国家所有制。④ 应当说，这种立场是基于人类财产权历史演进与我国公有制宪法确认的历史回顾，有其合理性。从我国《宪法》规定自然资源归国家所有的立法史角度，自然资源归国家所有首先反映的是自然资源国家所有制的一种观念和制度，⑤ 即自然资源国家所有制是我国公有制财产的组成部分，这是无可回避的历史事实。有鉴于宪法国家所有权说的影响，但又为不影响行文的逻辑，我们将在后文详细审视该学说的科学性。

另有学者认为，《宪法》中的自然资源国家所有反映的是公共财产制的规定，对自然资源国家所有的理解，应该置于《宪法》第 12 条的公共财产权条款之下理解，自然资源国家所有条款的设立，并非是国家作为所有权主体对自然资源财产的宪法追求，该规定的目的在于实现对公共财产的合理利用与全面保护，避免任何组织和个人

---

① 税兵：《自然资源国家所有权双阶构造说》，载《法学研究》2013 年第 4 期，第 4-18 页。

② 税兵：《超越民法的民法解释学》，北京大学出版社 2018 年版，第 183-185 页。

③ 徐祥民：《自然资源国家所有权之国家所有制说》，载《法学研究》2013 年第 4 期，第 35-47 页。

④ 谢海定：《国家所有的法律表达及其解释》，载《中国法学》2016 年第 2 期，第 86-104 页。

⑤ 彭中礼：《论"国家所有"的规范构造——我国宪法文本中"国家所有"的解释进路》，载《政治与法律》2019 年第 9 期，第 56-69 页。

对自然资源的滥用，从而实现自然资源利用中的公共利益之目标。[①] 可见，此观点在《宪法》第9条第1分句的基础上侧重于解释第2、3分句的涵义。其认为应将自然资源国家所有置于《宪法》第12条"社会主义公共财产"条款的框架下理解，因为无论是《宪法》第9条还是第10条的义务主体均为"任何组织和个人"。但是依此理解，第9、10条中的"任何组织和个人"作为义务主体，那么该第9、10条规定也必然对应着一项权利，即存在作为公共财产权的自然资源国家所有权。[②] 在这个意义上，这种观点所指的公共财产制实际上应为公共财产权。公共财产权是与私人财产权完全不同的一种存在。西方语境中的财产权理论恪守着公产与私产相分野的罗马法传统，把财产权区分为公共财产权、国家财产权和私人财产权三个序列，构建起从公产到私产循序递进的"财产权形态三部曲"。[③] 虽然越来越多的立法例承认公产与私产的划分，但是在我国法律体系中并无公产与私产的明确区分界定。这种观点把自然资源国家所有理解为公共财产制或者公共财产权，实际上是在我国法律没有明确区分公产与私产的基础上，即对自然资源国家所有做偏重于公共属性的"公产"理解。从这种观点的理解出发，可以看到自然资源的要素组成既包括作为公产的成分也包括作为私产的成分，从而导致我国《宪法》中的自然资源国家所有，一方面是作为公共财产权（公产）的自然资源国家所有权，另一方面也是作为私产意义上的自然资源国家所有权而存在。这对于区分作为公物意义上自然资源与作为民法意义上的"物"之自然资源，颇具理论指引价值。

[①] 李中夏：《宪法上的"国家所有权"：一场美丽的误会》，载《清华法学》2015年第4期，第63-84页。

[②] 瞿灵敏：《如何理解"国家所有"？——基于对宪法第9、10条为研究对象的文献评析》，载《法制与社会发展》2016年第5期，第99-117页。

[③] 税兵：《自然资源国家所有权双阶构造说》，载《法学研究》2013年第4期，第4-18页；税兵：《超越民法的民法解释学》，北京大学出版社2018年版，第183-184页。

还有观点认为，宪法中自然资源国家所有在本质上是一种宪法性公权或公法管理权（资源行政权），自然资源国家所有权主体的全民性、客体的公共性决定了自然资源国家所有权的公权力属性。[①] 作为国家对公共资源的一种"公权性支配"，自然资源国家所有权的实质是对自然资源利用的积极干预权，内容在于保障自然资源的合理利用。[②] 这种观点基于自然资源国家所有权主体与客体的特殊性，否定自然资源国家所有权的私权属性，是值得商榷的。该种观点是基于自然资源作为公共财产属性为基点展开的分析，但是自然资源既有作为公产的成分也有作为私产的成分，只偏重其作为公共财产的属性并不妥当。这种立场也混淆了作为私权意义的自然资源国家所有权与自然资源的行政管理权。何况自然资源国家所有权作为一种私权属性的财产权，已经先后被《物权法》和《民法典》所明确规定，这是一种不可否认的既定事实与法律逻辑之存在。

《宪法》第9条规定自然资源属于国家所有，即全民所有。这涉及到作为国家所有权主体的"国家"与"全民"的关系问题。有学者认为，"全民所有"在本质上而言，是一个"经济或社会意义上的概念，不能成为特定个体权利上的法律概念"；[③] 相反观点则认为，"全民所有"应该是一个法律概念，更应该是一个《宪法》上的概念，但其可能不是一个民法意义上的概念。因为全民所有的含义不够明确，适用由宪法上的国家所有权来体现全民所有。[④] 我们认为以上观点可能都不完全妥当，"全民所有"应该不仅是一个宪法上的法律

---

① 王克稳：《自然资源特许权有偿出让研究》，北京大学出版社 2021 年版，第 302 页。

② 巩固：《自然资源国家所有权公权说再论》，载《法学研究》2015 年第 2 期，第 115-136 页。

③ 税兵：《自然资源国家所有权双阶构造说》，载《法学研究》2013 年第 4 期，第 4-18 页；马俊驹：《国家所有权的基本理论和立法结构探讨》，载《中国法学》2011 年第 4 期，第 89-102 页。

④ 全民所有对于宪法上的国家所有权至少有四项价值：一是要求宪法确立能够代表全民的主体。二是要求宪法保证公民的参与。三是自然资源的归属和利用要保障全民的利益。四是自然资源的合理分配与利用，以保障全民利益。彭诚信：《自然资源上的权利层次》，载《法学研究》2013 年第 4 期，第 64-66 页。

概念，也是一个民法意义上的法律概念。理由在于：第一，《宪法》第 9 条规定从权利角度观之，其意义应为自然资源国家所有权，即为全民所有权，这是一种宪法意义上的法权概念；同理，对《民法典》第 246 条"法律规定属于国家所有的财产，属于国家所有即全民所有"的理解，应为国家对法定属于国家所有的财产享有所有权，国家所有权即全民所有权，这是一种民法意义上的法权概念。第二，我们之所以不愿承认"全民所有"是一个宪法和民法意义上的法律概念，可能是其通常与全民所有制相联系有关，故宪法和民法规定中多强调国家所有权而忽略全民所有权概念的使用。与之相似的概念是宪法和民法规定中的集体所有权概念，既然集体作为部分人民的整体性概念所享有的集体所有权，在宪法和民法规定中作为一个法律概念来使用，基于"同样事务同等处理"的逻辑，没有理由把全体人民的整体性概念（全民）所享有的全民所有权排除在法律概念之外。"集体"与"全民"的差异仅是作为其组成成员在"量"上有多有少而已，二者作为部分或全体人民的整体性概念并不存在本质上的区别。不承认"全民所有"为一个法律概念，应是混淆全民所有制与全民所有权的结果，前者不是法律概念，但后者应为宪法和民法意义上的法律概念。

综上所述，《宪法》第 9、10 条规定的自然资源归国家所有，即自然资源国家所有，在宪法意义上具有双重含义：第一，自然资源国家所有，首先应解释为自然资源国家所有制。自然资源国家所有作为国家所有制的组成内容，这是一种政治价值理念的宣示，是对我国基本经济制度的体现和维护。第二，自然资源国家所有还应理解为自然资源国家所有权。宪法中的自然资源国家所有权是一种宪法性权利，体现为宪法对自然资源的法权规定。这两方面的涵义，从中国社会转型角度反映了自然资源国家所有宪法规定背后的两种理论逻辑，一是来自历史的规范性诉求之政治逻辑：旨在消灭剥削的社会主义理论—公有制—宪法规范—国家所有制；二是面向制度性保障功能的法律逻辑：重在发展生产力的社会主义理论—市场经济—私法规范—国家所有权。链接这两组具有张力的要素之桥梁是"国家所有的法律实现机制"，[①] 具体而言，就是宪法上的自然资源国家所有权。宪法中的自然资源国家所有权，其基于公产与私产的区分，又包括了作为公共财产权性质的自然资源国家所有权与具有私权属性的自然资源国家所有权两种类型。[②] 私权意义的自然资源国家所有权与宪法上的私人财产权相类似，这种意义的"国家"是民法上民事主体，其通过宪法规定代表"全民"而取得全民所有自然资源所有权的主体资格。同时，自然资源国家所有权作为一种私权意义的财产权，与宪法上私人财产权相仿，具有制度保障功能，[③] 立法机关必须通过制定法律（私法）来建构自然资源国家所有权制度，以进一步明确该宪法权利的具体内涵，以保障该权利的法律实现。[④] 民法中规定的自然资源国家所有权制度，就是宪法上自然资源国家所有权的制度保障功能之体现，因为承担立法形成自然资源国家所有权具体内容的部门法，主要就是民法中的物权法。

（二）宪法自然资源国家所有权说的审视

不得不说明的是，对于自然资源国家所有权的法律解释，不少学者认为由于规定于宪法与民法之中，因此该权利可分解为宪法国家所有权和民法国家所有权二元权利，且两种国家所有权存在关联性。[⑤] 虽然自然资源国家所有权既有宪法表达，也有民法表达，但不应区分为宪法国家所有权和民法国家所有权的二元权利，其应是一

---

① 谢海定：《国家所有的法律表达及其解释》，载《中国法学》2016 年第 2 期，第 86-104 页。

② 基于此问题的复杂性以及超出本文的论题范围，在此不做展开，留待以后再讨论。

③ 林来梵：《宪法规定的所有权需要制度性保障》，载《法学研究》2014 年第 4 期，第 63-64 页；刘练军：《城市土地归国家所有制度性保障说》，载《政治与法律》2016 年第 9 期，第 65-82 页。

④ 张翔：《基本权利的规范建构》，法律出版社 2017 年版，第 229 页。

⑤ 宪法国家所有权与民法国家所有权的二元化解释论不在少数，相关专题研讨会可见相关观点及其争论。参见姚佳：《"国家所有权性质与行使机制完善"学术研讨会综述》，载《环球法律评论》2015 年第 3 期，第 185-192 页。

元权利。

宪法系国家的根本大法、基本法，其具有超越公私法的至高性，也决定了所有其他法律的规范取向。① 宪法承载的内容包括国家的根本任务和根本制度，这其中就应包含国家核心财产的范围。诚如前述，财产权是国家人格独立的核心基础之一。无财产则无人格，国家的自然资源财产权规定性，系国家财产的核心内容。虽然宪法中设立了自然资源国家所有，但这种国家所有能否独立解释成为宪法国家所有权是存疑的。本质上载入宪法的表达，应是凸显自然资源国家所有的基础性、重要性，而不应是设立了宪法自然资源国家所有权。因此，作为国家根本大法的宪法，将国家财产权的核心内容纳入宪法之中理所应当，且这种"精神价值取向"也为民法设定了自然资源国家所有权具体的规范任务和权利限定。②

但我们也应追问，自然资源国家所有列入宪法，除了表达的核心是这种权利神圣而重要的地位，还存在何种根本性意义。实质上，从宪法的表达意蕴而言，作为社会主义国家的自然资源国家所有权，宪法中规定自然资源国家所有权，核心作用有：明确国家专属的自然资源财产内容，明确的自然资源国家所有权利益归属的全体性，明确自然资源国家所有权主体的国家性和人民性，强调"国家专属"因而私人不具有支配这类所有权的能力，也即自然资源国家所有权不可交易性。事实上，这些宪法表达必须要落实与民法才能实现，但并不是说存在"宪法自然资源国家所有权"。

也应澄清的是，否定自然资源国家所有权的宪法民法二元区分性，并不代表否定自然资源国家所有权的公法属性内容。民法意义的自然资源国家所有权，也并不代表这是一种完全的私权利，而不存在公法性内容。事实上，即便是《民法典》之中，也存在不少国家管制的公法性规范。

---

① 屈茂辉：《民法引论》，商务印书馆 2014 年版，第 46-49 页。
② 屈茂辉：《民法引论》，商务印书馆 2014 年版，第 47-48 页。

二、国家自然资源所有权的民法表达

我国民法里与"国家所有权"有关的规定，其起源可以追溯到1986年颁布的《民法通则》。随着时代的变迁和社会的进步，"国家所有权"这一概念已经发生很大变化。在20世纪90年代，民法领域的重要人物佟柔先生，在其主编的高校法学教材中讨论"国家所有权"时明确指明：在社会主义国家的法理论中，国家所有权"本质上是社会主义全民所有制在法律上的表现"。① 这一表述不仅揭示了国家所有权的概念表达，而且还表明理解国家所有权时，只有将"国家"与"全民"作为一个统一的研究对象予以理解时，我们才能真正领会其概念内蕴。自然资源国家所有权，一定程度上是宪法所规定的全民所有自然资源所有权的具体化权利，具体到民法而言，也就是国家（代表全体人民）对自然资源的民事所有权。此时的"自然资源国家所有权"不仅仅是一个抽象的概念，也是一个具有高度应用性与实践性的法律概念。

自然资源国家所有权是全民以国家名义享有的对自然资源占有、使用、收益和处分以及对自然资源利用进行管理、规制和监督的权利。主体的全民性、客体的公共性、价值的公益性使自然资源国家所有权具有自我规制和自我保护的权能，这是自然资源国家所有权与一般所有权最大的区别。② 自然资源国家所有权作为一种财产权，民法承担着立法形成宪法上的自然资源国家所有权具体内容的主要任务，但宪法上具有公共财产权性质面向的自然资源国家所有权，并不是由民法来形成和规定其具体内容，其相应规则体系应由行政法等公法来实现和规定。因此，民法上的自然资源国家所有权，主要与宪

---

① 佟柔主编：《中国民法》，法律出版社1990年版：第249页。
② 叶榅平：《自然资源国家所有权的理论诠释与制度建构》，中国社会科学出版社2019年版，第5页。

法上私权意义的自然资源国家所有权相对应，因为只有此种私权性质面向的自然资源国家所有权，与作为基本权利的私人财产权相似，是由民法来达成其法律实现机制的具体制度内容。

有学者明确区分了宪法与民法上关于自然资源国家所有权的规范性质：宪法上关于自然资源国家所有权的法律规定是基础性规范，它是自然资源法律规范体系的逻辑原点，决定着自然资源的基本法律属性；① 民法法律制度，并不包含对所有权内容和限制的终局性规定，② 只有宪法规范才对自然资源国家所有权作出终局性规定，而《民法典》中关于自然资源国家所有权的规范性质，主要为确权性规范。③ 但须注意的是，由于我国民法理论此前对自然资源国家所有权的研究并不充分，未能明确区分宪法与民法上的自然资源国家所有权的具体指向与内容差别，导致二者在自然资源国家所有权的法律规定上并无本质的不同，即无论是已失效的《物权法》还是当下的《民法典》对自然资源国家所有权的法律规定，与宪法上关于自然资源国家所有权的法律规定在很大程度上是相似的。因而，依据《民法典》的法律规定分析自然资源国家所有权的构成要素之内容时，如自然资源国家所有权的主体与客体的内涵分析，具有相似性但也有一定的区别。

基于前述"国家所有即全民所有"的分析，从权利角度而言，自然资源国家所有权实为自然资源全民所有权，亦即真正的自然资源所有权主体应是作为整体概念的"全民"。这就有如民法典规定的另一个作为整体概念存在的（成员）集体，其为集体所有权的真正主体。对于民法上的自然资源全民所有权而言，由于作为整体意义的"全民"主体难以真正行使其所有权，才由作为民事主体意义的"国

---

① 税兵：《超越民法的民法解释学》，北京大学出版社 2018 年版，第 183 页。
② ［德］鲍尔、施蒂尔纳：《德国物权法》（上册），张双根译，法律出版社 2004 年版，第 519 页。
③ 税兵：《超越民法的民法解释学》，北京大学出版社 2018 年版，第 185 页。

家"代表全民来行使所有权，我们认为，二者之间是一种代表与被代表的法律关系。"国家所有即全民所有"，乃是采用代表立法技术的逻辑结果。[①] 这种理解的逻辑来自《民法典》第 262 条的规定，该条规定是此种代表立法技术的具体体现。《民法典》第 262 条关于集体经济组织代表集体行使所有权的规定，是这种代表立法技术最为典型的立法例证。基于同理，民法上的自然资源全民所有权，由国家代表全民这个整体性概念主体来行使所有权。

需注意的是，宪法与民法上的自然资源国家所有权的代表主体——国家，在性质上存在一些细微的区别。如前所述，基于《宪法》第 9 条关于"国家所有即全民所有"的规定，国家是宪法上的自然资源全民所有权之代表主体，但应明确在自然资源国家所有权中，"国家"作为民事主体意义的国家，代表全民来行使自然资源所有权，而不是是作为公权力主体性质的国家，来行使自然资源行政管理权。在主体构造上，民法表达的自然资源国家所有权，实质上存在自然资源国家所有权具体行政主体构造。在概念内蕴的行使问题上，从《民法典》第 246 条关于自然资源国家所有权的规定来看，它明确了自然资源的所有权和如何行使这一所有权，也就是国务院代表国家来统一行使这一权利。除立法直接设定的由具体行政主管部门行使特定国家所有权之外，国务院可通过授权下级行政机关行使国家所有权。《民法典》第 246 条第 2 款"法律另有规定，依照其规定"，进一步明确了在获得法律明确授权的情况下，其他主体有权作为国家所有权的代表来行使该权利。与此同时，这种规范设计也为后来的委托代理行使制度的构建预留了制度设计空间和体系定位。

应予说明的是，民法自然资源国家所有权概念中"自然资源"的外延界定问题。按照《民法典》第 247 条的规定，矿产、水流和海域均被视为国家所有。《民法典》第 248-252 条也列举了其他的自

---

① 韩灵波：《美国自然资源公共信托制度研究》，中国政法大学出版社 2016 年版，第 20-36 页。

然资源，并以"等"（等外等）形成客体规定（《民法典》第 250
条）的外延空间。从这些条文来看，它们已经明确了国家对自然资
源享有所有权的基本原则和具体规定。值得特别指出的是，《民法
典》第 250 条中的"等"这个词，并不代表所有的自然资源都应当
被国家所拥有，或者说都建立了国家所有权。在一些具有特殊用途或
者具有一定社会经济效益的自然资源，如矿产资源、森林资源、土地
资源等，其能够建立国家所有权，并由国务院行使权利。但对自然资
源国家所有权制度而言，并不适宜建立在那些缺乏经济属性，且尚未
被广泛认知的自然资源之上。易言之，自然资源国家所有权的"自
然资源"并不能在等同于自然科学或其他学科中的自然资源外延。

另外，民法表达的自然资源国家所有权，所有并不等于独占性使
用，更重要的反而是享有自然资源首次配置的权能。在《民法典》
中，关于自然资源的使用，无论是债权性使用，还是用益物权设计的
规定，为自然资源的国家所有权提供了清晰的"所有—使用"分离
路径。通过将所有权和使用权进行分离，确保了自然资源权利可以分
离，且能够市场化流通的价值原则。在合理的市场化的模式之下能够
使自然资源有效配置，且自然资源利用效率最大化。与此同时，公权
力对自然资源的利用施加了适当的限制，本质上能够在经济利益与
生态环境保护之间找到一个和谐的平衡点。"有为政府"的重要作用
核心体现在，设计并为市场主体配置适合生态文明体系的自然资源
产权。从民法自然资源国家所有权法律表达的权利构造看，自然资源
国家所有权是一种所有权主体明确、所有权行使主体多层次、权利对
象特殊、权利行使方式多元化的所有权形态。这种独特的所有权形态
表示，自然资源国家所有权民法表达的核心命题是，我国法律体系应
该构造的不是概念解释，而是一个完整的自然资源国家所有权权属、
利用、管理、保护、责任规范的制度体系。[1] 这对于深化自然资源国

---

[1]　屈茂辉等：《自然资源法总论》，湖南大学出版社 2024 年版，第 164–198 页。

家所有权及其与社会经济的实践理性，具有极大的意义。

第二节　国家自然资源所有权的法律性质

法律性质的界定，表达了对权利定位的判断，不同性质的权利其基本构造遵循不同的权利设计原则，存在着相当大的差别。在国家自然资源所有权委托代理中，国家自然资源所有权的法律性质界定，一定程度上决定着委托代理设计的基本原理。

一、国家自然资源所有权的性质判断要因

国家存续离不开财产，作为国家机关的全国人大和国务院执行其职能也需要国家财产的支持，国家财产是国家作为所有权人所享有的财产。国家财产利益最大化的实质是全体人民利益的最大化，为实现人民利益的最大化，国家也需要选择维护国家财产最优的主体和方式行使财产权利。各级人大代表国家行使权力，拥有立法权，也拥有立法授权其他国家机构决策或执行某一事务的能力。为了更好地实现利益，全国人大择国务院立法授权其代表国家行使所有权，本质也是需要国务院这一国家事务的执行机关参与私法关系，维护国家财产。一定程度上，国家所有权的国家财产性本质决定需要择一国家机构行使所有权。[1]

（一）财产权是国家人格独立的核心基础之一

在马克思的国家理论中，[2] 国家并不是自始存在的，随着生产力

---

[1] 我们所言国家所有权的本质决定国务院作为行使主体具有可行性，并非否定其他国家机关可以行使国家所有权，而是论证国务院符合国家所有权本质的要求。

[2] 马克思认为有什么所有制就有什么所有权。这个观点应当予以否定。比如混合所有制不可能对应混合所有权，再比如我国公有制为主体，多种所有制经济共同发展的基本经济制度，并非直接对应公权为主，私权为辅的所有权制度。

发展，剩余产品出现，个体之间出现了财产差异，而导致了社会的阶级分化，私有制由此产生。私有制产生以后需要一个代表阶级利益的组织保护私有制，保障阶级利益，自此国家应运而生。① 自然界中可以满足人类需要之物即为自然资源，自然资源伴随自然界伊始而存在，如今是国家财产中重要的资源性财产。比如领土是国家构成要素之一，土地也是最重要的国家财产，其重要性表现在对外的战略需求和对内的所有权行使上。自然资源所有权源自人类认识并改造自然界之时，洛克的所有权劳动说认为，人类对于物的财产权是基于其可以利用这些物而存在的权利，因此所有权因劳动而存在，自然资源所有权的存在基于对自然资源的利用。②

马克思主义经济学中认为，政治权力的原因归结为经济，③ 国家与财产二者是密不可分的关系，这是值得肯定的。原始社会时期，土地所有制的第一个前提就是自然形成的共同体，即部落共同体，这一共同体并不是共同占有和利用土地的结果，而是其前提。④ 也就是在

---

① 古代氏族制度被滥用以为暴力掠夺财富进行辩护，这时缺少的就是一个保障个人获得财富而不受氏族制度的共产制传统而侵犯的机关，不仅可以使以往被轻视的私有财产神圣化，并将此列为整个人类社会的最高目的，而且还将发展成为获得财产的新形式，从而加速财富的积累，并得到社会普遍的认可。国家是这样一个机关，一方面将已经分化的阶级现象永久化，另一方面使得阶级统治永久化。见［德］弗里德里希·恩格斯：《家庭、私有制和国家的起源》，载中共中央编译局：《马克思恩格斯全集》（第21卷），人民出版社1965年版，第123-124页。

② 洛克主要讨论了统治的根据和原则，财产权的起源和儿子对他们父亲的从属是一切王权的根源。洛克的所有权劳动说主要认为，财产权的最初发生是因为一个人有权利来利用低级生物供自己的生存和享受，它是专为财产所有者的福利和利益的，因此，在必要的时候，他甚至可以为了使用它而把他具有所有权的东西加以毁坏。但是，统治权却不一样，它是为了保障个人的权利和财产，以保护其不受他人的暴力或侵犯的方法而设，是以被治者的利益为目的。见［英］洛克：《政府论》（上），叶启芳、瞿菊农译，商务印书馆2004年版，第75-79页。

③ 陈炳辉：《西方马克思主义的国家理论》，中央编译出版社2004年版，第95页。

④ ［德］卡尔·马克思：《政治经济学批判》，载中共中央编译局：《马克思恩格斯全集》（第46卷上），人民出版社1974年版，第472页。

这一时期，已经产生了以部落为单位的公共财产。① "国家是在产权的基础上产生的，所以必须要一定的根基或立足地。"② 原始社会集体性组织的最高目的是保护集体利益，而私有制产生后的一段时间内，国家的最高目的是保护私有制。这里的私有，体现为私法关系上的所有。国家在私法关系中所拥有的财产，也是私有制保护的客体之一。集体所有财产体现为以集体利益为特征的财产，国家财产和集体所有财产组成了公共财产。奴隶社会打破了群体劳动、平均分配的劳动生活关系，实现了土地所有制的转变，我国商周时期土地国有制度——井田制即是这一时代的产物。井田制对土地进行了划分，中间的公田需要共同耕种，所获收益上缴国家。但是井田制不是私权关系的所有权，虽然是国有制，也并非现代意义上的国有制，而是皇权体系的所有权，"溥天之下，莫非王土"，③ 即是井田制的写照。土地私有是在封建社会确立的，最初是为了奖励军功，也伴随着新兴地主阶级的兴起，国家通过征收赋税获取土地收益。在资本主义国家中，特殊利益和共同利益之间是存在矛盾的，为克制各项利益之间的矛盾，统治阶级宣称国家是公共利益的代表，也就存在了"虚幻的共同体"的形式，④ 即国家财产是虚幻共同体的财产，也是资产阶级缓和阶级矛盾的产物。⑤ 在社会主义国家中，国家保护统治阶级利益，实质上也是保护无产阶级的所有，无产阶级政府之下的国家财产，也理所应当得到保护。

---

① 原始社会的部落共同体财产就表现为集体所有财产而非国家财产。但是，原始社会以部落为社会群体单位；而后的封建社会以国家为单位。在原始社会时期没有国家的概念，公共财产只能表现为部落共同体的集体财产，而有了国家的概念之后，公共财产则分化为国家财产和集体财产等形式，从实质上来说，原始社会的部落共同体财产是国家财产的雏形。

② ［英］詹姆士·哈林顿：《大洋国》，何新译，商务印书馆1963年版，第10页。

③ 《诗经·小雅·谷风之什·北山》，载王显：《诗经韵谱》商务印书馆2011年版，第239页。

④ ［德］卡尔·马克思、弗里德里希·恩格斯：《德意志意识形态》，载中共中央编译局：《马克思恩格斯全集》（第3卷），人民出版社1956年版，第70页。

⑤ ［德］卡尔·马克思、弗里德里希·恩格斯：《德意志意识形态》，载中共中央编译局：《马克思恩格斯全集》（第3卷），人民出版社1956年版，第37-38页。

（二）作为公权力主体的国家机关可以作为私法关系的主体

国家所有权"制度说"认为，宪法中的财产权仅为私有财产权，而公共财产则可以视为是一种公法上的制度。[①] 实则不尽如此，财产权是私法概念，不论权利享有主体性质如何，都无法改变其调整的法律关系为私法范畴之内的事实。所以国家所有权作为所有权的一种类型，是私法制度而非公法制度。作为私法制度的国家所有权制度需要一个参与私法关系的民事主体，而国家机构参与私法关系，需要明确国家机构在私法关系中的地位。我国立法理念上秉持的观点仍然认为，国家在民事法律关系中是超然地位，而这一超然地位表现为国家并不归属于任何一种类型的民事法律关系主体。从目的解释来看，成立国家机关是为了管理国家事务、行使国家权力，即国家机关存在伊始并非定位于民事主体。但是如果国务院某部委购买办公用品，如何定位呢？学理上划分了公法人和私法人，公法人是用公法规范但可以参与私法活动的法人。但是我国没有建立公法人制度，即国家不是公法人主体无法参与民事法律关系。在我国有独立的预算经费、从事民事活动为其职能，则应当认定为《民法典》第 97 条中的机关法人。[②] 国务院、检察院、法院等国家机关如果参与民事法律关系，依照我国法律的规定，以机关法人的主体地位而存在。[③] 国家机关如国务院，其机关法人的地位已然得到承认。那么，一则国务院是预算草案提请审议的主体，作为中央政府当然具有独立的经费支持，二则若民事活动是国务院的职能之一，则侧面肯认了其在私法关系中的主体定位。国务院实质上在参与民事活动之时，已然为私法主体，也为

---

① 巩固：《自然资源国家所有权"非公权说"检视》，载《中国法律评论》2017 年第 4 期，第 141-158 页。

② 屈茂辉：《机关法人解释论》，载《清华法学》2017 年第 5 期，第 128-138 页。

③ 不承认国家的公法人地位，又承认国家机关的机关法人地位，是存在相互矛盾之处的。国务院是机关法人、国务院各部委也是机关法人，那么二者在机关法人制度的框架下如何构建机关法人制度，是值得探讨的。而目前我国《民法典》中只有一个条文提到了机关法人，需要我国修改各类组织法予以明确。

独立的民事主体，可以作为所有权的代表机关，享有所有权人的权利、履行所有权人的义务、承担所有权人的责任。

（三）特定事务中行政机关与民事主体的合一性具有一定必然性

国家所有权本质上是私法权利，[①] 需要由某一主体具体行使，而政府相较于其他国家机关具有不可取代的优越性。

第一，行政机构在历史上实质长期行使着国家所有权，选择政府作为国家所有权行使的代表者沿袭了历史，增强了民众的认同感。从我国历史来看，自汉代起，山川等自然资源专属于皇亲。汉朝时，大司农与少府掌管国家包括自然资源在内的财政和民政事务。[②] 少府主要是"掌山海池泽之税，以给共养，有六丞。属官有尚书……"，[③] 涉及山川海洋等自然资源及手工业等方面；而大司农的职能在于"武库兵器，天下公用，缮修造作，皆度大司农钱。自乘舆不以给供养，劳赐一出少府，盖不以本藏给末用，不以人力供私费也"。[④] 我国古代制度中，政府行使国家对自然资源的所有权最有代表性的制度体现在三省六部制上。三省六部制是中央集权的组织形式，制度职能主要在于制定、审核、执行中央政令。尚书本是少府的属官，汉武帝之后地位日渐重要。在东汉时尚书机构"总谓之尚书台，亦谓之中台"，[⑤] 并成为脱离少府系统的独立的办事机构，尚书此时仅执行政务，"至后汉则为优重，出纳王命，敷奏万机，盖政令之所由宣，选举之所由定，罪赏之所由正"。[⑥] 曹魏时期，尚书权力被削弱，"魏置

---

① 自然资源国家所有权的性质，在我国《物权法》颁布后学者之间争论颇多。其实，确立自然资源国家所有权制度的一个至关重要的作用是明确自然资源私人所有的边界。如果把权利分为公权利和私权利，那么自然资源国家所有权应该属于公共权利，即 public rights，其最终的利益归属于全体民众。

② 在三公九卿制度中，九卿是中央行政机关长官的总称。汉朝时，大司农与少府都是九卿之一。

③ 班固：《汉书》卷十九（上），《百官公卿表第七上》，中华书局 1962 年版，第 731 页。

④ 杜佑：《通典》卷二十六，《职官八》，吉林人民出版社 1997 年版，第 4 页。

⑤ 杜佑：《通典》卷二十二，《职官四》，吉林人民出版社 1997 年版，第 2 页。

⑥ 杜佑：《通典》卷二十二，《职官四》，吉林人民出版社 1997 年版，第 1 页。

中书省，有监、令，遂掌机衡之任，而尚书之权渐减矣"，① 以前起草诏令等事务属于尚书，此时皆归中书，而尚书总管国家军政，处理主要行政事务，参与机要决策相对较少。直到西晋时期，中书省已经逐渐代替了尚书省原有的职权。"自魏晋重中书之官，居喉舌之任，则尚书之职，稍以疏远。至梁陈，举国机要，悉在中书，献纳之任，又归门下，而尚书但听命受事而已。"② 隋文帝取得政权之后逐步建立了成熟的三省六部制，其中尚书省是国家最高的行政机关，其地位被称作"陛下之有尚书，犹天之有北斗。斗为天喉舌，尚书亦为陛下喉舌"，③"尚书省，事无不总"，④ 下设吏、户、礼、兵、刑、工部分别处理各类事务，并执行诏令，成为专门执行国家事务的行政机关，相当于现代的中央政府。而在尚书省中，户部掌管土地、赋税和户籍，赋税和户籍又以土地为基础，赋税的收取实质上是国家从个人的私有财产中收取一部分纳入国家财产以统一管理、效率分配的一种方式。工部掌管各项工程，而这些工程中大部分都是屯田、水利工程，正因为国家对于土地资源、水资源的国家所有，工部才有权改造并合理利用自然资源，以获取国家财产更大的收益。所以说，尚书省作为我国古代国家机构制度中行使行政职能的机构，实质上代表国家行使着所有权。

　　第二，横向比较各类国家机构，政府作为代表行使主体符合国有财产利益。纵观所有国家机构，军队作为特殊的国家机器主要保卫国家领土完整和社会安定，是国家的暴力机关，在维护主权国家稳定发

---

① 杜佑：《通典》卷二十二，《职官四》，吉林人民出版社 1997 年版，第 2 页。
② 杜佑：《通典》卷二十二，《职官四》，吉林人民出版社 1997 年版，第 3 页。
③ 杜佑：《通典》卷二十二，《职官四》，吉林人民出版社 1997 年版，第 1 页。
④ 魏征：《隋书》卷二十八，《百官志下》，中华书局 1973 年，第 774 页。

展中起着至关重要的作用;[①] 司法机关是权利保护的最后一道屏障,[②] 主要监督制度运行;国家元首是内政外交中的最高代表,这里的代表并不是诸如国家所有权这一事务的代表,而是整个国家这一主体的代表。从各自的职能范围来看,国家元首、军队与司法机关并不适宜作为国家所有权主要的代表机关。扩大国有财产利益亟须实现国有财产的保值增值,代表行使国家所有权的机构需要为能够落实保值增值手段的机关。相对来说,不管是从机构功能还是国有财产利益来看,有两个国家机构更为适合:一是代表人民意志对于事务性工作进行议事的代议制机关,二是根据人民的意志而组成的代议制政府。而目前争议主要的焦点在于,二者究竟谁既能体现人民的意志和国家善治的要求,又能提高国家所有权行使的效率。在我国亟须在全国人大及其常委会和国务院之间选择哪一机构为中央层面的国家所有权主体。国家所有权作为重要的权利类型,同样包含权利与义务两个方面。代议制机关作为权力机关享有人民赋予的权力和法定的权利,作为立法机关更是国家权利的直接授予机关,所以具体行使权利和义务的机关由代议制政府承担更为合适。

二、自然资源国家所有权性质的辩证界定

就现今法学界的共识来讲,尽管学者间关于国家所有权的性质还见仁见智,但国家所有权确实是实定法和实践中的客观存在。至于国务院为何可以甚至应当代表国家行使国家所有权,其逻辑起点在

---

① 马克思认为,原始社会末期形成的军事民主机关,具有一般的、普遍的公共权力。这种特殊公共权力制度的设立,是国家最本质的特性。见［德］弗里德里希·恩格斯:《家庭、私有制和国家的起源》,载中共中央编译局:《马克思恩格斯全集》(第21卷),人民出版社1965年版,第187页。

② 法官不应经常出现在人们的眼前,法官依法宣判只需要用眼睛一看就够了,所以司法机关不能成为国家除司法事务外其他事务的执行者。见［法］孟德斯鸠:《论法的精神》(上册),张雁深译,商务印书馆1959年版,第91页。

于国家所有权乃公法与私法交叉调整的领域。

近几年，对于自然资源所有权的相关改革正在有条不紊地进行。改革不仅越来越重视资源开发和利用所带来的问题，也更加关注自然资源国家所有权的归属及其保护问题。在此背景之下，我国已经启动了自然资源国家所有权制度的重构。关于自然资源国家所有权的法律地位问题，已经成为学界关注的重点和基础问题，在此背景下，探讨自然资源国家所有权的本质成了一个中心议题。由于自然资源具有自然属性和社会属性双重特征，自然资源的国家所有权也表现出不同的特点。对我国来说，自然资源是国家的财产，而非私人所拥有的财产。因此，从某种意义上讲，对自然资源以国家所有权的形式进行保护就意味着对其权利属性进行限制。至今，在民法领域，关于自然资源国家所有权的性质，学界尚未形成统一的看法。主流的观点集中在纯粹的私权、纯粹的公权以及公私法融合的混合权利属性上。

学界对自然资源国家所有权性质的争议非常大。首先面临的问题是，自然资源的国家所有权是否具有私法性特征？在学术领域内，应该说纯粹的私法性观念占据了中心地位。这种观点认为，国家所有权是一种特殊的财产权，它以财产为基础，具有独立存在的价值。如果仅从私人权益出发，往往更倾向于从个人利益的视角来解读自然资源的国家所有权。而单纯从公权来看，人们更多地从公权（力）的视角来解读自然资源的国家所有权，也更加关注自然资源的公共性问题。也有学者将二者结合起来研究自然资源的国家所有权问题。从公私法融合的角度来看，私主体被视为资源的所有者，而公共权力则被认为是自然资源国家所有权的具体表现。应予明确的是，国家所有权为公法与私法交叉调整的领域，这亦是该制度的逻辑起点与基本共识。

首先，国家所有权的本质是具有公权性质的私权，也是特殊社会主体的私权。虽然国家所有权"公权说"理论有着相当的影响力，但不可否认的是，"公权说"仍然没有跳出所有权的私法窠臼。"公权说"认为实现自然资源利用的秩序需要从资源国家所有权到资源物权。国家所有权相当于对资源物权的建构权，只有国家行使权力实现资源立法和资源管理，才能够使得宪法层面的国有资源向民法层面转化。[1] 但如果因此而解读国家所有权为公权，实乃片面。一是，从解释论的角度看，公权强调国家管理的性质，但是国家所有权被规定于《民法典》及相关民事单行法中，明显属于私法规范的制度。私法主要调整平等主体之间的法律关系，即便国家所有权的行使机关可能具有公权属性、带有管理性质，依《民法典》第 97 条的规定，国务院仍可以从事为履行职能所需要的民事活动，其与企业等主体在国家所有权法律关系中的地位平等。二是，"公权说"提出"宪法国家所有权"之所以称之为"所有权"，是因为其符合所有权表征的权利人和客体存在"归属与支配"的关系。然而，即便"宪法国家所有权"权源来自主权，[2] 但表征上述二者关系为"归属和支配"并不一定就定义为"所有权"。比如，国家公共权力应当受到法律的支配。再比如，反垄断法中亦有滥用市场支配地位的说法。甚至，行政机关上下级之间的领导关系，在一定层面上也有类似于"归属和支配"的整体与部分之间的主从性和上下级之间的命令与服从性。"宪法财产权"更多地强调的是个人可以从国家处获得权利的资格，并不是直接赋予主体财产或权利。所以，其所言的"支配"，并不是权利的支配，而是以资格为代表的事务的支配。因此，并不能依此断定，国家所有权为宪法层面上的"公权"。三是，实质上来说，"公权说"并没有否认国家所有权，而是将国家所有的概念拆分成资源物权和国家所有权两个部分。资源物权是基于公法规定，通过行政活动产生的私权。质言之，其所谓的资源物权并非为"公权说"文义所言的公权，而是具有公权性质的私权。虽然行使国家所有权的主体

---

① 巩固：《自然资源国家所有权公权说》，载《法学研究》2013 年第 4 期，第 19-34 页。

② 巩固：《自然资源国家所有权公权说再论》，载《法学研究》2015 年第 2 期，第 115-136 页。

为公法上的国家机关，但并不能因此而否认所有权属于私法领域的重要问题。

其次，国家所有权问题，特别是自然资源的国家所有权问题，本身是公私法交融的问题，不能单从某一方面出发而将公法与私法割裂来看。一则，研究私法问题不能"一刀切"与公法相割裂。比如，宏观调控是公法问题，市场交易是私法问题，市场经济体制下国家的宏观调控实质上也存在公法制度在私法领域的融入。因国家所有权交叉融合的特性，对于国家所有权基础之上的矿业权、取水权、渔业权等又被定义为准物权。[①] 而自然资源所涉及的准物权本身，[②] 所谓"准"物权实质是强调其不同于私法物权且有赖于公法行政权介入的权利，也是公法权力对私法权利的介入。二则，虽然国家所有权是私法制度，但在私法制度不够完善之时，也不应排斥公法理论的基础作用和应用的可能性。比如，目前对于中央与地方、地方与地方之间的权限划分，仅有事权划分理论。在试点过程中，也采取按照事权、支出责任和财力相适应原则考虑相关收益属性，调整中央与地方收益分配比例和支出结构。但事权与国家所有权是有明显区别的，[③] 从广义上来看，代表国家行使所有权也属于政府事务之一。因此，并不能完全否定事权理论对划分国家所有权行使代表权限的借鉴意义。在国家所有权关系中，因为代表行使主体为国家机关的特殊性，不可避免的使得这一私权具有了公权的某些性质，比如出现了许可、批准、招拍挂等多种所有权行使形式。所以，正因为无法排斥公法和公权力来看国家所有权问题，我们认为公法理论和私法理论同样都可以作

[①]　崔建远：《准物权研究》（第二版），法律出版社 2012 年版，第 18 页。按我国《民法典》第 328、329 条的规定，矿业权、取水权等均属自然资源用益物权，而非传统法上的准物权。

[②]　在传统法上驯养权、狩猎权属于准物权，在我国制定《物权法》的过程中，由全国人大常委会法制工作委员会草拟的《中华人民共和国物权法（征求意见稿）》将驯养权、狩猎权与探矿权、采矿权、取水权、渔业权规定为准物权，但《中华人民共和国物权法》中却没有确切将驯养权、狩猎权作为用益物权。法学界关于这个问题的意见也有分歧。

[③]　二者的差别主要体现在：事权是公法上的管理权，对应的是财政权，其客体是具体的事务，而所有权是私法上的排他性财产权利，其客体是物。

为国务院代表行使所有权的法理基础。同样，将公法的规范适度延伸到私法关系中，也可以调和现代社会管制和自治的矛盾。①

最后，正因为国家所有权的公私法交叉性，决定了尽管国家所有权是私法问题，作为行政机关的国务院代表国家行使所有权仍具有逻辑前提。物权强调对物的直接支配和排他性，全体人民作为国家财产的所有者，需要通过授权某一国家机构代表行使的方式对财产实现占有、使用、收益、处分的权利。在试点的方案中也提到了要行使所有者职责，努力实现所有自然资源资产所有权的物权权能，包括占有、使用、收益、处分以及法律法规规定的其他权能，可选择代理人行使相关权利。实际上，国务院代表国家行使所有权确实面临着学理上适当与否的疑问。从目前理论上来看，学者关于国家所有权行使主体"全国人大说"的观点认为，从人民的切身利益出发，代议制机关是人民的代表，更切合人民主权和所有者行使权利的初衷：其一，从人民主权和代议制理论来说，"全国人大与自然资源国家所有权的全民性之间具有一定程度上的契合性。全体人民可以通过全国人大形成作为所有者的共同意志，行使国家所有权"，②"只有代议机构的人民代表大会才有权代表全体公民行使政治主权和经济主权"。③国务院代表行使国家所有权与人民选举代表组成人民代表大会这一国家权力机关代表人民的法理不符，与宪法规定不符，且人大批准政府预算不能体现政府总代表的性质。④其二，从政府的职能定位来看，"受人民委托行使自然资源国家所有权的政府机构或者个人必须按照全国人大的意志行使对自然资源的管理权，对全国人大负责，受它监

① 苏永钦：《以公法规范控制私法契约——两岸转介条款的比较与操作建议》，载《人大法律评论》2010年第1期，第3—26页。

② 叶榅平：《自然资源国家所有权的双重权能结构》，载《法学研究》2016年第3期，第53—69页。

③ 蔡定剑：《谁代表国家所有权》，载《人大建设》2005年第1期，第55页。

④ 巩固：《自然资源国家所有权公权说》，载《法学研究》2013年第4期，第19—34页。

督"。① 国务院是国家事务的管理者，仅仅拥有管理权而没有所有权。王家福教授在人民代表大会代表人民，政府在人大授权的范围内行使国家所有权的理论基础上，提出"重大国家财产的处分，应该通过人大审议"。② 这一观点，与单纯的全国人大代表国家行使所有权的观点存在差异：一方面肯认了人民代表大会的地位和政府的权源，另一方面为国家财产行使主体做出了划分，即"重大国家财产"由人大审议。但是这一观点却没有详细的理论阐述，在理论上留下了两方面的疑问：第一，重大国家财产如何定义；第二，重大国家财产制度如何适用于国务院代表国家行使所有权制度。无论是"全国人大说"还是"国务院说"，质言之，国家所有权行使都需要国家选择国家机构代表其行使权利，到底是代议制机关还是代议制政府，属于国家的选择，选择何者，只要有法律的授权，都具有基本的逻辑前提。

总而言之，从纯粹的公权角度或者纯粹的私权角度来看，这些观点都具有明显的部门法特点，并没有在整体的法律框架内解释自然资源国家所有权的真正含义。自然资源国家所有权的公私法融合理论清晰地指出，国家对自然资源的所有权既是公权力，也是私权利。这一理论的运用，有助于理解我国现行《民法典》及相关单行法关于自然资源国家所有权的规定。基于此，我们可以构建一个以公私法融合为核心的自然资源国家所有权的框架。只有通过这种解释方式，自然资源国家所有权制度才能更好地适应我国法律体系之要求，满足中国特色的现代化核心需求，从而更好地实现治理体系与治理能力的现代化。

---

① 肖泽晟：《自然资源国家所有权的宪法限制》，载《南京工业大学学报（社会科学版）》2001 第 4 期，第 41-47 页。

② 王家福：《对民法草案的几点意见》，载《法律服务时报》2003 年 1 月 17 日，第 6 版。

第三节　国家自然资源所有权的权利行使

一、自然资源国家所有权行使的规范构造与困境

（一）国务院代表国家行使自然资源所有权的规范现状

1. 国务院代表国家行使自然资源所有权的法规范样态

目前依照《宪法》《民法典》及各自然资源单行法，已基本确立了自然资源国家所有权的主体及代表主体身份，并形成了以国务院代表行使权利为核心的多元化行使体系。在《民法典》物权编第 5 章关于"国家所有权、集体所有权和私人所有权"的规定中，第 246 至第 252 条规定，自然资源国家所有权，国家所有即全民所有，且由国务院代表国家行使所有权。这类确立国家所有、国务院代表的规定在各自然资源单行法也同样被确立。如《土地管理法》第 2 条规定"全民所有，即国家所有土地的所有权由国务院代表国家行使"；《矿产资源法》第 3 条规定，"矿产资源属于国家所有，由国务院行使国家对矿产资源的所有权"。《民法典》第 246 条第 2 款规定，国务院代表国家行使所有权，但法律另有规定的依其规定。在自然资源国家所有权行使过程中，国务院并不是代表国家所有权的唯一主体，但是单行法中没有但书条款，没有体现权利行使的观念。

当然，这种总体性立法与实践确实存在一定距离。本质上，由计划经济的"行政管理"到市场经济的"权利配置"转向不足导致。基于此原因，立法中还存在直接规定由县级以上自然资源主管部门直接行使国家所有权的情形，如建设用地使用权出让。但无论是立法中直接为这类自然资源主管部门设定的权力（职责），还是实践中由相关授权形成的行使自然资源国家所有权的现象，都并不影响自然

资源国家所有权的总体性立法——国务院代表国家行使所有权。这种规则系一种总体性规则，与具体性规则并不相同。

现今的自然资源机制中多存在以管理的方式行使所有权的现象，比如《土地管理法》第 54 条中所述县级以上人民政府批准划拨土地，这里的批准是管理权中的行政许可，而划拨土地又是所有权中使用权能移转的方式。判断是否涉及所有权，一则可以看是否以所有权人的意志向第三人移转依特定的目的和方式运用或利用自然资源的权利；二则可以看是否基于所有者的地位而获取财产价值。判断是否包含管理权，主要看是否属于行政征收、行政给付、行政裁决、行政补偿、行政奖励、行政监督、行政处罚、行政许可、行政确认、行政强制、税费征收等方式。国务院代表国家行使自然资源所有权的机制具有类型化特征，具体来说如表 2-1 所示，大体有以下类型。

第一类，国务院主导自然资源所有权行使。譬如，就国有土地资源、国有草原资源所有权而言，国务院代表国家以所有者的意志决定土地资源用途改变等情形下使用权能的移转。

第二类，侧重于国务院行使自然资源所有权。譬如，就国有森林资源所有权而言，国务院为所有权代表者，国务院与国务院下属的自然资源主管部门之间就自然资源事务是授权与被授权的关系，自然资源部门履行登记等所有者职责。国有森林资源所有权能行使规则有的由国务院直接制定，有的由其部委承担。就国有水资源所有权而言，国务院行使诸如填海、围海等重大项目的海域使用权，并规定海域使用权转让的规则，[①] 而国务院水行政主管部门则负责实施取水许可并制定取水权变更的规则。

第三类，侧重于国务院下属的自然资源主管部门行使自然资源所有权。譬如，就国有矿产资源所有权而言，国务院下属的自然资源

---

① 有使用权不一定有所有权，也就不一定有使用权能。所有权的使用权能是以所有者的意志对物进行利用的权利，所有权人拥有使用权。领海属于国有水资源，对领海的海域使用权也涉及所有权的使用权能。

主管部门基本全部承担履行国有矿产资源所有者的职责：一方面其承担探矿权、采矿权、矿业权具体办法的制定工作，另一方面落实其出让、登记、许可等具体工作。再如，国有野生生物资源的所有权基本都由国务院下属的自然资源主管部门行使，包括但不限于野生动物保护主管部门，涵盖林业、渔业等。

第四类，国务院和国务院相关部门均行使着自然资源的所有权。譬如，在国有渔业资源所有权行使制度中，国务院主要担任行使规则制定者的角色，而国务院渔业行政主管部门则负责所有者职能的具体履行。

表 2-1　国务院代表国家行使所有权机制的立法体现①

资源类型	行使主体	行使机制	规范来源
土地资源	国务院	代表行使所有权	《民法典》第 248 条 《土地管理法》第 2 条 《海岛保护法》第 4 条
	国务院	规定无居民海岛开发利用的具体办法	《海岛保护法》第 30 条
矿产资源②	国务院	代表行使所有权	《矿产资源法（修订草案）》第 4 条③ 《矿产资源法实施细则》第 3 条
	自然资源部门	具体履行矿产资源所有者职责	《矿产资源法》第 4 条
	自然资源部门	规定探矿权、采矿权、矿业权的具体办法	《矿产资源法》第 20 条

① 为行文简略，涉及行使主体为部门的，均为国务院相关行政主管部门。除特别说明外，表中所涉法律均为截至 2023 年 12 月 31 日的现行法律。

② 《矿产资源法》处于修订阶段，体系性的国有矿产资源规则尚未统一。

③ 与法律修订草案接轨，本表所述《矿产资源法》均指中国人大网 2023 年公布的《中华人民共和国矿产资源法（修订草案）》。

续表1

资源类型	行使主体	行使机制	规范来源
矿产资源	自然资源部门	矿业权出让权限	《矿产资源法》第 14 条
	自然资源部门	办理采矿权登记	《矿产资源法》第 32 条
	地质矿产部门	审批探矿权、采矿权转让*	《探矿权采矿权转让管理办法》第 4 条
	地质矿产部门	勘查审批登记,特定矿种勘查登记的授权,颁发勘查许可证,部分矿产发证后备案*	《矿产资源勘查区块登记管理办法》第 4 条
	地质矿产部门	开采审批,颁发采矿许可证*	《矿产资源开采登记管理办法》第 3 条
	国土资源部门	批准重点保护古生物化石的转让、交换、赠予*	《古生物化石保护条例》第 11 条、第 24 条、第 26 条、第 32 条
水资源	国务院	代表行使所有权	《水法》第 3 条《海域使用管理法》第 3 条
	水部门	组织实施全国取水许可制度*	《水法》第 7 条
	水部门	制定单位或个人依法变更取水权的办法	《取水许可和水资源费征收管理条例》第 27 条
	国务院	审批填海、围海等达到一定公顷或重大项目的海域使用*	《海域使用管理法》第 18 条
	国务院	规定海域使用权转让的具体办法	《海域使用管理法》第 27 条
渔业资源	渔业部门	批准捕捞有重要经济价值或禁捕怀卵亲本的苗种*	《渔业法(修订草案)》第 17 条
	国务院	规定核发养殖证的具体办法	《渔业法》第 20 条

续表2

资源类型	行使主体	行使机制	规范来源
野生生物资源	野生动物保护部门（林业部门/渔业部门）	发放特许猎捕证、特许捕捉证（一级保护野生动物，须经建设行政主管部门审核同意）*	《野生动物保护法》第21条《陆生野生动物保护实施条例》第12条《水生野生动物保护实施条例》第13条
	林业部门	委托同级有关部门审批或者合法重点保护野生动物驯养繁殖许可证*	《陆生野生动物保护实施条例》第21条
	渔业部门	核发一级保护水生动物的驯养繁殖许可证*	《水生野生动物保护实施条例》第17条
	渔业部门	批准科研、驯养繁殖、展览需要出售、收购、利用一级保护水生野生动物或其产品*	《水生野生动物保护实施条例》第18条
	林业部门或其授权的单位	批准外国人对境内重点保护野生动物的标本采集*	《陆生野生动物保护实施条例》第19条
草原资源	国务院	代表行使所有权	《森林法》第9条
森林资源	国务院	代表行使所有权	《森林法》第14条
	国务院	授权国务院自然资源主管部门统一履行国有森林所有者职责	《森林法》第14条
	自然资源部门	登记国务院确定的国家重点林区的森林、林木、林地	《森林法》第15条《森林法实施条例》第4条
	国务院	制定国家所有森林、林木的转让、出租、作价出资规则	《森林法》第16条

续表3

资源 类型	行使 主体	行使机制	规范来源
森林 资源	林业 部门	制定编制森林经营方案的具 体办法	《森林法》第 53 条
	林业 部门	制定采挖移植林木办法	《森林法》第 56 条
	林业 部门	核发重点林区的国有林业企 事业单位的采伐许可证*	《森林法实施条例》第 32 条

注："*"代表既涉及所有权又包含管理权的行使机制，考虑到我国由行政机关行使所有权的特点，诸多类型自然资源机制中权利与权力相混，已不能割裂区分。制度中既有一定所有权的权能意蕴，也彰显着政府的社会管理者角色。

2. 国务院代表国家行使自然资源所有权的法规范特色

国务院代表国家行使自然资源所有权是中国特色自然资源资产的产权制度的重要环节。国务院机构改革顺应时代，回应了自然资源资产所有者和管理者的要求，《民法典》产权制度规则为国务院代表国家行使自然资源所有权提供了法典依据。加之，诸多自然资源单行法也在修订征求意见阶段，中国特色自然资源所有权立法日臻完善。从实践中国务院代表国家行使自然资源所有权事项的流程框架来看，基于国务院组成的理解，国务院代表国家行使自然资源所有权的机制包括国务院（本级）行使及其组成部门行使两个层级。[1] 就目前的法规范来看有如下特点：

第一，总体上构建了从国务院到国务院各部委"总授权—分权能"的结构。在整个框架中，多数自然资源单行法都首先明确了国务院行使所有权的代表资格，然后规定了国务院代表行使自然资源

---

[1]　如无特别指明，国务院一般是指国务院本级，而其组成部门在法律、行政法规中的权限则是独立于国务院的。

所有权的具体形式。在此情况下，国务院更多地扮演着规则制定者的角色，如规定开发利用的具体办法等。各部委履行自然资源资产所有者职责，实质上是所有权各权能的行使者。《自然资源部职能配置、内设机构和人员编制规定》以部门规章的形式规定了国家所有权在自然资源部内的权利行使分配情况，授权部分职能部门可独立行使部分权能。

第二，国务院与国务院各部委之间有着严密的体系协作性。一项具体的自然资源国家所有权的行使流程重要环节在自然资源部。除自然资源国家所有权行使的部分事项经全国人民代表大会决策之外，其余有关事项均由国务院决策并向全国人民代表大会报告。举例来说，法律上规定的审批主体虽然都是国务院某一自然资源行政部门，但审批过程实际上是部委做初筛，部委通过后再报国务院常务会议。比如说多少面积的农田征收需要国务院批准，① 实质审查权在自然资源部（原为国土资源部），国务院主要进行宏观统筹和大方向把控。

国务院机构改革为体系协作提供了保障。国务院机构改革前，自然资源机构设置存在诸多问题：横向上，同一自然资源所有权的占有、使用、收益、处分权能主体诸多不一，且存在跨部委行使的现象。譬如，国有矿产资源所有权行使主体，除了原国土资源部的各司之外，国务院直属特设机构国有资产监督管理委员会下设的国家能源局对矿产资源也享有权利。② 纵向上，不同自然资源所有权的占有、使用、收益、处分权能的主体的行政级别不统一，比如国有草原资源和森林资源，同样为我国重要的自然资源类型，二者权利行使机

---

① 见《土地管理法》第45条第1款。

② 我国法律法规中的"国务院地质矿产主管部门"，矿业权审批登记的是矿产开发管理司，征收资源补偿费的是矿产资源储量司，而国家能源局作为国务院直属特设机构国资委管理的部门，也组织协调使用权行使的相关工作，同时管理采矿权和探矿权的又是国土资源部的地质勘查司。比如，对于某一大型煤气层的开发利用，无疑需要国务院诸多部门的联合讨论。所以可以看到，目前许多相关规章、规范性文件都是联合发布的。

关分别为处级与司局级。① 改革后，不同类型自然资源国家所有权行使的机构统一为国务院自然资源部。自然资源部同时享有所有权与管理权，权利与权力通过内设机构不同的司局单位予以区分，比如所有者权益司、开发利用司是所有权行使的代表，调查监测司、国土空间规划局是管理权行使的代表。

第三，国务院各部委履行所有者职责具有一定的限制性。根据法律、行政法规规定，对部分自然资源事务，国务院和国务院自然资源部门及其他相关部门都有行使国家所有权的权限，甚至授权的单位也可以代理履行使用权能的移转，如国务院或其授权的单位批准外国人对境内重点保护野生动物的标本采集。但是，国务院自然资源主管部门在多数情况下独立行使自然资源所有权，且此所有权具有一定的权利边界。独立的权限范围有三个特点：一是限于使用权能的行使；二是限于具体执行性的事务；三是限于涉及面单一的自然资源事务。

（二）国务院代表国家行使自然资源所有权的法规范缺陷

1. 国务院代表国家行使所有权的规则体系未完全科学统一

我国各类自然资源单行法，内容上并非全部都规定了国家所有权的行使主体。国有土地资源、国有矿产资源、国有水资源和国有森林资源，对于国务院代表行使国家所有权，已有明确的立法。但是，仍然有部分自然资源单行法没有规定国家所有权的行使主体，例如，对于渔业资源、野生动物资源、森林资源，由于存在集体所有或者是传统上处于无主状态，相应立法没有明确作出所有权主体的规定。而《防沙治沙法》和《水土保持法》此类保护和管理性的法律也没有国

---

① 2018 年国务院机构改革之前，国有草原资源由国务院组成部门的原农业部内设机构畜牧业司下设的草原处行使，而国有森林资源则由国务院直属机构的原国家林业局森林资源管理司等机构行使。机构改革后，国有草原资源和国有森林资源由国家林业和草原局行使。

家所有权行使主体的规定。① 与此同时，立法层级方面也没有实现统一，在自然资源行政法规中，② 也有对于国务院代表行使所有权的规定。这类规定往往同时彰显着自然资源的国家所有权行使与管理权。③ 此外，国务院通过行政法规、国务院自然资源主管部门通过规章授权地方人民政府代表国家行使所有权。

尤其应当注意下列四个问题：第一，国务院自然资源主管部门的名称缺乏横向的一致性。比如《城镇国有土地使用权出让和转让暂行条例》称为"政府土地管理部门"，《土地管理法》称为"国务院自然资源主管部门"。第二，同样都是有偿使用制度，不同类型自然资源，其主管部门外的行使主体缺乏纵向的同一性。比如，水土保持补偿费除水行政主管部门外，还会同财政部门和价格主管部门制定；但是无居民海岛使用金除海洋主管部门外仅依财政部门制定；而探矿权使用费、采矿权使用费还包括了计划主管部门，核定渔业资源费征收标准的则只有物价部门。第三，部分自然资源所有权行使过程中介入了强烈的行政管理因素。比如设立、变更或撤销国家规划或重要价值矿区，除了地质矿产主管部门之外，还须经计划行政主管部门审

---

① 国有土地资源中，《防沙治沙法》涉及的是沙化的土地，《水土保持法》涉及的是水土流失的土地，都可以归类到《土地管理法》的范畴当中。

② 根据北大法宝数据库的数据，排除国务院规范性文件，现行有效的有关土地资源的行政法规有：《土地调查条例》《土地管理法实施条例》《城镇土地使用税暂行条例》《土地复垦条例》《国有土地上房屋征收与补偿条例》《土地增值税暂行条例》《城镇国有土地使用权出让和转让暂行条例》；矿产资源的行政法规有《矿产资源开采登记管理办法》《矿产资源勘查区块登记管理办法》《矿产资源补偿费征收管理规定》《矿产资源法实施细则》《矿产资源监督管理暂行办法》；水资源的行政法规有《取水许可和水资源费征收管理条例》《河道管理条例》《长江河道采砂管理条例》；渔业资源的行政法规有《渔业资源增殖保护费征收使用办法》《渔业船舶检验条例》《渔业法实施细则》；野生动植物资源的行政法规《野生植物保护条例》《陆生野生动物保护实施条例》《水生野生动物保护实施条例》《国家重点保护野生动物名录》《森林和野生动物类型自然保护区管理办法》；森林资源的行政法规有《森林法实施条例》《森林采伐更新管理办法》《森林防火条例》《森林病虫害防治条例》《自然保护区条例》；草原资源的行政法规《草原防火条例》。

③ 《矿产资源法实施细则》第3条：矿产资源属于国家所有……国务院代表国家行使矿产资源的所有权。国务院授权国务院地质矿产主管部门对全国矿产资源分配实施统一管理。

定。更甚者，跨省级勘察范围、采矿矿区范围争议协商不成由地质矿产主管部门裁决，但是建设项目与重要矿床开采发生矛盾，则由计划行政主管部门决定。第四，国务院"会同"或"授权"行使权力的机关主体适格性存在争议。比如《野生药材资源保护管理条例》现行有效但颁布较早，其所称的"国务院会同国家医药管理部门"规则已不适宜继续适用，国家市场监督管理总局目前行使药品监督管理职责，是国务院的组成部分，国务院无法"会同"自己的部门确定药品所有权行使问题，原因在于部分行政法规滞后于机构改革。《草原法》肯定了草原禁牧、休牧、轮牧区粮食和资金补助规定可以授权给有关部门，但是在其他自然资源有关法律中却从未提及此授权，草原资源是否在此方面存在授权的特殊性和必要性，尚有疑问。

2. 国务院授权委托其他主体行使权利的形式尚存疑问

国务院授权委托其他主体行使所有权的形式主要在两个层面上：第一，国务院与国务院自然资源主管部门；第二，国务院自然资源主管部门与地方人民政府和有关代理机构。

从解释论的角度来看《关于统筹推进自然资源资产产权制度改革的指导意见》。其一，"国务院授权国务院自然资源主管部门代表"实质上来说，是法律法规规定某一机关在某一特定条件下可将某些特定职权授予某个主体，属于间接授权。[①] 国家公园逐步过渡到"由国务院自然资源主管部门直接行使"则是跳过国务院授权，采用由法律法规直接授权的形式。这一授权形式与美国相似，美国国会必须为设立或者收购新的公共土地而立法，例如国家公园。其二，"委托

---

① 间接授权相较直接授权来说，需要借助行政机关的意志来实现，机关享有监督权，且可以收回授权，禁止转授权。国务院是经物权法、民法典等法律法规授权代表行使国家所有权的机关，国务院授权其自然资源主管部门属于转授权，符合间接授权的特征。见孔繁华：《授权抑或委托：行政处罚"委托"条款之重新解读》，载《政治与法律》2018 年第 4 期，第 67-80 页。

省级和市（地）级政府代理行使"不应定义为授权，而应当是委托。^① 同理，"相关部门代理行使"也是委托。委托与授权的最大区别在于授权必须有明确的法律法规为依据；委托不强调有明确的法律依据，双方之间是契约关系，具体地来说国务院与地方人民政府为委托代理关系，两者之间不发生所有权代表行使权的移转，地方人民政府所为行为的责任承担仍然归于受托人国务院。这显然与现在的司法情况是相悖的，比如地方人民政府仍是当地国有土地所有权行使纠纷的适格被告，以地方财政承担其范围内国家所有权事务的责任。因此，自然资源国家所有权委托代理，必然要构造新型的委托代理关系，方能解决法规范之内的龃龉。

3. 国务院与其他国家机构国家所有权行使权限仍然模糊

第一，我国立法上没有就国家所有权对全国人民代表大会和国务院进行事务的划分。全体人民授权全国人民代表大会行使权力，这项权力包括行使自然资源国家所有权的立法权，即选择国家机构代表行使的权利。全国人民代表大会实质上可以自己行使，也可授权其他机构行使。概言之，全国人民代表大会和国务院都有权利行使国家所有权。目前全国人民代表大会立法授权国务院代表行使国家所有权，即权利的执行由国务院承担。但是自然资源国家所有权事项的决策却没有明确划分，^② 我国各级地方人大及其常委会，在地方层面上

---

① 虽然国家所有权的本质是有公权性质的私权，但是公权性质是其特点，私权才是其根本属性，所以此时的"委托""代理"也不应从公法或经济学角度来考虑，将授权和委托概念混同。委托也应从民法角度，考量其与授权法律关系的异同。

② 此时的执行和决策与国家所有权的本质并无冲突，所有权的占有、使用、收益、处分权能均涵盖两个层面。如将某一自然资源的使用权委托某一企业行使，一个层面决策哪个企业更为适当，决策后需要国家机构与企业进行对接，这一与企业对接的国家机构即在执行层面上。

对于自然资源有关事务的决策强调了以"重大事项"为划分标准。[①] 在人民代表大会制度设计之初，毛泽东同志就指出："人民政府的一切重要工作都应交人民代表会议讨论，并作出决定"。[②] 指出了人大决策范围为"重要"事项，但是没有明确这一重大事项的决定权专属于地方人大或者全国人民代表大会。在 1955 年 7 月 18 日的一届全国人民代表大会二次会议上，全国人民代表大会首次审议和批准重大建设项目——三门峡和刘家峡两个水库和水电站工程，[③] 之后如三峡工程、南水北调工程、青藏铁路等重大项目均经全国人民代表大会审批后执行。概言之，实践中业已存在以"重大事项"区分自然资源国家所有权事项决策主体的先例。

第二，地方人民政府实质上与国务院相同，均代表国家行使所有权，却缺乏权限划分的法律依据。《民法典》但书条款为地方人民政府代表国家行使自然资源所有权留下了制度口袋。在《关于统筹推进自然资源资产产权制度改革的指导意见》中提到的"探索建立委托省级和市（地）级政府代理行使自然资源资产所有权制度"，对地方人民政府代表国家行使所有权予以了回应，但是代表的权限，特别是与国务院权利行使之间的界限如何划定，尚无相应的规则设计。

第三，特殊情况下自然资源国家所有权行使，尚无国务院与其他机关的权限划分规则。比如，对于军事机关驻地的自然资源，此时授权给部委或者地方人民政府都是不恰当的，这类自然资源由军事机关直接占有，不论是国务院各部委还是地方人民政府都无法实现对军队驻地自然资源的自由管控。

---

① 《地方各级人民代表大会和地方各级人民政府组织法》第 8 条第（三）项、第 44 条第（四）项。

② 《毛泽东选集》（第 5 卷），人民出版社 1977 年版，第 19 页。

③ 刘政：《全国人大首次审议和重大建设项目》，载中国人大网 http://npc.people.com.cn/GB/7696597.html.，访问日期：2023 年 11 月 30 日。

4. 国务院各部委间国家所有权行使权限不尽明晰

诚如《关于统筹推进自然资源资产产权制度改革的指导意见》所述，目前我国自然资源资产产权制度存在"所有者不到位、权责不明晰、权益不落实"等问题。所有权权能行使主体部门跨度较大，不同类型自然资源所有权行使主体的行政级别不一，这两方面的问题仍然没有解决，比如自然资源部之外的国家能源局仍然享有国有矿产资源的部分权能；国家林业和草原局是国务院部委管理的国家局，与此相对，享有土地、矿产资源的所有权和管理权的部门为自然资源部内设机构的司局。自然资源机构设置分散，一方面，会人为地造成行使某项自然资源所有权需要几个部门联合办理；另一方面，会造成不同自然资源在我国地位不一、保护程度不一的情况，不利于资源可持续发展的落实。

如表 2-2 所示，国务院机构改革后，确权登记部门得到统一，为所有权权能统一行使打下了基础。机构改革中，也有意识地将所有权与管理权相分离。现今呈现的制度体系是：所有权集中由自然资源部的部分司局享有，国务院其余自然资源有关部门职能突显管理权行使的特点，[①] 但所有权仍然难以独立于管理权而存在。此外，部分管理机构仍行使着所有权的权能，比如矿业权管理司，矿业权的出让属于所有权使用权能行使的方式，矿业权的登记秉持着物权公示公信原则，而调处重大权属纠纷又是管理权介入自然资源纠纷中的体现。

---

① 不仅机构职能变更，机构名称也体现了管理性的特点。比如从渔业局变更为渔业渔政管理局，自然资源的诸多内设机构也都以"某某管理司"命名。

表 2-2　国务院自然资源机构所有权行使情况①

资源类型	行使部门	行使状态
土地资源	耕地保护监督司△	基本农田占用的监管；耕地占补平衡管理；土地征收征用管理；与林地、草地、湿地等保护政策衔接
	自然资源确权登记局※	拟定不动产统一确权登记等制度、标准、规范；指导监督登记工作；建立健全登记信息管理基础平台；国务院批准项目用海用岛；中央和国家机关登记发证
	自然资源所有者权益司※	拟定国家自然资源资产管理、划拨、出让、租赁、作价出资和土地储备政策，资产价值评估和资产核算；编制国家自然资源资产负债表和考核标准；处置报国务院审批改制企业的国有土地资产
	海域海岛管理司*	拟定海域使用和海岛保护利用政策与规范，监管开发利用活动；审核、报批国务院审批的用海、用岛
矿产资源	矿业权管理司*	矿业权的出让及审批登记；统计分析并指导全国探矿权、采矿权审批登记，调处重大权属纠纷；控制保护性开采的特定矿种、优势矿产的总量
	自然资源开发利用司*	拟定自然资源资产有偿使用制度、自然资源开发利用标准并监督实施；建立自然资源市场交易规则和交易平台
	国家能源局煤炭司*	协调开发煤层气、淘汰落后产能、煤矿瓦斯治理和利用
	矿产资源保护监督司*	指导资源合理利用和保护；资源储量评审、备案、登记及压覆矿产资源审批管理

① 表中没有涵盖部门的所有职能，仅将行使的自然资源所有权列出。

续表1

资源类型	行使部门	行使状态
水资源	海洋战略规划与经济司*	推动海水淡化与综合利用、海洋可再生能源等新兴产业发展
	水资源管理司*	组织实施取水许可、水资源论证等；指导有偿使用工作、水权制度建设、地下水开发利用和水资源管理保护
渔业资源	渔业渔政管理局*	组织实施水产养殖证、水产新品种审定、渔业捕捞许可；水产苗种管理；渔业、水产种质、水生野生动植物和水生生物湿地的保护管理和开发利用，拟订休渔禁渔；水生野生动植物捕捉和驯养繁殖许可及进出口管理
野生生物资源	种子管理局*	农作物种子种苗、种质资源进出口审批。农作物品种审定、登记和农业植物新品种授权、复审；核发农作物种子生产经营许可证，提出外商投资种子企业的审查意见
	渔业渔政管理局资源环保处（水生野生动植物保护处）*	指导水生野生动植物开发利用；拟订、调整国家重点保护水生野生动植物名录；水生野生动植物捕捉和驯养繁殖许可及进出口管理；指导渔业资源增殖保护费、水生野生动植物资源保护费的征收使用
森林资源	国家林业和草原局森林资源管理司*	编制全国森林采伐限额
	自然资源确权登记局※	国务院确定的重点国有林区登记发证
	国家林业和草原局国有林场和种苗管理司*	组织种质资源普查、收集、评价、利用和种质资源库建设

续表2

资源类型	行使部门	行使状态
草原资源	国家林业和草原局草原管理司[△]	组织实施草原重点生态保护修复工程；监管草原的开发利用
	草原处[*]	重大科研、推广项目的遴选及组织实施；畜牧、饲料、草原的行政许可；草原保护、资源合理开发利用和生态建设

注："※"代表所有权行使的职责；"*"代表既涉及所有权又包含管理权行使的职责；"△"代表管理权行使的职责。

（三）地方政府代表国家行使自然资源所有权的规范现实

地方政府或其自然资源主管部门代表国家行使所有权，在实践中普遍存在。按照我国民法学界的普遍观点，所有权人对其直接支配的动产、不动产享有占有、使用、收益和处分的权利，即所谓所有权的"四权能说"。① 基于法律规定或者受所有权人的委托，对特定的动产、不动产为上述部分或全部权能者即属于所有权的行使。② 根据我国现行法律法规，现阶段我国地方政府代表国家行使自然资源国家所有权的情形是大量存在的，行使的形态包括占有、使用、收益、

———————

① 梁慧星教授认为，国有土地所有权的行使应理解为包括"管理和监督工作"在内的概括性行使。国务院作为中央人民政府，对国有土地所有权的行使，主要体现为有偿使用权的设定、无偿使用权的划拨、土地使用费的收缴及地税的征收等对国有土地资产进行管理的行政行为。也就是说，梁慧星教授的观点可以称之为"五权能说"。法国学者多采用"三权能说"。见梁慧星：《中国民法典草案建议稿附理由（物权编）》，法律出版社2004年版，第68页；尹田：《法国物权法》，法律出版社2009年版，第146-147页。

② 学者关注较多的地方政府财权中蕴含了一定的代表国家行使所有权的成分（资金的处分权），其主要内容还在于税的收取，而税的收取不是所有权的内容。

处分等,① 其中占有是最直观的一种。国有矿产资源、水资源等均以许可的方式移转使用权能,国有土地资源虽以出让的方式但实际让与对象或其范围由政府来决定,其亦承担着使用的准入许可工作。砂石是矿产资源,但是目前国务院有关河道砂石的所有权行使机关以水利部为主,而不是以自然资源部为主,具体行使者实际上为县政府。现实中业已存在地方政府代表国家行使自然资源所有权的初探,中央和地方立法中也同样可见这一踪迹。以下分别从中央立法和地方立法两个层面,探查这种现象。

1. 中央立法层面

我国法律体系中的中央层面立法包括法律、行政法规和部门规章,广义的自然资源立法,其客体为土地、水、矿产、草原、森林、渔业、野生动物等。② 行政法规和部门规章多以管理性、操作性和保护性的条例、细则等形式出现,但也存在部分客体的补充性规范(如《野生植物保护条例》)。这些中央层面的立法虽然没有明确规定地方政府可以代表行使国家所有权,但是由于政府的所有权代表身份和社会管理者的身份高度重合,地方政府代表国家为所有权取得、用益物权设定、收益等行为者,乃为常见规定事项。我们梳理了相关立法,地方政府代表国家行使所有权的情况统计如表2-3所示。

---

① 2016 年 12 月 20 日国土资源部、中央编办、财政部等七部委联合颁布的《关于印发〈自然资源统一确权登记办法(试行)〉的通知》(国土资发〔2016〕192 号)第 3 条明确承认"不同层级政府行使所有权"的现象。

② 法律层面上,目前自然资源方面的法律主要包括《土地管理法》《海岛保护法》《矿产资源法》《水法》《渔业法》《草原法》《森林法》《野生动物保护法》《防沙治沙法》《海域使用管理法》《水土保持法》。《水法》和《海域使用管理法》分别规定内陆水域和海洋,均为水资源相关法律。《水土保持法》强调保护生态环境的管理性规则,针对的就是林木、草原等自然资源的客体。《防沙治沙法》的客体是土地,整个法条是保护性的规范,是有关土地、林木、草原、森林客体保护性的法律补充。

表 2-3　地方政府代表国家行使所有权的情况①

资源类型	行使部门与行使状态	规范来源
国有土地	县级以上地方政府代表国家出让、划拨土地使用权	《土地管理法》第 54 条《城镇国有土地使用权出让和转让暂行条例》第 9-11 条
	国务院、县级以上地方政府设立国有荒山、荒地、荒滩的土地使用权	《土地管理法》第 41 条《土地管理法实施条例》第 9 条
	地方政府设立土地使用权	《防沙治沙法》第 34 条
	省、自治区、直辖市政府审批部分无居民海岛开发利用	《海岛保护法》第 30 条
	收益，即取得土地使用费：中央 30%，地方 70%	《土地管理法》第 55 条
	海岛使用金：省、自治区、直辖市政府审批，依法缴纳使用金	《海岛保护法》第 31 条
国有矿产资源	国务院、省、自治区、直辖市政府地质矿产主管部门审批登记颁发勘查许可证	《矿产资源勘查区块登记管理办法》第 4 条
	国务院、省、自治区、直辖市政府地质矿产主管部门审批和颁发采矿许可证	《矿产资源法》第 16 条
	国务院、国务院有关主管部门和省、自治区、直辖市政府审查批准国有矿山企业	《矿产资源法实施细则》第 11 条

---

　①　与前述表内部分考虑了修订草案不同，本表内重在指出地方政府行使国家所有权的现行规范问题，故法律均为现行法律，未考虑目前已发布的修订草案。

续表1

资源类型	行使部门与行使状态	规范来源
国有矿产资源	省、自治区、直辖市政府地质矿产主管部门审批部分探矿权采矿权转让	《探矿权采矿权转让管理办法》第4条
	省、自治区、直辖市政府国土资源主管部门批准古生物化石发掘	《古生物化石保护条例》实施办法第13条
	资源补偿费：中央与省、直辖市矿产资源补偿费的分成比例为5：5；中央与自治区矿产资源补偿费的分成比例为4：6	《矿产资源法》第5条《矿产资源补偿费征收管理规定》第10条
国有水资源	地方政府组织开发利用	《水法》第23条
	取水许可实行分级审批	《取水许可和水资源费征收管理条例》第14条
	地方政府批准、招标、拍卖	《海域使用管理法》第19、20条
	水资源费：本级政府批准，取水审批机关征收，费用全额纳入财政预算统筹安排	《水法》第48条《取水许可和水资源费征收管理条例》第3、28、36条
	海域使用金：上缴财政	《海域使用管理法》第33条
国有渔业资源	县级以上地方政府核发养殖证	《渔业法》第11条《渔业法实施细则》第10条
	渔业资源增殖保护费：专款专用。沿海省级政府渔业主管部门征收的海洋渔业资源费90%留用，10%上缴海区渔政监管机构，内陆渔业资源费全部由其安排使用	《渔业法》第28条《渔业资源增殖保护费征收使用办法》第11条

续表2

资源类型	行使部门与行使状态	规范来源
国有野生生物资源	依法作为药品经营利用	《野生动物保护法》第29条
	采药证由县以上政府主管部门核发	《野生药材资源保护管理条例》第10条
	申请特许捕捉证、驯养繁殖许可证、采集证分级审核	《水生野生动物保护实施条例》第13条、第17条《水生野生动物利用特许办法》第10条、第11条、第17条《国家重点保护野生动物驯养繁殖许可证管理办法》第5条《野生植物保护条例》第16条
	国务院,省、自治区、直辖市政府林业主管部门分别审定种子品种国家级和省级,种子生产经营许可证,由县级以上政府有关部门核发	《种子法》第15条、第31条
国有草原资源	县级以上地方政府征收使国家取得土地所有权	《草原法》第39条
	县级、省级政府草原行政主管部门核发部分草种经营许可证	《草种管理办法》第26条
	县级以上地方政府草原行政主管部门审核同意临时占用草原	《草原法》第40条《草原征占用审核审批管理办法》第3条
	草原植被恢复费:专款专用	《草原法》第39条

续表3

资源类型	行使部门与行使状态	规范来源
国有森林资源	林权确权登记	《森林法实施条例（2011）》第 4 条、第 5 条
	需要临时使用林地的，应当经县级以上人民政府林业主管部门批准	《森林法》第 38 条
	植被恢复费，林业主管部门专款专用	《森林法》第 37 条
	退耕还林资金、补助：粮食调运费地方财政承担，前期工作和科技支撑等费用国家一定比例补助，检查验收、兑付等费用地方财政承担，核查等费用中央财政承担	《退耕还林条例》第 38 条、第 45 条

如表 2-3 所示，地方政府行使国家所有权的形态，其行政管理和国家所有权代表的身份是高度重合的，有时在立法上表现的是行使管理权而实质上主要是行使所有权，比如县级以上地方政府核发养殖证，县级以上地方政府对集体土地、集体所有非农业建设地、单位和个人依法使用的国有土地的权利。[①] 从法律本质上而言，征收是国家公权力的体现，但其却是国家所有权的取得方式之一。而从所有权的收益上来看，我国《土地管理法》明确规定了中央与地方按比例分成方式，土地出让金自 1994 年分税制改革确定了全部归地方所

---

① 《草原法》第 11 条、《森林法》第 3 条与《土地管理法》第 11 条相似。值得指出的是，像捕捞许可证、水产苗种生产许可证、土地确权发证之类的登记，虽然与自然资源所有权有关但不属于所有权的行使行为，而应属于基于公权力的管理行为。诚然，这类登记是自然资源确权登记。自然资源大多属于不动产（关于不动产登记的性质，时至今日，学者之间还是有着明显的分歧），自然资源确权登记与不动产登记有着较大的区别，其中最关键的就是自然资源确权登记更偏向于管理登记，而不动产登记则偏向于权利登记。见柳婷婷：《不动产登记错误司法救济研究》，湖南大学 2022 年博士学位论文。

有，经过 1997 年及 1999 年的修订，存量土地收益归地方，新增土地收益中央和地方分成比例是 3∶7。《矿产资源法》有关的矿产资源补偿费在《矿产资源补偿费征收管理规定》第 10 条就规定了，中央与省、直辖市矿产资源补偿费的分成比例为 5∶5；中央与自治区的分成比例为 4∶6。而《渔业法》中的渔业资源增殖保护费规定县级以上政府均享有，不为国务院所独有。虽然没有约定比例，存在全部为地方所有或者各级地方所有还存在分配比例调配的空间的情况，但是仍然可以看到县级以上政府均享有为永续性地利用渔业资源，为了公共利益和国家意志进行保护性费用收取的权利。而沿海省级政府对于海洋渔业资源收取的增殖保护费在 10% 上缴给海区渔政监管机构之外，其余都可以留用，内陆渔业资源费则全部可以由其支配。《森林法》规定了针对植被的恢复费需要林业部门专款专用，而这里的林业部门并未明确指出是国务院直属机构的林业局还是地方政府的林业部门，更没有指出如果是地方政府的林业部门可以到哪一层级的林业部门。对《森林法》第 18 条进行文义解释，可以认定县级以上人民政府及其主管部门也是存在专项款项的收益权的。

2. 地方立法层面

考察地方立法层面分级代表情况，需要首先厘清何种规则规制所有权行使。

行政机关确认自然资源所有权、使用权的逻辑前提是地方政府可以代表国家行使自然资源所有权。典型者如《天津土地管理条例》（2012）第 17 条规定，"本市国有土地……的所有权、使用权，由市人民政府依法确认"。[①] 于法理而言，原则上，作为自然资源的不动产通过登记公示达到对世性效力，无须第三方来确认。不动产使用权的移转属于标的物在所有权人与使用权人之间的物权变动，物权变

---

① 相似的地方立法还如《丰宁满族自治县草地管理条例》第 2 条。

动也不以第三方确认为必要条件。站在第三方角度，在不动产登记之外实无须再设置确认所有权、使用权这类具有行政管理色彩的制度，使得本应为所有权行使的事务实质为管理权行使。因此只有所有权的主体才能对所有权和使用权进行确认，地方政府确认国家所有自然资源所有权和使用权规则的逻辑前提就是地方政府可以代表国家行使所有权。

地方政府在自然资源事务中具有所有权行使者与管理者双重身份，如自然资源的许可使用从所有权人的角度实质上是使用权的移转。现有地方立法表明，地方政府行使自然资源所有权的主要形式是地方政府颁发采矿许可证、取水许可证、驯养许可证等（见表2-4）。① 同时，地方政府在代表国家行使自然资源所有权过程中，还广泛存在将批准（审批）作为前置程序的现象，包括对以划拨、颁发许可证等方式进行使用权设立的批准（审批），② 费用征收等收益标准的批准（审批）等等。前者主要是地方政府和地方政府的主管部门针对自然人、法人和非法人组织的申请准予其对某一范围内的自然资源进行占有、使用并取得一定收益，后者则主要存在于上级政府对下级政府、地方政府对其地方政府部门就某一标准的确立。

行政机关转让自然资源使用权与第三方签订合同，因其签订目的是自然资源的物尽其用而非实施治理或公共服务，所以不应认定此时的行政机关为管理者的身份，而应当认定为所有者的身份。

严格来说，费用的收取涉及管理权的行使，纯粹的管理性收费比如野生动物资源保护管理费，应当不属于行使所有权的范围，只有针对自然资源的使用而收取的费用，才是所有权人对所有物行使收益权的体现。地方政府对于自然资源所有权收益权能的行使主要有收

---

① 在自然资源无主允许先占制度下的行政许可，其与自然资源国家所有的制度框架下的行政许可，本质是否一致，值得进一步研讨。本节基于所有权的基本法理，肯认在自然资源国家所有的制度框架下，地方政府的这类行政许可本质上属于代表国家行使所有权的行为。

② 审批许可证颁发的权力一般为上级政府对下级政府和本级政府主管部门，包括批准勘探开发、采伐、取水、养殖等需要政府颁发许可证。

取费、使用金等形式，而这些形式中，又以费用的享有为最主要的形式。国有土地资源费包括土地使用费、耕地开垦费、土地复垦费、耕地闲置费等，国有矿产资源费主要是矿产资源补偿费，国有渔业资源费即渔业资源增殖保护费，国有草原资源费即草原植被恢复费，国有森林资源费包括森林植被恢复费和育林费。使用金主要是自然资源有偿使用制度的体现，国有土地使用金包括土地使用金和海岛使用金，① 国有水资源使用金即海域使用金。此外，补助的发放是所有权人承担责任的一种方式，政府对财政收益的支配，体现的是地方政府行使所有权进行必要费用的支出。

表2-4 地方政府代表国家行使自然资源所有权的地方立法法条数量②

所有权行使	国有土地所有权		国有矿产资源所有权		国有水资源所有权		国有草原资源所有权		国有森林资源所有权	
	数量	%	数量	%	数量	%	数量	%	数量	%
出让	695	91.57	23	3.03	9	1.19	1	0.13	21	2.77
划拨	609	88.39	24	3.48	5	0.73	10	1.45	31	4.50
租赁	369	71.51	22	4.26	5	0.97	11	2.13	80	15.50
招标	369	77.20	50	10.46	7	1.46	8	1.67	31	6.49
拍卖	364	77.28	35	7.43	4	0.85	7	1.49	42	8.92
作价入股	121	73.33	5	3.03	0	0.00	0	0.00	39	23.64
许可使用	260	19.82	257	19.59	198	15.09	30	2.29	247	18.83
批准	1038	42.87	266	10.99	209	8.63	96	3.97	423	17.47
使用费	332	17.64	160	8.50	750	39.85	29	1.54	329	17.48

① 海岛使用金属于对海岛土地和地上资源的使用，故将其列为国有土地资源当中。

② 我们在"北大法宝"法律法规数据库中的高级搜索中，分别以标题关键字检索，结合全文搜索中以征收、出让、划拨、租赁、招标、拍卖、作价入股、颁发许可证、批准、费、税、使用金、补助为关键词，选取现行有效的地方性立法得出来此表数据。但不得不说，由于数据库收录不一定完整，以及市级以下的人大立法被收录进数据库的更为有限，相关数据可能有些偏离实际值。

续表

所有权 行使	国有土地 所有权		国有矿产 资源所有权		国有水资源 所有权		国有草原 资源所有权		国有森林 资源所有权	
	数量	%	数量	%	数量	%	数量	%	数量	%
使用金	28	29.79	0	0.00	66	70.21	0	0.00	0	0.00
补助	180	55.56	7	2.16	25	7.72	22	6.79	69	21.30

注：表中"数量"是地方自然资源立法中相关规定的数量，百分比＝该种自然资源在此类所有权行使中的条文数量/所有该所有权行使类型的条文数量。费主要包括了自然资源补偿性费用和管理性的费用。

现行地方立法对于自然资源费用收缴的规定有几种：（1）明确指出费用留给地方政府，比如《河北省土地管理条例》（2005）第45第2款规定，原有建设用地的土地有偿使用费，归市、县政府专款专用。① 这种情况政府是费用的享有者，但是费用的用途有所限定。（2）明确规定费用支配机关为地方政府，比如《北京市实施〈中华人民共和国土地管理法〉办法》（1991）第29条第2款规定，原有补偿费、安置补助费由区、县人民政府商定处理。② 《浙江省渔业管理条例》（2015）第20条中规定了专项捕捞权的招标、拍卖所得款项全额用于渔业资源增值保护和渔民保障。在这些规定中，政府虽未明确规定为费用的享有者，但地方政府对所收缴的费用、设立使用权所得的款项都有一定的支配权。（3）地方政府享有部分费用的收益权，一般还以法条中是否明确规定中央与地方政府分成比例，区分为两种形式。比如《江苏省土地管理条例》（2004）第22条，对于耕

---

① 与此相似的规定还如《黑龙江土地管理条例》第33条；《山东省实施〈中华人民共和国土地管理法〉办法》第34条；《湖南省武陵源世界自然遗产保护条例》第36条；《乳源瑶族自治县森林资源保护管理条例》第4条；《里木藏族自治县矿产资源管理条例》第19条；《天祝藏族自治县草原管理条例》第22条；等等。

② 与此相似的规定还如《河北省实施〈中华人民共和国森林法〉办法》第11条；《山西省水资源管理条例》第33条；《大同市水资源管理办法》第39条；《岫岩满族自治县岫玉资源保护条例》第11条；《山东省实施〈中华人民共和国土地管理法〉办法》第15条；《云南省星云湖保护条例》第10条；《宁夏回族自治区土地管理条例》第26条；等等。

地开垦费、新增建设用地的土地有偿使用费，肯认了地方政府享有留成部分及对这一部分进行专项用途的支配权，[①] 这是抽象地规定了地方政府对于部分费用的收益权。《安徽省实施〈中华人民共和国土地管理法〉办法》（2015）第 28 条更细化性地规定，县级政府对于新增建设用地土地有偿使用费中央、省级、市级、县级财政的分成比例为 3∶2∶1∶4，地市级政府对于新增建设用地土地有偿使用费中央、省级、市级财政的分成比例为 3∶2∶5。[②] 这一条文具体地规定了县级政府和地市级政府作为不同政府层级在费用收缴后与上级政府进行收益分配的具体比例。这一比例在全国范围内不同地区略有不同，比如江西省就规定上缴中央财政之外省级留 20%，设区的市留 15%，县和不设区的市留 65%。而甘肃省地方留成部分则按省财政 40%，市、县财政 60% 的比例分成。

概言之，我国现行地方性法律法规对于代表国家行使自然资源所有权的分级规则规定如下。

（1）省级政府。主要承担国务院授权，以及本省重大的自然资源所有权事项。比如移转储量规模为中型以上、跨市（地）区域、国务院授权矿产资源的使用权。[③] 竞争性设立探矿权、采矿权，均由省级媒介、网络平台进行，重点项目、国家专项找矿项目、大中型开发项目、整合扩大勘查开采范围的权利通过与省级政府主管部门协

---

① 与此相似的规定还如《长阳土家族自治县矿产资源管理条例》第 4 条；《海南经济特区水条例》第 26 条；《阿坝藏族羌族自治州水资源管理条例》第 14 条；《峨边彝族自治县水资源管理条例》第 13 条；《秀山土家族苗族自治县锰矿资源管理条例》第 9 条；等等。

② 与此相似的规定还如《浙江省实施〈中华人民共和国土地管理法〉办法》第 31 条；《福建省实施〈中华人民共和国土地管理法〉办法》第 37 条；《湖南省实施〈中华人民共和国土地管理法〉办法》第 34 条；《广东省水资源管理条例》第 28 条；《广东省实施〈中华人民共和国土地管理法〉办法》第 34 条；《罗城仫佬族自治县实施〈中华人民共和国森林法〉的若干规定》第 3 条；《四川省〈中华人民共和国土地管理法〉实施办法》第 49 条；《西藏自治区实施〈中华人民共和国土地管理法〉办法》第 39 条；《甘肃省甘南藏族自治州土地管理办法》第 23 条；《宁夏回族自治区土地管理条例》第 55 条；《新疆维吾尔自治区实施〈土地管理法〉办法》第 45 条；等等。

③ 如《西藏自治区矿产资源管理条例》（2002 年）第 24 条。

议取得。省级政府主管部门集体决定申请的结果。① 移转陆生野生动物人工繁育权，因科学研究等特殊情况需要移转国家和省重点保护陆生野生动物或其产品所有权或使用权；允许外国人对本省国家和省重点保护陆生野生动物进行考察、采集标本等；② 因国家重点建设项目、林木更新改造等需要移转国有林地、林木使用权。③

（2）地市级政府。处于省级和县级之间起承转合的地位，与县级政府的诸多代表权利相似，但没有县级政府部分基础性的权利。比如地市级政府与土地使用者签订土地使用权出让合同。④ 移转国有荒山、荒地使用权，用于农、林、牧、副、渔业生产。⑤ 移转储量规模为小型、跨县（市、区）、省级政府授权矿产资源的使用权。跨区使用草原的地市级政府与草原所在地政府签订使用协议。⑥

（3）县级政府。⑦ 根据《企业国有资产法》第4条的规定，重要自然资源由国务院代表国家履行出资人责任，其他的国家出资企业，由地方政府代表行使。从解释论的角度看，非重要的自然资源可以由地方政府代表行权。目前经营性资产县级政府已经可以作为出资人行使权益，对于非经营性资产比如办公用品资产各级政府也可以直接支配。现实中，自然资源作为非经营性资产，由县级以上地方政府代表行使出资人权利可与土地使用者签订土地使用权出让合同。移转国有荒山、荒地使用权，用于农、林、牧、副、渔业生产。第三方为个体采矿，矿产资源家庭少量自用，⑧ 或移转零星分散矿产资源、

---

① 如《江西省矿场资源管理条例》（2015年）第3章第2节、第3节。

② 如《河北省陆生野生动物保护条例》（2016年）第25条第2款、第28条、第33条。

③ 如《广东省生态公益林建设管理和效益补偿办法》（2002年）第18条、第19条。

④ 如《山东省城镇国有土地使用权出让和转让办法》（2002年）第9条。

⑤ 如《长春市土地管理细则》（1994年）第18条。

⑥ 如《新疆维吾尔自治区实施〈中华人民共和国草原法〉办法》（2011年）第15条。

⑦ 不包括区政府，仅有《河南省实施〈矿产资源法〉办法》（2010年）提到了县（省辖市、区）政府移转使用权的情况。

⑧ 如《贵州省矿产资源条例》（2012年）第16条肯定了这类情况由县级政府移转使用权，但是2010年《河南省实施〈矿产资源法〉办法》的第24条第3款以及《西藏自治区矿产资源管理条例》（2002年）第24条认为个人可以直接使用。

只能用作普通建筑材料的砂、石、黏土矿产资源的使用权。[1] 沙、石、土的采取等河道的使用权移转。[2] 移转划拨给国有企业、事业单位和用于军事用地的国有草原使用权。[3] 跨区使用草原的县级政府与草原所在地政府签订使用协议。经营性国有资产和行政部门非经营性国有资产县级以上地方政府均有代表行使权利，资源性国有资产也应与其他国有资产相统一。

（4）现行有效的法律法规中鲜有乡镇政府代表国家行使所有权的规则。[4]

（四）地方政府代表国家行使自然资源所有权的规范困境

诚如上文所揭示的，地方政府代表国家行使所有权是业已存在的制度事实，但整体而言却并没有形成完备的制度体系，存在以下几个方面的困境。

1. 地方政府实质行使国家所有权而欠缺合法形式

前文所言，我国现实中地方政府代表国家行使所有权，只是从所有权权能行使的实质层面分析得出的结论，但现行法律对地方政府是否具有这样的职权却语焉不详，国务院是否是授权地方政府行使所有权也不明确，《土地管理法》《矿产资源法》《水法》只规定了国务院代表国家行使所有权，而没有但书条款。也就是说，自然资源单行法并没有承认国务院以外的地方政府主体行使国家所有权的代表地位。并且，无论是从现行法律规范的构成判断，还是土地、矿

---

[1]　如 2010 年的《河南省实施〈矿产资源法〉办法》中的第 22 条、第 25 条、第 29 条。

[2]　如《浏阳河管理条例》（2004 年）相对于 1995 年的版本，第 16 条沙石土的采取等河道的使用由乡（镇）政府审查县级政府部门批准修改为县级政府部门批准

[3]　如《内蒙古自治区草原管理条例》（2004 年）第 8 条第（一）项。

[4]　乡镇政府主要管理集体所有财产。即便法规中提到乡镇，如《西藏自治区矿产资源管理条例》（2002 年）第 24 条"采挖地点由乡（镇）人民政府指定"，以及《辽宁省草原管理实施办法》（2017 年）第 27 条草原上采集野生草种、采挖药材等为"向乡（镇）人民政府备案"，甘南藏族自治州人民代表大会关于修改《甘肃省甘南藏族自治州草原管理办法》的决定第 7 条规定"草原承包经营户与乡（镇）人民政府签订承包合同。"合同双方为发包方和承包方的关系，都与所有权行使无关。

产、水、森林等部门工作人员的观念观察，地方政府在自然资源国家所有权的实质中是以行政管理权形式而不是国家所有权的形式出现的，所以造成了只见管理权而不见所有权的形式效果。例如在探矿权、采矿权、取水权、渔业权等国家自然资源用益物权的设立上，以相应的行政机关的审批为实质要件。①

中国共产党第十八次全国代表大会以来，我国所进行的全面深化改革，对地方政府代表国家行使所有权有了进一步的要求。《生态文明体制改革方案》（2016）、《自然资源统一确权登记办法（试行）》（2016）、《关于创新政府配置资源方式的指导意见》（2017）均提出了划清不同层级政府行使所有权的边界，但这些文件仅是政策而不是法律，欠缺执行的国家强制力保障，也不能用于解决民事纠纷。②

此外，前文的实证分析表明，地方政府事实上代表国家行使所有权的依据还是行政法规、部门规章甚至是地方立法。在全面推进依法治国的总目标下，国家所有权的具体行使主体必须以法律的形式加以明确规定。依据《立法法》的规定，行政法规的规范事项，有部分内容是全国人民代表大会及其常务委员会的授权事项，被授权机关不得将被授权事项再行转授。③ 而且，地方立法只能在不同宪法、法律、行政法规以及其他上位法相抵触的前提下进行，④ 显然，不能通过地方立法赋予地方政府可以代表国家行使国家所有权的权力。部门规章规定的是国家事务中横向上的不同类型的子事务，但是地方政府是国家事务中纵向上的区域性的子事务，两者有重合但不完全重叠，所以不能由部门规章授权。而且，大部分行政法规都只是自

---

① 以探矿权、采矿权为例，《探矿权采矿权转让管理办法》就存在相关规定，即发证机关批准转让的，转让合同自批准之日起生效。

② 《民法典》规定的民事裁判法渊源中只有法律和习惯。

③ 见《立法法》第10—16条。

④ 关于我国下位法与上位法的关系，见屈茂辉：《我国上位法与下位法内容相关性实证分析》，载《中国法学》2014年第2期，第123—141页。

然资源法的细化性规定，[①] 比如开采、勘查、费用征收等等。在实施性规定中也有对国家所有和国务院代表国家行使所有权在法规上的重申。[②] 但并没有但书条款对代表行使主体进行例外规定，或者直接对国务院以外的行使主体予以规定。

以上分析足见，我国现实中的地方政府代表国家行使所有权在合法性上存在严重不足。

2. 地方各级政府与国务院行使国家所有权权限划分模糊且缺乏立法及理论支撑

目前，地方政府在代表国家行使自然资源所有权的过程中存在两个突出的现象：其一，政策主导的制度体系不清晰、不稳定，导致了中央政府与地方政府经常发生利益上的冲突，[③] 地方立法利用上位法规定不具体的不足，大量为自己设权。其二，在开发利用自然资源的过程中，地方各自为政的现象较为突出，浪费资源甚至破坏资源的情况比较严重，甚至还出现对一些自然资源的开发利用明争暗夺、支持群众械斗现象。这类现象的存在反映出：一是地方政府与国务院之间代表行使国家所有权的权限不清，现行自然资源法律法规对于自然资源的国家所有权哪些应当由国务院代表行使，哪些应当由地方政府代表行使，哪些应当由国务院主管部门代表行使，哪些又应当由地方政府主管部门代表行使，几乎没有清晰可辨的规则体系。而且国务院的权限主要在制定相关行政法规等法律文件，实际的所有权的代表权几近虚置，国务院主管部门行使着更多的自然资源管理权利

---

① 排除国务院规范性文件，就有现行有关土地资源的行政法规、矿产资源的行政法规、水资源的行政法规、渔业资源的行政法规、野生动植物资源的行政法规、森林资源的行政法规、草原资源的行政法规等。

② 如《原矿产资源法实施细则》规定了矿产资源国家所有，国务院代表国家行使矿产资源的所有权。

③ 典型者如中央政府作为出资人的中石油集团公司与地方政府作为出资人的延长集团关于陕西北部油田的开采争执。见陈挺：《第四大石油公司隐情：陕西省政府与中石油交锋》，http://www.southcn.com/finance/financenews/meiti/200509300048.htm，访问时间：2023 年 10 月 8 日；孙宪忠等：《国家所有权的行使与保护研究》，中国社会科学出版社 2015 年版，第 17 页。

及权力，地方政府尤其是县级政府主要是安全维护等方面的职责，而在自然资源所有权行使方面似乎地方政府主管部门比地方政府的地位更突出。二是地方政府之间行使国家所有权的权限模糊。这种状况可以从"天价乌木案"中略见一斑。在"天价乌木案"的几方涉案主体中，参与庭审的是镇政府，而答复所有权归国家的是市国资办，勘验的又包括市水务局和国土局，涉及多重政府机构。① 市政府表示其为乌木国家所有权的代表行使机构所以具有认定乌木所有权的资格，而镇政府又作为民事案件国家所有权的代表人，到底哪一级人民政府是适格的国家所有权的代表人呢？现实的情况是既无理论体系也无具体规定。三是缺乏理论支撑。目前对于中央与地方、地方与地方之间的权限划分，仅有事权划分理论。但事权与国家所有权是有明显区别的，② 很难用事权理论来解释地方政府对于国家所有权的行使。

3. 地方政府所有权的代表者与管理者双重身份的重合难分

在自然资源法律关系中，地方政府实际上具有双重身份，既是自然资源国家所有权的代表者，也是自然资源相关公共事务的行政管理者，前者属于民事主体，后者主要是行政主体。然而，无论是现今的法律法规的规定还是社会实践都难以将地方政府行使的国家所有权与国家管理权进行界分。地方各级政府是地方各级国家权力机关的执行机关，是地方各级国家行政机关，依照法律规定的权限，管理本行政区域内的经济、教育、科学、文化、卫生、体育事业、城乡建设事业和财政、民政、公安、民族事务、司法行政、监察、计划生育等行政工作。③ 可见管理权是地方各级政府都拥有的权力。而前文所列我国现行法律法规却承认了地方政府在代表国家行使所有权，其

---

① 在任何一家搜索引擎中键入"天价乌木案"均可见关于此案的介绍。

② 诚如前文所述，二者的差别主要体现在：事权是公法上的管理权，对应的是财政权，其客体是具体的事务，而所有权是私法上的排他性财产权利，其客体是物。

③ 见《宪法》第 105 第 1 款、第 107 条第 1 款。

中也包含了对于国家财产的管理权（所有权使用权能的体现）。所以，地方政府行使权力时，涉及国有财产包括自然资源的行为，从公法上看是行政管理权的行使，而从私法上看则是所有权的行使。诚然，公权力行使与私权利行使，无论在理念还是具体规则上均是有着明显区别的，我们绝不能混为一谈。但正是自然资源国家所有而由政府代表行使的制度架构，使得政府尤其是地方政府的这种双重身份高度重合与不易区分，并且，这种状况一方面会导致地方政府容易携公权力行使作为私权利的国家所有权，直接影响物权平等保护原则的贯彻，因为地方政府对自然资源管理权不仅包括了对于国家自然资源的管理权还包括了对于集体自然资源的管理权；① 另一方面又存在着在公权力的皇冠下私权利的弱化，使得国家所有权的效能无法得到有效发挥等问题。

4. 行政管理的色彩浓厚而所有权的基本理念淡薄

首先，法律法规和规范性文件中体现出浓厚的行政管理色彩。先从法律文件名称上看，较多地存在"管理法""管理条例"等表述的行政法规、地方法规、部门规章和地方规章甚至法律，如《土地管理法》《海域使用管理法》《河道管理条例》等。再从规范的内容看，义务性规范占到绝大部分。比如在自然资源单行法中，总则中大部分都规定了所有权主体、基本制度、基本规划、管理主体，② 其中基本规划和管理主体体现的是行政规划和行政管理职能，而对所有权的规定仅为宣示性的一个条文。在单行法最后一章"附则"部分之前都有"法律责任"的专章规定，这一章的内容并非仅为民事责任的规定，更侧重于行政法律责任的规定。

其次，地方政府设立自然资源用益物权的行为具有浓烈的行政管理色彩。对于国家自然资源用益物权的设立，地方政府不是以所有

---

① 《宪法》第 9 条、《民法典》规定了森林、山岭、草原、荒地、滩涂可以为集体所有。

② 典型者如《矿产资源法》（2009）第 3 条规定所有权主体，第 5 条、第 6 条规定基本制度，第 7 条规定基本规划、第 11 条规定管理主体。

权人代表者的身份与相对人订立用益物权设立合同，而是实质性地以政府意志决定权利配置，例如矿业权、养殖权以行政许可方式设立，矿业权转让合同需要有权行政机关的批准，唯建设用地使用权以出让方式设立，时至今日，矿业权出让尚处于法律没有确认的实践阶段，① 行政法学界和实务界还有人秉持国有土地建设用地使用权出让合同为行政合同的观点。

最后，地方政府的工作人员缺乏国家所有权代表者的基本理念。我们在对自然资源管理部门工作人员的访谈中得知，没有几个人（包括受过法学教育的人）认为地方政府及自然资源管理部门具有双重身份，既代表国家在行使所有权又行使行政管理权，普遍觉得自己是公共事务的管理者，行使的是行政管理权。最典型者，莫过于"什么用益物权，探矿权、采矿权就是行政特许的权利""政府工作人员行使的不是行政管理权还有其他什么权力"之类观点。在这些工作人员的认知中，只认为自己是行政机关工作人员，并没有自己从事的工作还是行使国家所有权的认识和知识。

二、自然资源国家所有权行使的实践样态

（一）自然资源国家所有权实践行使的主体设置

国家虽然是自然资源国家所有权的权利主体，但自然资源国家所有权的权利行使，并非由"国家"行使，而是由具体的行政主体代为行使。2018 年的国务院机构改革中，为"为统一行使全民所有自然资源资产所有者职责，统一行使所有国土空间用途管制和生态

---

① 2000 年 11 月，国土资源部颁布了《矿业权出让转让管理暂行规定》。为贯彻落实生态文明体制改革要求，中共中央办公厅、国务院办公厅 2017 年 6 月 17 日印发了《矿业权出让制度改革方案》，要求以招标拍卖挂牌方式为主，全面推进矿业权竞争出让，严格限制矿业权协议出让，下放审批权限，强化监管服务。

保护修复职责"，我国构建了以自然资源部为核心的所有权行使主体体系。① 诚然，目前而言，还存在部分自然资源所有权权利并不是由自然资源部代理行使（如水资源所有权），但这是国家组织机构改革之方向。因此，关于自然资源国家所有权的行权机构统计，主要借助自然资源部发布的相关统计资料。依据 2012—2021 年的《中国国土资源统计年鉴》，我国国土资源管理机构统计数据如表 2-5 所示。

表 2-5 2012—2021 年我国国土资源管理机构统计表②

级别/年度	2012	2013	2014	2015	2016	2017	2018	2019	2020	2021
省、市、县	3293	3139	3234	3427	3428	3492	3382	3397	3359	3340
省级	32	32	32	32	32	32	32	32	32	32
市（地）级	442	440	362	360	357	362	368	368	367	367
县（区）级	2819	2667	2840	3035	3039	3098	2982	2997	2960	2941

就湖南省而言，其除了省自然资源厅有部分直接行使自然资源国家所有权外，其余自然资源国家所有权行使还包括市地级自然资源主管部门和县（区）级自然资源主管部门。依据 2012—2021 年的《中国国土资源统计年鉴》，湖南省国土资源管理机构统计数据如表 2-6 所示。

表 2-6 2012—2021 年湖南省国土资源管理机构统计表③

级别/年度	2012	2013	2014	2015	2016	2017	2018	2019	2020	2021
省、市、县	132	131	131	152	151	143	157	152	154	155
市（地）级	14	14	14	14	13	14	14	14	14	14
县（区）级	117	116	116	137	137	128	142	137	139	140

---

① 王勇：《关于国务院机构改革方案的说明——2018 年 3 月 13 日在第十三届全国人民代表大会第一次会议上》，载《中华人民共和国全国人民代表大会常务委员会公报》2018 年第 2 期，第 270-276 页。

② 统计年鉴表述为"国土资源管理机构"，为确保一致，仍沿用该表达。

③ 统计年鉴表述为"国土资源管理机构"，为确保一致，仍沿用该表达。

（二）自然资源国家所有权权利客体的资源调查

依据自然资源部发布的《2022 年中国自然资源统计公报》，截止统计时间的初步汇总结果，"全国共有耕地 12760.1 万公顷、园地 2012.8 万公顷、林地 28352.7 万公顷、草地 26427.3 万公顷、湿地 2357.4 万公顷、城镇村及工矿用地 3596.7 万公顷、交通运输用地 1018.4 万公顷、水域及水利设施用地 3628.7 万公顷。"[①] 该统计公报也依据自然资源的分类，对自然资源的总体情况做了初步统计。依据该统计，全国已发现 173 种矿产，包含"能源矿产 13 种，金属矿产 59 种，非金属矿产 95 种，水气矿产 6 种"，各矿种的储量如表 2-7 所示；全国共有林地 28352.7 万公顷，包含"乔木林地 19675.2 万公顷，竹林地 699.1 万公顷，灌木林地 5841.3 万公顷，其他林地 2137.1 万公顷"；全国共有草地 26427.3 万公顷，包含"天然牧草地 21329.4 万公顷，人工牧草地 58.8 万公顷，其他草地 5039.1 万公顷"；全国共有湿地 2357.4 万公顷，包含"红树林地 2.9 万公顷，森林沼泽 220.7 万公顷，灌丛沼泽 75.4 万公顷，沼泽草地 1112.9 万公顷，沿海滩涂 149.9 万公顷，内陆滩涂 602.4 万公顷，沼泽地 193.2 万公顷"；全国水资源总量为 29638.2 亿立方米，比 2020 年减少 6.2%，具体而言，"地表水资源量 28310.5 亿立方米，地下水资源量 8195.7 亿立方米，地表水与地下水资源重复量为 6868.0 亿立方米"。[②]

表 2-7　全国矿产资源的储量表[③]

矿产种类	数量	矿产种类	数量
石油储量（万吨）	380600	钼矿储量（钼，万吨）	590.05
天然气储量（亿立方米）	65690.12	锑矿储量（万吨）	66.69

---

① 自然资源部：《2022 年中共自然资源统计公报》，载自然资源部网站。
② 自然资源部：《2022 年中共自然资源统计公报》，载自然资源部网站。
③ 国家统计局发布的 2022 年度《中国统计年鉴》。自然资源部的统计公报与国家统计局最终公布的数据有所差别。

续表

矿产种类	数量	矿产种类	数量
煤炭储量（亿吨）	2070.12	金矿储量（金，吨）	3127.46
铁矿储量（矿石，亿吨）	162.46	银矿储量（银，吨）	70344.21
锰矿储量（矿石，万吨）	27561.45	菱镁矿储量（矿石，万吨）	68011.87
铬矿储量（矿石，万吨）	279.47	普通萤石储量（矿物，万吨）	8592.06
钒矿储量（万吨）	734.39	硫铁矿储量（矿石，万吨）	114785.58
原生钛铁矿储量（万吨）	9551.82	磷矿储量（矿石，亿吨）	36.9
铜矿储量（铜，万吨）	4077.18	钾盐储量（KCl，万吨）	28788.7
铅矿储量（铅，万吨）	2186.5	盐矿储量（NaCl，亿吨）	142.9
锌矿储量（锌，万吨）	4607.86	芒硝储量（Na_2SO_4，亿吨）	12.26
铝土矿储量（矿石，万吨）	67552.6	重晶石储量（矿石，万吨）	10735.58
镍矿储量（镍，万吨）	434.65	石墨储量（矿物，万吨）	8100.8
钨矿储量（WO_3，万吨）	299.56	滑石储量（矿石，万吨）	6045.66
锡矿储量（锡，万吨）	100.49	高岭土储量（矿石，万吨）	69345.14

由于土地资源与矿产资源的数据公布较为完善，就具体自然资源国家所有权行使情况的统计，以土地和矿产资源为主，其他自然资源国家所有权行使情况放在同一小节讨论。

（三）土地资源国家所有权行使的基本情况

依照我国民法典、土地管理法的相关规定，为他人设立用益物权的方式行使土地资源国家所有权，可区分为划拨和出让两种方式，而出让又可细分为协议出让和竞争性出让，竞争性出让包括招标、拍卖、挂牌等方式。除了物权方式行使土地资源国家所有权外，还可以以租赁或其他方式。依据 2012—2021 年的《中国国土资源统计年鉴》（通过 EPS 全球统计数据分析平台整理），摘取供地方式、面积与价款等数据，我国土地资源国家所有权的权利行使情况统计如表2-8 所示。

表 2-8　2012—2021 年我国土地资源国家所有权的权利行使情况统计表

项目	项/年份	2012	2013	2014	2015	2016	2017	2018	2019	2020	2021
总供地	宗数	192039	227109	182581	163674	153984	166437	213350	222043	240400	230087
	土地面积（公顷）	711281.31	750835.48	647996.14	540327.28	531180.71	620245.92	647680.32	624110.5	658358.97	690267.36
划拨供地	宗数	53106	57704	50028	54001	51771	54621	79332	73880	87575	85540
	土地面积（公顷）	377133.53	373275.34	369833.12	314535.83	313212.79	386976.62	385375.83	341830.81	339568.33	379775.33
出让供地	宗数	138588	168844	132398	109408	101930	111322	133569	147761	152094	143844
	土地面积（公顷）	332432.34	374804.03	277346.56	224885.95	211850.82	230898.62	260199.89	279312.03	314959.43	307476.98
	成交价款（万元）	280422828	437452967	343773734	312206472	364616830	519844752.7	588504700	660060200	804095600	771869500
协议供地	宗数	46419	57408	42068	33881	33899	42047	58066	53140	47248	47522
	土地面积（公顷）	30802.81	28619.41	20807.31	17555.67	16891.66	17531.89	17399.6	19295.92	29889.06	27300.6
	成交价款（万元）	13888545	16357949	16122213	14651426	13480191	14770272.64	19664300	24702900	30755600	32146700

续表

项目	项/年份	2012	2013	2014	2015	2016	2017	2018	2019	2020	2021
招拍挂供地	宗数	92169	111436	90330	75527	68031	69275	75503	94621	104846	96322
	土地面积（公顷）	301629.53	346184.62	256539.25	207330.28	194959.16	213366.73	242800.29	260016.11	285070.37	280176.38
	成交价款（万元）	266534283	421095018	327651521	297555046	351136640	505074480	568840400	635357400	773340000	739722800
出租供地	宗数	330	543	148	244	269	448	404	357	704	637
	土地面积（公顷）	1700.12	2728.75	814.18	838.8	6091.38	2088.46	2014.71	2284.38	3745.56	2445.54
	租金（万元）	83378.06	995055.74	20884.94	34596.43	303878.84	1257344.11	259500	73768.96	1130538.18	248125.64
其他供地	宗数	15	18	7	21	7	46	45	45	27	66
	土地面积（公顷）	15.31	27.36	2.3	66.71	2.3	282.22	89.9	683.28	85.65	569.5
	收入（万元）	/	1257.13	4907.42	123828.95	4907.42	822029.67	386600	8259970.46	352391.47	728400.09

从以上数据不难获知，其他方式系土地资源所有行权方式中最少使用的一种，目前实务中主要保护作价出资（入股）等方式。相较而言，出租方式要广泛一点，但也只是相对于其他方式而言，属设立债权方式行权，主要用于土地使用的短期行为，因此也并不太广泛。总体上看，这两种方式都是土地国家所有权极少数的行权方式。相比于出租方式或其他方式行使所有权，目前土地资源国家所有权大多为划拨和出让的形式。以数据最近的 2021 年为例，其他方式仅66 宗，出租供地 637 宗，而划拨供地达 85540 宗，出让供地更是高达143844 宗。以比例而言，出让供地高达总供地数量的 62.5%，划拨供地高达总供地数量的 37.2%，而其余两种供地方式总和不足 0.5%。

相较而言，出让方式行使土地国家所有权占比中，协议出让和竞争性（招拍挂）出让数目均不少，相对而言，竞争性出让方式更多。以 2021 年为例，竞争性出让方式占总供地比例为 67%。必须要说明的是，所有供地方式中竞争性更能凸显出所有者权益。在成交价款上，由于划拨用地无须支付相应对价，因此并无相应成交价款。但也应补充说明，并非说划拨用地完全没有成本，土地使用者往往需要支付因交付土地所需要的征收等费用。在竞争性出让的内部，协议用地的单位成交价款，也要远低于竞争性的招拍挂出让。以最近的 2021年为例，协议出让的单位公顷成交价为 1178 万，而竞争性出让的单位公顷成交价为 2640 万。

以上是全国的总体数据，再来看湖南省的土地国家所有权的行权情况。依据 2012—2021 年的《中国国土资源统计年鉴》，摘取供地方式、面积与价款等数据，湖南省土地资源国家所有权的权利行使情况统计如表 2-9 所示。

表2-9　2012—2021年湖南省土地资源国家所有权的权利行使情况统计表

项目	项/年份	2012	2013	2014	2015	2016	2017	2018	2019	2020	2021
总供地	宗数	12591	14549	13039	12226	11501	11768	13534	17773	24242	20872
	土地面积（公顷）	24087.8	23824.37	27406.12	21709.46	26904.46	21200.61	21621.9	24368.39	33623.09	29561.46
划拨供地	宗数	1717	1911	2327	2535	2528	2423	2211	2957	8664	5342
	土地面积（公顷）	15444.25	13222.97	17775.03	13359.18	18790.27	13125.05	12599.56	13299.77	19392.39	14372.21
出让供地	宗数	10873	12638	10712	9691	8973	9344	11308	14796	15526	15484
	土地面积（公顷）	8643.01	10601.4	9631.08	8350.28	8114.2	8068.86	8963	11005.19	13848.8	14842.26
	成交价款（万元）	7827272.18	11990774.96	10332925.83	9711753.2	10650302.84	12078825.13	18818200	23119000	29545100	30110800
协议供地	宗数	7085	8540	6779	6139	5727	6377	8179	10024	9589	9351
	土地面积（公顷）	935.98	676.43	755.88	498.47	297.98	261.55	390.07	469.28	812.33	922.2
	成交价款（万元）	464813.05	384391.62	469606.31	420202.97	241453.79	212594.93	523000	461500	784900	1408200

续表

项目	项/年份	2012	2013	2014	2015	2016	2017	2018	2019	2020	2021
招拍挂供地	宗数	3788	4098	3933	3552	3246	2967	3129	4772	5937	6133
	土地面积（公顷）	7707.03	9924.97	8875.21	7851.81	7816.22	7807.31	8572.93	10535.91	13036.47	13920.06
	成交价款（万元）	7362459.13	11523383.34	9863319.52	9291550.24	10408849.04	11866230.2	18295200	22657500	28760200	28702600
出租供地	宗数	1	/	/	/	/	1	15	20	49	35
	土地面积（公顷）	0.53	/	/	/	/	6.71	59.34	63.42	373.95	235.8
	租金（万元）	4.28	/	/	/	/	201.2	2200	1971.63	724506.6	11662.16
其他供地	宗数	/	/	/	/	/	/	/	/	3	11
	土地面积（公顷）	/	/	/	/	/	/	/	/	7.95	111.2
	收入（万元）	/	/	/	/	/	/	/	/	/	32680.13

以上数据表明，湖南省的土地资源国家所有权行权方式与全国总体数据并非完全一致，呈现一定程度上的差异。其中核心差别在于，出让方式行使土地国家所有权中，协议出让宗数占比大幅度超过竞争性出让。以数据最近的 2021 年为例，其他方式仅 11 宗，出租供地 35 宗，而划拨供地达 5342 宗，出让供地更是高达 15484 宗。出让之中，协议方式供地达 9351 宗，而竞争性出让供地仅为 6133 宗。以比例而言，出让供地中的协议供地比例高达 60.4%，而竞争性方式出让供地比例不足 40%。但是，从总的供地面积来说，在出让方式行使土地国家所有权中，竞争性出让仍远超协议出让，这种区域数据与全国总体数据保持一致。令人奇怪的是，竞争性出让单位公顷的价格为 1332 万，但协议出让单位公顷的价格却高达 1527 万。这种价格的倒挂与全国总体呈现不同的样态。

（四）矿产资源国家所有权行使的基本情况

依照我国《民法典》《矿产资源法》及相关法规规定，为他人设立探矿权的方式行使矿产资源国家所有权，可区分为申请在先、协议出让、招拍挂出让三种方式。而为他人设立采矿权的方式行使矿产资源国家所有权，则区分为协议出让、招拍挂出让两种方式。依据 2012—2021 年的《中国国土资源统计年鉴》，摘取相关数据，以设立探矿权方式行使矿产资源国家所有权的统计如表 2-10 所示。

从以上数据不难看出，探矿权的总数呈现不断下降的趋势，且以申请在先方式取得探矿权的数量在逐渐减少，招拍挂方式出让探矿权的数量和价款均有不同程度上升。从行政许可来看，以使用费形式发放的勘查许可证数量也在不断减少。另外，从要素流动看，探矿权转让的数量总比例在不断增加。

为他人设立采矿权的方式行使矿产资源国家所有权，则区分为协议出让、招拍挂出让、探矿权转采矿权三种方式。依据 2012—2021 年的《中国国土资源统计年鉴》的相关数据，以设立采矿权方式行使矿产资源国家所有权的统计如表 2-11 所示。

表2-10 设立探矿权方式行使矿产资源国家所有权的情况统计表

项/年份	2012	2013	2014	2015	2016	2017	2018	2019	2020	2021
有效勘查许可证数（个）	33933	34022	32381	29425	26547	22180	16628	12070	10372	10202
新立勘查许可证数（个）	1055	1587	1511	960	1180	754	354	/	/	/
注销勘查许可证数（个）	643	1126	1091	915	2107	2700	3259	2500	2007	1425
探矿权使用费（万元）	24640.94	25849.41	24594.92	21944.4	18081.76	14243.38	9854.26	/	/	/
宗数（宗）	1055	1587	1511	960	1180	754	354	502	310	467
申请在先宗数（宗）	725	1178	809	535	720	474	198	296	60	12
协议出让宗数（宗）	44	83	56	65	101	63	58	65	48	202

续表

项/年份	2012	2013	2014	2015	2016	2017	2018	2019	2020	2021
招拍挂出让宗数（宗）	286	326	646	360	358	217	98	141	202	253
价款金额（万元）	118435.06	150682.98	634759.3	137011.76	1098633.32	200569.5	463669.87	9705684.73	3034896.69	1638810.33
协议出让费（万元）	7442.72	11622.76	372045.62	3608.28	1019683.67	94125.12	18552.08	9578467.16	156752.05	267050.58
招拍挂出让费（万元）	110992.34	139060.22	262713.68	133403.48	78949.65	106444.38	445117.79	127217.57	2878144.64	1371759.74
探矿权转让宗数（宗）	686	641	443	291	181	157	100	145	142	230
探矿权转让费（万元）	282721.59	304651.55	156802.76	53639.35	43152.22	62673.91	56165.08	206147.49	264802.53	414199.89

表 2-11 设立采矿权方式行使矿产资源国家所有权的情况统计表

项/年份	2012	2013	2014	2015	2016	2017	2018	2019	2020	2021
有效采矿许可证数（个）	97623	93782	84735	74743	66352	57421	48991	39704	34874	32536
新立采矿许可证数（个）	1862	2390	2665	2538	1845	1577	1251	/	/	/
注销采矿许可证数（个）	3170	6465	7347	5177	5643	14105	9615	5904	5600	6485
采矿权使用费（万元）	13998.35	14292.95	13676.15	13126.35	12434.65	11596.65	24987.2	/	/	/
生产能力（万吨/年）	/	/	/	/	/	/	/	1536381.33	1480629.75	1588864.61
采矿权出让宗数（宗）	1862	2390	2665	2538	1845	1585	1251	1560	1553	1432
探矿权转采矿权宗数（宗）	281	303	280	255	236	211	424	161	212	286

续表1

项目/年份	2012	2013	2014	2015	2016	2017	2018	2019	2020	2021
协议出让宗数（宗）	131	125	83	233	201	123	55	34	36	14
招拍挂出让宗数（宗）	1450	1962	2302	2050	1408	1251	772	1365	1305	1132
采矿权出让价款（万元）	766902	663153.76	714420.35	878269.55	1734379	1747363	1553393	6406053.86	12213258.4	14111943.23
协议出让费（万元）	456091	212436.75	109892.83	419639.84	1192112	231407	182775	2646804.68	895853.34	892178.96
招拍挂出让费（万元）	310809	450717.01	604527.52	458629.71	542268	1515955	1370618	1587945.59	6717674.33	8024382.45
采矿权出让生产能力（万吨/年）	/	/	/	/	/	/	/	113381.05	96300.7	127460.67

续表2

项目/年份	2012	2013	2014	2015	2016	2017	2018	2019	2020	2021
探矿权转采矿权生产能力（万吨/年）	/	/	/	/	/	/	/	27904.88	21493.05	20881.97
协议出让生产能力（万吨/年）	/	/	/	/	/	/	/	9494.46	7859.12	2311
招拍挂出让生产能力（万吨/年）	/	/	/	/	/	/	/	75981.71	66948.53	104267.71
采矿权转让宗数（宗）	1752	1583	1181	807	725	629	632	416	382	386
采矿权转让价款（万元）	1659047	1509256.63	981178.97	445748.48	697388	191627	309388	1999280.93	420736.18	750567.41

从以上数据不难看出，采矿权的总数也呈现不断减小的趋势。在具体出让方式中，以招拍挂出让为主，而探矿权转采矿权、协议出让也占有一定的比例。以 2021 年为例，出让设立采矿权共计 1432 宗，招拍挂出让为 1132 宗，占比约 79%，而探矿权转采矿权、协议出让各为 286 与 14 宗，总占比约为 21%。通过三种方式的采矿权生产能力基本与占比相一致，招拍挂的竞争性出让约占 82%。但从价款来看，招拍挂的竞争性出让与总价款的占比约 57%。从要素流动的二级市场看，以转让宗数占采矿许可证总数看，约有 1% 的采矿权流动，占比并不高。

以上是全国总体的情况，以下再就湖南省的情况展开。依据 2012—2021 年的《中国国土资源统计年鉴》，摘取相关数据，以设立探矿权方式行使矿产资源国家所有权的统计如表 2-12 所示，以设立采矿权方式行使矿产资源国家所有权的统计如表 2-13 所示。

湖南省的矿业权数量与全国的矿业权数量走势基本一致，均呈现下降趋势。2012—2021 年，探矿许可证从 585 降至 127 个，而采矿许可证从 6255 降至 1014 个。每年均有相当比例的探矿、采矿许可证注销。但新增的探矿权、采矿权极少，无论是采取何种方式出让，截至 2021 年数量均降至个位数。

（五）其他自然资源国家所有权行使的基本情况

除了土地、矿产自然资源外，结合可采集的数据，其他自然资源国家所有权的权利行使情况，主要介绍海域使用权与无居民海岛的国家所有权行使。

《民法典》第 328 条规定了海域使用权，《海域使用管理法》中亦有相应的规定。海域使用权的设定应依据其具体用途而分类设定，包括渔业用海、工业用海、交通运输用海、旅游娱乐用海、海底工程用海、排污倾倒用海、造地工程用海、特殊用海、其他用海。依据 2018—2021 年发布的《中国国土资源统计年鉴》，摘取相关数据，海域使用权设立的情况统计如表 2-14 所示。

表2-12　湖南省以设立探矿权方式行使矿产资源国家所有权的情况统计表

项/年份	2012	2013	2014	2015	2016	2017	2018	2019	2020	2021
有效勘查许可证数（个）	585	714	681	593	487	379	175	124	203	127
新立勘查许可证数（个）	59	111	51	25	46	19	／	／	／	／
注销勘查许可证数（个）	14	37	19	16	18	82	71	27	53	87
探矿权使用费（万元）	196.88	227.26	205.59	180.39	155.93	120.44	52.93	／	／	／
宗数（宗）	59	111	51	25	46	19	／	1	／	／
申请在先宗数（宗）	48	107	44	23	41	18	／	1	／	／
协议出让宗数（宗）	／	1	／	／	4	／	／	／	／	／

续表

项/年份	2012	2013	2014	2015	2016	2017	2018	2019	2020	2021
招拍挂出让宗数（宗）	11	3	7	2	1	1	/	/	/	/
价款金额（万元）	6722	1120	7710	1790	100	56800	/	/	/	/
协议出让费（万元）	/	316	/	/	/	/	/	/	/	/
招拍挂出让费（万元）	6722	804	7710	1790	100	56800	/	/	/	/
探矿权转让宗数（宗）	3	/	/	/	/	/	/	1	1	/
探矿权转让费（万元）	3067.26	/	/	/	/	/	/	37	/	/

表 2-13　湖南省以设立采矿权方式行使矿产资源国家所有权的情况统计表

项/年份	2012	2013	2014	2015	2016	2017	2018	2019	2020	2021
有效采矿许可证数（个）	6255	5777	5032	4112	3568	3282	2984	2265	1543	1014
新立采矿许可证数（个）	174	45	180	225	120	84	91	/	/	/
注销采矿许可证数（个）	162	436	648	901	280	854	451	252	1386	962
采矿权使用费（万元）	517.7	498.45	410.75	321.1	293.45	288.55	264.3	/	/	/
生产能力（万吨/年）	/	/	/	/	/	/	/	45022.84	35025.47	32370.39
采矿权出让宗数（宗）	174	45	180	225	120	84	91	29	8	3
探矿权转采矿权宗数（宗）	8	3	3	3	3	2	36	/	2	1

续表1

项目/年份	2012	2013	2014	2015	2016	2017	2018	2019	2020	2021
协议出让宗数（宗）	1	/	/	1	1	3	3	/	/	/
招拍挂出让宗数（宗）	165	42	177	221	116	79	52	29	6	2
采矿权出让价款金额（万元）	10716	14435.13	15759.9	14707.23	16927.54	7436.99	14928.16	7386.89	13466.64	49305.12
协议出让费（万元）	1835	/	/	131.2	137.24	377.32	278.65	/	/	/
招拍挂出让费（万元）	8881	14435.13	15759.9	14576.03	16790.3	7059.67	14649.51	7386.89	9626.64	49150.12
采矿权出让生产能力（万吨/年）	/	/	/	/	/	/	/	574.12	492.27	930

续表2

项/年份	2012	2013	2014	2015	2016	2017	2018	2019	2020	2021
探矿权转采矿权生产能力（万吨/年）	/	/	/	/	/	/	/	/	260	10
协议出让生产能力（万吨/年）	/	/	/	/	/	/	/	/	/	/
招拍挂出让生产能力（万吨/年）	/	/	/	/	/	/	/	574.12	232.27	920
采矿权转让宗数（宗）	46	89	71	64	62	53	88	34	7	7
采矿权转让价款金额（万元）	29863	4683.19	8959.03	4578.04	8656.26	3422.01	7946.63	2530.28	630.87	10243.27

表 2-14　设立海域使用权方式行使国家所有权的情况统计表

项目/年份	2018	2019	2020	2021
新增宗海数量（宗）	1237	1543	2408	3491
渔业用海（宗）	838	1047	1636	2658
工业用海（宗）	72	171	204	286
交通运输用海（宗）	184	159	308	305
旅游娱乐用海（宗）	25	58	75	72
海底工程用海（宗）	33	32	33	38
排污倾倒用海（宗）	7	6	6	7
造地工程用海（宗）	13	14	34	14
特殊用海（宗）	46	27	60	67
其他用海（宗）	19	29	52	44
新增宗海面积（公顷）	104873.5	126928.1	224583.4	225976.3
海域使用金应缴金额（万元）	524824.8	332988.7	1689451	756093
海域使用金减免金额（万元）	30688.2	32994.5	149958.7	187630.2

从表 2-14 不难发现，目前设立海域使用权大多用于渔业、工业和交通运输业，而渔业用海的占比最大。依据 2018—2021 年发布的《中国国土资源统计年鉴》，摘取相关数据，无居民海岛的有偿使用情况统计如表 2-15 所示。

表 2-15　行使无居民海岛国家所有权的情况统计表

项目/年份	2018	2019	2020	2021
海岛数量（个）	8	0	13	6
无居民海岛用岛面积（公顷）	19.15	0	18.03	77.11
无居民海岛使用金应缴金额（万元）	12703.38	0	13724.96	83681.26
无居民海岛使用金减免金额（万元）	15.94	0	/	83248.26

相比我国岛屿的总数量，目前有偿方式利用无居民海岛的总体

占比较低。如 2021 年 6 个岛屿设立使用权，应缴纳金额 83681.26 万元全部予以减免，实际上仍相当于划拨用地使用。无论是从资源开发利用率，还是从资源的配置角度来看，目前无居民海岛的国家所有权行使仍以行政管理目的为主，以公共利益方式划拨使用。

第三章　国家自然资源所有权委托代理制度的理论逻辑

第一节　国家自然资源所有权委托代理制度的功能导向

一、国家自然资源所有权委托代理制度功能指说

"功能"，意为"实务或方法所发挥的有利的作用或效能"。[①] 英文可表述为"function"，可解释为两层含义，一是适合特定业务或职业的活动，比如法院的功能是执法，二是职能、职务，比如总统职能。[②] 与中文"功能"含义重合的应该是第一种解释。探究国家自然资源所有权委托代理制度的功能，实质上就是就是要分析委托代理制度适用于自然资源国家所有权制度体系中是否适合，如何通过具体规则发挥其效能。为消除现行立法与现实之间的矛盾，在全面深化改革和全面推进依法治国的总目标下，理所应当要科学构造委托代理行使国家自然资源所有权制度体系在内的功能目标，以确保制度设计的合目的性及功能性。对于作为不动产组成部分的自然资源，实行国家所有或者集体所有，是中国特色社会主义制度和国家治理体

---

① 中国社会科学院语言研究所词典编辑室编：《现代汉语词典（第7版）》，商务印书馆2016年版，第454页。

② Bryan A. Garner. Black's Law Dictionary (8th ed). Thomson West, 2004, 1981.

系建设的重要内容，原《民法通则》《物权法》都对这一双重结构的公有制度作出了明确的规定。① 在对国有财产进行法律调整时，究竟由哪种性质的机关代表国家行使所有权，曾经有过激烈的争议。1996年修正的《矿产资源法》首次明确规定"由国务院行使国家对矿产资源的所有权"，之后，1998年修正的《土地管理法》、2001年颁布的《海域使用管理法》、2002年修正的《水法》分别规定国务院代表国家行使国家土地所有权、国家海域所有权、国家水资源所有权，2007年颁布的《物权法》第45条第2款明文规定，除法律另有规定外，国有财产由国务院代表国家行使国家所有权。② 也就是说，我国通过法律确立了国务院代表国家行使自然资源所有权制度。《民法典》肯定了《民法通则》和《物权法》的规定，③ 延续了自然资源国家所有权主要由国务院代表行使的规定。

很明显，法律确立的国务院代表国家行使自然资源所有权制度是非常宏观的，需要体系化的系列制度才能使其有效运行。2017年11月20日，中央全面深化改革领导小组第一次会议审议通过了《中共中央关于建立国务院向全国人大常委会报告国有资产管理情况的制度的意见》，明确了国务院向全国人民代表大会及其常务委员会就国有财产的经营状况报告工作，梳理了全国人民代表大会与国务院就国家财产事务的关系，进一步确认了国务院代表行使国家所有权的制度体系。2019年4月14日，中共中央办公厅、国务院办公厅印发了《关于统筹推进自然资源资产产权制度改革的指导意见》，明确国务院"授权国务院自然资源主管部门具体代表统一行使全民所有自然资源资产所有者职责"，即肯定了国务院可将行使自然资源所有

---

① 我国《宪法》第9条第1款、第10条第1款和第2款也做出了明确的国家所有和集体所有的规定。

② 需要指出的是，《民法典》的规定即是延续了《物权法》的规定，《物权法》第45条第2款在规定"国有财产由国务院代表国家行使所有权"之后有一个但书，"法律另有规定的，依照其规定"。

③ 见《民法典》第246条第2款。

权的权限进行再授权。因此，国务院代表国家行使自然资源所有权的机制不仅涉及国务院，还涵盖了国务院各部委；不仅关系所有权权能的分配和行使，还与国务院及其组成部门本身作为行政机关所特有的行政管理权息息相关。2018年初国务院机构改革中设立的自然资源部，其机构职能既要"履行全民所有土地、矿产、森林、草原、湿地、水、海洋等自然资源所有者职责"，包括统一确权登记、合理开发利用、有偿使用等方面，还广泛覆盖调查监测、规划实施、资源保护、生态修复等管理性事务，集自然资源国家所有权的代表者与社会事务管理者于一身。

如此一来，在构建系统完备、科学规范、运行高效的中国特色自然资源资产产权制度体系的目标下，在推进国家治理体系和治理能力现代化的当下，国务院代表国家行使自然资源国家所有权的制度体系，是国家治理体系中不可或缺的重要部分，其系统、科学的法构造便是一个不容回避并且必须尽快解决的问题。[①]《民法典》将制定国家所有权行使主体的立法层级规定为全国人民代表大会及其常务委员会所制定的"法律"这一层级，也就是说行政法规、地方性立法是不能对国家所有权行使主体进行规定的，那么地方政府行使自然资源国家所有权权利的正当性如何，这样的法律制度体系如何更加科学地构造，这是我们在全面推进依法治国建设社会主义法治国家、落实《生态文明体制改革总体方案》确定的"探索建立分级行使所有权的体制"进程中必须解决的问题。这些问题的解决，正是自然资源国家所有权委托代理制度提出的当下之义，也正是《全民所有自然资源资产所有权委托代理机制试点方案》所要解决的现实问题。

2022年3月，中共中央办公厅、国务院办公厅印发的《全民所

---

① 2013年11月12日，习近平在党的十八届三中全会第二次全体会议上的讲话中指出：国家治理体系是在党领导下管理国家的制度体系，包括经济、政治、文化、社会、生态文明和党的建设等各领域体制机制、法律法规安排，也就是一整套紧密相连、相互协调的国家制度。

有自然资源资产所有权委托代理机制试点方案》明确指出："针对全民所有的土地、矿产、海洋、森林、草原、湿地、水、国家公园等8类自然资源资产（含自然生态空间）开展所有权委托代理试点。明确所有权行使模式，国务院代表国家行使全民所有自然资源所有权，授权自然资源部统一履行全民所有自然资源资产所有者职责，部分职责由自然资源部直接履行，部分职责由自然资源部委托省级、地市级政府代理履行，法律另有规定的依照其规定。"由此可见，全民所有自然资源所有权委托代理机制的一大目标就是要在自然资源资产产权制度的构建上，实现产权的归属清晰，委托人与受托人的权责明确，通过对原本分散的全民所有自然资源资产所有者职责进行整合，从而有效地解决一系列因权责不明确而产生的问题，例如自然资源所有者不到位、所有权边界模糊等问题。更进一步来说，该试点方案切中了全民所有自然资源资产所有权行使的实践中，因"国家"和"全民"的抽象性，而导致所有权行使主体不到位、政府履行所有者职责缺乏有效监督，所造成的自然资源资产遭受严重流失、浪费和破坏等问题。通过建立委托代理机制，厘清所有者、委托人和代理人之间的法律关系，来破解长期困扰全民所有自然资源资产所有权有效行使的制度困境。

二、具体指向一：促使立法统一区分所有权与行政监管权

早在2013年召开的党的十八届三中全会上，习近平总书记在报告中对健全国家自然资源资产管理体制提出了明确要求，并且明确了改革的总体思路，可以概括为以下几点："一是要将自然资源的所有者和管理者分开；二是要贯彻一件事由一个部门管理的原则；三是落实全民所有自然资源资产所有权，建立统一行使全民所有自然资

源资产所有权人职责的体制。"①

诚如前文所做分析，目前自然资源国家所有权行使上，存在着诸多问题，其中较为核心的问题之一便是自然资源国家所有权的行使者与管理者双重身份重合难分，以致所有权行使与行政权混合，造成了在自然资源国家所有权行使中往往行政管理的色彩浓厚，而所有权的基本理念淡薄的现象。委托代理制度的核心功能之一，便是要以该项改革试点为基础，驱使立法统一区分自然资源国家所有权与行政监管权。

从法律构造上看，国务院代表国家行使自然资源所有权是国家权力机关通过法律授权得以实现的。虽然目前自然资源国家所有权授权委托体系尚处于改革探索之中，但至少可以明确下列几点。

首先，规定自然资源所有权事项的单行法层级应当统一为全国人民代表大会及其常委会制定的法律。我国现今绝大多数自然资源立法只要规定了所有权事项的，基本均为法律层级。除了《野生植物保护条例》，虽然野生植物同样属于野生生物资源，但是《野生植物保护条例》却是以国务院发布的行政法规的形式出现的。由于现实中同样也存在珍贵、濒危野生植物资源，也需要对这类资源明确为国家所有，应比照野生动物资源立法，将《野生植物保护条例》上升为《野生植物保护法》并增加所有权的规定。

其次，行政法规、部门规章无须对自然资源国家所有权进行宣示性或重申性的规定。行政法规、部门规章是政府或政府部门就国家事务和公共事务制定的管理规则，强调的是行政管理和行政服务，而国家所有权是国家作为民事法律关系主体的制度，虽然行使主体涉及国务院及其职能部门，但国务院及其职能部门在国家所有权法律关系中不是居于行政管理者的角色，而行政法规、部门规章旨在设定、实施、保障、监督行政管理权，不应当具体规定所有权规范。是故，

---

① 习近平：《关于〈中共中央关于全面深化改革若干重大问题的决定〉的说明》，载《求是》2013 年第 22 期，第 19—27 页。

《矿产资源法实施细则》应当删除矿产资源国家所有和国务院代表国家行使所有权的有关规定。

最后，我们必须从理念上区分所有和管理，并在立法中明确区分所有权代表行使主体与管理权行使主体。以湖南省人民政府为例，来说明这种权力与权利的交叉含混。对于自然资源等国有财产来说，湖南省人民政府不仅仅享有管理权（行政主体身份），而且还代表国家行使所有权（民事主体）。换言之，湖南省人民政府在这一关系中具有双重身份，一是作为民事主体代表国家行使所有权，其对自然资源等国有财产享有的是物权性支配权；二是作为行政主体对自然资源等的管理权。对于后者，学界和实务界当无疑义。当然，地方政府对于自然资源的管理权是否是主要的甚至是唯一的职权，学者之间的分歧在各种学术研讨会上还常常可以见到，但从我国原《物权法》对自然资源国家所有权明确作出规定来看，唯一说似乎是不正确的。而对于前者，则尚需学界和实务界统一认识。依据《民法典》总则编第 97 条的规定，政府（包括地方政府）"从成立之日起，具有机关法人资格，可以从事为履行职能所需要的民事活动"，似乎地方政府作为机关法人即对自然资源享有所有权，然而，地方政府成为机关法人仅以"独立经费"为已足，并不必然可以对自然资源享有所有权，而且，我国现行法律关于自然资源的公有制度体系是排除政府所有的。不过，"可以从事为履行职能所需要的民事活动"的规定，完全可以成为地方政府在自然资源法律关系中成为国家所有权的代表者的法律依据。需要特别注意的是，除国有土地是政府代表国家划拨或出让设立建设用地使用权外，矿业权、取水权等是政府通过行政许可赋予的。[①] 在这种结构中，人们只见管理者不见所有者，即所谓学界长期批评的自然资源等国有财产所有者缺位现象。正是为解决上述问题，《关于全面深化改革若干重大问题的决定》《生态文明体制

---

① 见《矿产资源法》第 16 条、《水法》第 7 条。

改革总体方案》都明确要构建边界清晰、权责明确的自然资源资产管理体制，着力解决自然资源资产所有者不到位、所有者权益不落实等问题，坚持所有者和监管者分开，区分自然资源资产所有者权利和管理者权力，明确政府作为国家所有权行使代表的民事主体身份。

就立法而言，第一，《土地管理法》与《海域使用管理法》虽然法律名称上有明确的"管理"二字，但在立法中，国家所有权的权属、利用、保护的规范占据重要地位，应当将"管理"二字删去。第二，目前我国自然资源单行法中大多将所有权及所有权行使主体的规定置于总则（或一般规定）之中。[①] 法律条文一方面强调自然资源的国有，另一方面规定自然资源国家所有权的代表行使机关为国务院，显得过于简约，不利于生态文明建设的开展和自然资源资产产权保护的落实。因此，除了明确了所有权权属划分之外，应在自然资源单行法中设专章规定所有权制度，例如《草原法》第二章，对所有权代表行使主体及主体行使权利的范围等问题进行规定，对于存在国家所有、集体所有和私人所有情形的自然资源，需要明确相互之间的界限。第三，森林资源、野生动植物资源中，虽然存在集体所有或私人所有的权属关系，但是仍需在立法中明确国家自然资源制度，明确规定国务院为代表行使国家所有权的主体，以达到国家自然资源立法的统一。第四，尤其重要的是，自然资源法律法规必须与现《民法典》第246条相统一，自然资源单行法应当对但书条款所述的主体予以确定，以呼应《民法典》。

以立法的形式，明确区分所有权与行政监管权，构造所有权代表行使主体与管理权行使主体，不仅是制定委托代理制度必须明确的前提，也是委托代理制度可以为立法提供的贡献。

---

① 2002年之后的草原法在总则后设置专章"草原权属"明晰草原资源的所有权关系，在这一章的开头就明确了国务院代表国家行使所有权。《土地管理法》自始第二章都规定位"土地所有权和使用权"，章节开头明确了国有与集体所有，自1998年修订后规定国务院代表行使所有权，却没有规定于第二章，而设定在总则中。

三、具体指向二：以委托代理构造科学高效的国家所有权行使体制

如前所指出，目前以法律授权形式形成的自然资源国家所有权行使体系，存在着不科学且效率低等问题。首先，国务院代表国家行使所有权的规则体系，并不科学统一。其次，国务院授权委托其他主体（包括地方政府）行使权利的形式，尚存诸多疑问，这包括地方政府实质行使国家所有权而欠缺合法形式，且地方各级政府与国务院行使国家所有权权限划分，具有一定的模糊性且缺乏立法及理论支撑。

代表行使自然资源国家所有权制度，实质上是法律授权国务院代表行使所有权，之后国务院对各部委的再授权。[①] 国家所有权本质上属于民事法律问题，在民事事务的授权中，国务院和各部委之间是授权委托关系。各部委获得自然资源所有权的代表行使权，该代表行使权必须有法律规定或者经法律行为授予。目前法律法规缺乏代表行使国家所有权的具体规范，简约式立法使得规范性文件最后发挥效力。根据我国《宪法》第89条第3项，国务院规定各部委的任务和职责，领导各部委的工作。根据《国务院组织法》的规定，各部委依据法律和国务院的决定可以在本部门的权限内发布命令、指示和规章，其工作中的方针、政策、计划和重大行政措施需要请示报告，由国务院决定。因此，对各部委的授权，源自全国人民代表大会及其常委会制定的法律，或者国务院的决定。目前来看，自然资源部的《自然资源部职能配置、内设机构和人员编制规定》（"三定方案"）已经一定程度上实现了"统一行使自然资源国家所有权"的

[①] 《矿产资源法》第20条规定"非经国务院授权的有关主管部门同意"不得开采矿产资源的地区。而在第16条中规定的是由国务院地质矿产主管部门审批颁证的矿产资源类型，可以看到对于矿产资源来说，国务院与国务院各部委之间是授权与被授权的关系。

规范明确,① 只是实践中还有诸多的问题。在以后的规范性文件修订中,应解决其中存在模糊性的立法表达的问题。即便是其他部委行使自然资源国家所有权,也应通过自然资源部委托代理机制予以实现。

地方人民政府代表国家行使国家所有权,是自然资源国家所有权委托代理制度构建的核心。这种委托代理应当以法定授权或委托代理清单形式实现,在立法上也应增加授权代理主体和形式的规定,使得授权于法有据。实际上,即便不从行政角度,以司法角度而言,这种科学高效的分级行使体系也存在相当的必要性。司法过程中,国务院不作为诉讼当事人起诉或应诉,所以国务院自然资源主管部门经国务院授权,可独立行使自然资源国家所有权,承担所有权行使责任和义务。但是,自然资源主管部门也无暇应对所有自然资源问题并承担责任。因此,需要分门别类构造国务院自然资源主管部门与地方人民政府之间授权代表的法律关系。当然,这种分级行使体系之下,国务院自然资源主管部门与地方人民政府均可独立承担国家所有权行使过程中的各类责任。②

故而,自然资源国家所有权委托代理制度的核心功能之一,系以构造周延的委托代理的制度依据、权利行使和内容设计,构筑科学而高效的自然资源国家所有权行使体系。

四、国家自然资源所有权委托代理制度功能实现的方法逻辑

在中央的政策文件中,全民所有自然资源资产所有权委托代理

---

① 《自然资源部职能配置、内设机构和人员编制规定》,载《中国自然资源报》2018 年 9 月 12 日。

② 此时存在一个疑问,即在司法诉讼中,比如不动产登记错误引起的行政诉讼中,诸多案件应诉被告为不动产登记部门,而此时法院也认定不动产登记部门为适格的被告,当被告确为登记错误应承担赔偿责任之时,是否不动产登记部门也应为自然资源国家所有权授权行使的被授权人,答案应该是否定的。此时地方财政以其财产承担国家赔偿责任或民事责任,虽然应诉主体为不动产登记部门,但是责任承担终局为地方人民政府的地方财政。

的制度构造已然明晰。在自然资源全民所有的基本前提之下，须厘清国家、国务院、自然资源部以及地方政府之间的关系。主体的多样性意味着法律关系的多重复杂性，对该制度的阐释不仅要符合既定的政策目标，有益于国家的治理实践，而且要在制度原理层面做到逻辑自洽，于法有据。

基于法学的基本原理，代理制度是欧洲中世纪和近代市场经济高度发达的产物。① 1804 年的《法国民法典》开始确认代理制度，后为 1896 年的《德国民法典》等许多国家民法典所沿用。② 我国民法自始都沿用这一制度，随着民法理论的发展和立法经验的积累，我国法律已形成了较为完善的委托和代理制度。委托与代理是两个既相互区别又具有密切联系的法律概念，二者往往相伴而生，委托仅仅是发生在委托人和受托人之间的内部合同关系，而代理涉及代理人与第三人和本人的关系。③ 我国的自然资源资产产权制度改革引入委托代理机制，其背后的逻辑即在于将类似民法中的委托代理制度，运用于自然资源资产的高效治理中，从而贯彻自然资源资产的物尽其用和有效监管。

自然资源国家所有权委托代理，还蕴含着另一基本方法逻辑——以资源清单的方式实现分级的委托代理。2015 年 9 月份印发的《生态文明体制改革总体方案》提出"探索建立分级行使所有权的体制"，即对全民所有的自然资源资产，按照不同资源种类和在生态、经济、国防等方面的重要程度，实行中央和地方政府分级代理行使所有权职责的体制，实现效率和公平相统一。④ 2019 年 4 月，中共中央办公厅、国务院办公厅印发了《关于统筹推进自然资源资产产

① 陈华彬：《民法总则》，中国政法大学出版社 2017 年版，第 572 页。

② 张友渔主编：《中国大百科全书·法学》，中国大百科全书出版社 1984 年版，第 54 页。

③ 关于委托和代理的具体区别，见王利明：《民法总则研究》（第 2 版），中国人民大学出版社 2012 年版，第 620-622 页。

④ 《中共中央、国务院印发〈生态文明体制改革总体方案〉》，载《经济日报》2015 年 9 月 22 日，第 2 版。

权制度改革的指导意见》，该意见中特别指明了其方法论，"探索建立委托省级和市（地）级政府代理行使自然资源资产所有权的资源清单和监督管理制度"。换言之，在实现功能的基本方法逻辑上，系以资源清单为载体的"分级代理"与"委托代理"联合。

第二节　国家自然资源所有权委托代理的性质与类型

一、国家自然资源所有权委托代理定性的争议

自然资源国家所有权委托代理系一种法律行为，然而由于其行为的特殊性，关于其法律性质的问题争议较大。大致而言，学界存在三种不同的观点。其一，将自然资源国家所有权委托代理定性为行政法中的行政委托代理；其二，将自然资源国家所有权委托代理定性为民事委托代理；其三，将自然资源国家所有权委托代理定性为复合委托代理或者说特殊委托代理。[①]

已有学者进行过一定程度的观点总结，但未直击本质。[②] 通过比较，具体而言，三种不同的观点中，行政委托较为普遍，即地方政府要享有国家自然资源资产所有权的行使权，自然资源部以行政管理事项为由委托地方政府代为行使，本质上就是一种行政权的委托。[③] 第二种观点，即反对将这种委托定性为行政委托，转而提出民

---

① 汪志刚：《自然资源资产国家所有权委托代理的法律性质》，载《法学研究》2023 年第 2 期，第 136-153 页。

② 李冬：《自然资源资产国家所有权委托代理行使的法律表达》，载《中国不动产法研究》2021 年第 2 期，第 176-193 页。

③ 陈静、郭志京：《自然资源资产国家所有权委托代理机制分析》，载《中国土地》2020 年第 9 期，第 30-32 页。

事委托的观点，该观点认为被委托人（地方人民政府）应当以委托人的名义，对国家自然资源行使权利，因而实质是民事权利的委托。① 第三种观点认为此种委托既不属于行政委托，也不是民事委托，而是一种新型委托，单独适用民事委托代理或者行政委托，都无法适应自然资源资产国家所有权委托行使模式的实践性与理论上的特点，因而属于复合型。② 各自的观点之下，有着不同的原因。以下再来就具体观点阐述。

在《自然资源资产国家所有权委托代理行使的法律表达》一文中，作者认为"委托代理的性质更适宜界定为民事委托代理"，因为这种委托代理建立在自然资源资产私权定位和两权分离的前提之下，因此在私权框架之下，民事委托代理更为合理。③ 汪志刚在其《自然资源资产国家所有权委托代理的法律性质》一文中，也表明了民事委托代理说的观点，认为自然资源国家所有权"委托代理试点顶层设计的核心逻辑是民法逻辑"，这种定性也包含了一种判断在内，即认为委托代理中自然资源资产国家所有权的概念与权利，为民法概念和民事权利定性，因而委托代理也应属于该范畴之内。④

当然，也有学者提出了另一种观点。辛越阳在《自然资源资产国家所有权委托代理的法律属性辨析》中提出：全民所有自然资源资产所有权行使很难被定义为行政职责，但行政机关之间又不可能

---

① 程雪阳：《国家自然资源资产委托代理机制的法权构造》，载《土地科学动态》2021年第2期，第17页。

② 郭志京：《自然资源国家所有权委托行使的前提与法律构建》，载《土地科学动态》2021年第2期，第20-22页。

③ 作者认为，"在自然资源资产国家所有权初始配置上，分级代理行使与委托代理行使是两种不同的模式"，且"在委托模式下，自然资源部和省级政府为委托关系的主体"。我们认为，虽然该文中指出了一些问题，但这两种观点还有待商榷。见李冬：《自然资源资产国家所有权委托代理行使的法律表达》，载《中国不动产法研究》2021年第2期，第176-193页。

④ 该学者还认为，在自然资源国家所有权的委托代理中，"主体构造机理为在行政机关组织结构逻辑上叠加民法法人的组织结构逻辑，进而实现所有权委托代理行使主体的具体化"，且客体范围中监管权不适用委托代理。这些观点对于委托代理制度的构建具有启发意义。见汪志刚：《自然资源资产国家所有权委托代理的法律性质》，载《法学研究》2023年第2期，第136-153页。

设立民事合同关系，因此折中而看，只能在现阶段暂时认定为上下级人民政府的行政协议。[①] 我们认为，将其视为上下级政府之间的特殊行政的协议确属一种新视角，只是这种协议不能定性为行政协议。行政协议在我国属于行政诉讼法所确定的法律概念，并不是指上下级人民政府间的协议。[②] 当然，实质而言，这种观点还是偏向于认为，目前的自然资源国家所有权委托代理属于行政委托。

还有学者提出了一种跳出传统的民事与行政委托代理制度的观点，即新型委托代理。张一帆、宦吉娥在《自然资源资产国家所有权委托代理制度建构——基于全民利益视角的契约化构想》中提出，自然资源国家所有权委托代理是一种不同于等级关系的"协商共治的新型委托代理关系"。[③] 这种关系确实反映了一定的委托代理特征——"协商共治"，也就是说，在自然资源国家所有权委托代理中包含了协议之成分，系协商合意之结果，而非强制性的关系。本质上，如该文章所阐述，该观点是借助于"契约治理理论"的委托代理关系定性，不失为一种新型视角。

借助其他理论构造自然资源国家所有权委托代理制度，还有《全民所有自然资源所有权委托代理的法律分析——以信托为视角》一文。该文章借助信托理论，研究自然资源国家所有权委托代理的性质，认为委托代理机制中本就包含着要区分自然资源所有权与监管权之意，因此这种界定只能是以私法逻辑构建的委托代理，而不能是以行政权为逻辑构建的行政委托。[④]

当然，实际上学术界中还包含着其他的有一定相似性的观点，此

① 辛越阳：《自然资源资产国家所有权委托代理的法律属性辨析》，载《自然资源学报》2023 年第 7 期，第 1698-1707 页。

② 《最高人民法院关于审理行政协议案件若干问题的规定》（法释〔2019〕17 号），2019 年 11 月 12 日最高人民法院审判委员会第 1781 次会议通过。

③ 张一帆、宦吉娥：《自然资源资产国家所有权委托代理制度建构——基于全民利益视角的契约化构想》，载《中国国土资源经济》2022 年第 5 期，第 4-16 页。

④ 李兴宇、吴昭军、张倩：《全民所有自然资源所有权委托代理的法律分析——以信托为视角》，载《中国土地科学》2023 年第 8 期，第 22-30 页。

处不再一一赘述。但必须说明的是，自然资源资产国家所有权代理关系的性质争议，争议的根源之一，是对自然资源资产国家所有权的性质以及自然资源管理权与所有权构建问题存在不同认识。一方面，如果认为自然资源资产国家所有权为纯粹的公权，国家作为所有者，其行使的所有权权能均体现为行政管理权。因此这种委托代理关系就应当认定为行政委托。另一方面，自然资源资产并非一般的"物"，如果认为自然资源资产国家所有权为公权与私权相混合的权利，其公权属性体现在国家对自然资源资产的终极所有权和支配权上，其私权属性体现在国家可以依法享有自然资源资产的所有权收益，则委托代理关系就可能被认定为新型委托。因此如果不承认自然资源国家所有权具有民事权利属性的共识，则难以民法上的所有权理论厘定委托的性质。

二、国家自然资源所有权委托代理性质之澄清

阐明自然资源国家所有权委托代理性质，不得不首先说明法理上委托代理与代表之间的关系，这也是说明其与行政委托差别的核心。

从法律规则内在逻辑而言，地方政府行使国家所有权就其与国家的关系来说，属于代表与被代表的关系，但是若用于"自然资源国家所有权委托代理"语境，还应有所区分。应该说，代表与被代表关系此点在民法学上本属常识性问题，但民法学界之外的学者则大多将其述说成代理与被代理的关系。[1] 因此，在此有必要予以辨明。[2] 我们知道，在大陆法系代理关系中，代理人与被代理人是两个

---

① 如《生态文明体制改革总体方案》关于"研究实行中央和地方政府分级代理行使所有权职责的体制"的提法即是著例。到底是什么原因使然，我们认为，可能是主导该政策的制定者受经济学（经济学上常常是代理与代表不分的）影响较深而法学界有没有适时发声。

② 必要性有二：一则有利于建立政府代行国家所有权乃至生态文明法治框架的理论体系，二则有利于理顺代理与代表关系的本来面目。

彼此独立的民事主体，代理人虽然以被代理人的名义且所产生的法律效果直接由被代理人承担，但代理人有权在代理权限范围内独立为意思表示。在意定代理中被代理人往往会对代理人的行为有具体明确的指示，对于此类指示，代理人一般不会拒绝遵行。所以，代理制度属于纯粹的私法制度。而代表制度却不同，既存在于私法中也存在于公法中，前者如法人代表制度，[①] 后者如人民代表制度。一般而言，代表人是被代表者的一分子，代表的身份具有法定性，不存在意定代表的问题，并且，被代表者仅对代表人给予概括授权而对具体事务并不明确指示。

此外，代表行为的范围要远远大于代理行为，代理行为仅限于民事法律行为，而代表行为即使在私法中也包括民事法律行为、准民事法律行为、事实行为。代表与代理二者是相区分的，这种认识在德国法中得到了认可。但代表与代理在英美法中和经济学中是没有区别的。《美国代理法重述》第 1 条第 1 款对代理所下的定义是："代理是这样产生的一种信任关系；这种关系产生的理论基础在于，一方表示同意由另一方代表自己实施法律行为，并受自己控制；另一方也表示同意实施法律行为，其中前者称为被代理人，后者称为代理人。"[②] 英美法系的代理制度理论基础与大陆法系不同，认为"通过他人去做的行为视同自己亲自做的一样"，[③] 代理人的行为也就是被代理人的行为，代理人和被代理人实现了主体统一，代理人在为代理行为之时代表本人，但是这里的代表不是以被代理人名义，而是代理人的行为被视为被代理人的行为。代理关系中代理人与被代理人的

---

① 法人拟制说将法人机关比作自然人的法定代理人，其行为效果归属于法人。而法人实在说将法人机关比作自然人身体的一部分，身体的一部分所为的行为实际上就是整个身体的行为，相类比就是法人的行为，是为代表。

② Melvin Aron Eisenberg, Corporations and other Business Organization Statutes, Rules, Materials, and Forms, Foundation, 2000, P. 6.

③ ［英］施米托夫：《国际贸易法文选》，赵秀文译，中国大百科全书出版社 1993 年版，第 381 页。

利益统一，相对于大陆法系具有人身性的特点，其主体之间的关系更像信托关系。[1] 可见在英美法系中，是没有区分代理与代表的概念的。显然，在我国现实的法律文化语境中，具有区分代理和代表的文化土壤。当然，在自然资源国家所有权的代表与代理的问题上，也不必过于细究，委托代理与代表在此中的核心，本质上就是要分清国务院作为国家所有权的唯一行使代表，而自然资源部系国务院的授权代表，其他地方政府系"委托代理架构"下的代理主体。

就国家所有权法律关系而言，其权利的利益内容归属于国家，从终极意义上应归属于全体国民（人民），故而，不仅地方政府是经授权（法定授权或委托代理形式授权）代表国家行使国家所有权，而且中央政府也是经授权代表国家行使国家所有权。作为行政机关的政府而言，其相对于国家，只能是代表而不是代理。实际上，我国现行法上有迹可循。如果说我国1996年修订的《矿产资源法》第2条没有明确说明资源所有权是"代理"还是"代表"，[2] 但1998年修订的《土地管理法》第2条第2款、2002年修改的《水法》第3条、2007的《物权法》第45条第2款、2008年的《企业国有资产法》第3条等就明文规定国家的所有权由"国务院代表国家行使"。[3] 后续的《民法典》及新修订的《土地管理法》等法律，都延续了这种规定。

换言之，自然资源国家所有权委托代理虽然以代理为名，但实际形成的国家所有权行使中代理人和国家的关系，为代表和被代表，而不是简单的代理和被代理，只不过在委托代理关系之中，委托人和代理人之间才能够称为委托代理。也因这种特性，决定了自然资源国家

---

① 高富平：《代理概念及其立法的比较研究》，载《比较法研究》1997年第2期，第53-60页。

② 1996年修正的《矿产资源法》第2条规定："矿产资源属于国家所有，由国务院行使国家对矿产资源的所有权。"2009年再次修改矿产资源法时保持了该条规定不变。

③ 屈茂辉、刘敏：《国家所有权行使的理论逻辑》，载《北方法学》2011年第1期，第21-27页。

所有权委托代理具有相当的特殊性。

在厘定了国家所有权委托代理与代表之间的关系后，为厘清自然资源国家所有权委托代理的性质，不得不再以自然资源国家所有权委托代理行为的本质为起点，阐释该委托代理的法理逻辑。

首先，自然资源国家所有权委托代理，本质上是将自然资源国家所有权的权利行使内容委托代理人行使，代理人履行所有者职责，同时也因代理行为而获得一定的收益。其实从土地资源、矿产资源等常见自然资源国家所有权的行使中都不难看出，委托代理是一个互相设定权利与义务的行为。

其次，诚如有些学者所言，自然资源国家所有权委托代理制度设定的基本逻辑，是将所有权与监管权分离,[①] 以制度设计来分离权利与权力，因此架构在自然资源国家所有权委托代理之中，解释为行政委托，确有逻辑不能自洽的问题。而且，如果认定为行政委托还存在一个实践问题，即是否可以转委托的问题。行政法中有明确设定，行政委托的受托机关不能将委托内容转委托其他主体,[②] 但在自然资源国家所有权委托代理的实践中，却可能存在省级政府向下再委托的问题，这会造成理论上的冲突。

再次，即便是委托代理中体现了一定的"协商共治"特征，但从委托代理试点来看，这种委托代理"协商共治"的内容极少，因为这是以委托人下发的委托代理清单为基准的。因此，委托代理清单中，包含了前期调研等形成的共识，其结果中确有体现非强制性的特

---

① 李兴宇、吴昭军、张倩：《全民所有自然资源所有权委托代理的法律分析——以信托为视角》，载《中国土地科学》2023 年第 8 期，第 22-30 页。

② 《行政许可法》第 24 条规定，"行政机关在其法定职权范围内，依照法律、法规、规章的规定，可以委托其他行政机关实施行政许可。委托机关应当将受委托行政机关和受委托实施行政许可的内容予以公告。委托行政机关对受委托行政机关实施行政许可的行为应当负责监督，并对该行为的后果承担法律责任。受委托行政机关在委托范围内，以委托行政机关名义实施行政许可；不得再委托其他组织或者个人实施行政许可。"《行政处罚法》第 18 条："行政机关依照法律、法规或者规章的规定，可以在其法定权限内委托符合本法第十九条规定条件的组织实施行政处罚。行政机关不得委托其他组织或者个人实施行政处罚。受委托组织在委托范围内，以委托行政机关名义实施行政处罚；不得再委托其他任何组织或者个人实施行政处罚。"

点，但借助于"契约治理理论"来对委托代理关系定性，仍有失妥当。

我们认为，自然资源国家所有权委托代理的性质更宜被解释为一种特殊民事委托代理。虽然这种观点与其他观点有所类似，但关键在于"特殊"的解释有所不同。自然资源国家所有权委托代理的特殊性体现在四个方面：

其一，从委托代理的内容上看，自然资源国家所有权委托代理属于民事委托代理，其委托代理的内容属于所有权行权的内容。在法律关系上，不仅委托代理的内容本身对于委托人和代理人有约束力，委托代理内容相对于第三人，也具有约束力。换言之，代理人与第三人签订的合同，有关委托代理中权利行使的内容，可以约束委托人。

其二，从委托代理的主体上看，自然资源国家所有权委托代理属于委托主体与代理主体均特殊的委托代理关系，因为两者既属于行政机关，同时又属于机关法人，两者并不是单纯的民事主体或行政主体。

其三，从委托代理的形式上看，自然资源国家所有权委托代理使用的载体为委托代理清单，而不是一般的委托代理中采用的委托代理协议，虽然在委托代理清单中体现了一定的协商性，但更多是委托主体的宏观设计，而并不能完全体现下级地方政府的自主意思。

其四，从委托代理的效果上看，自然资源国家所有权委托代理产生的效果分两个层面，一是在国家和代理人之间，形成代表与被代表的关系，二是在委托人和代理人之间，形成委托人与代理人的关系。

诚然，过多的纠缠于自然资源国家所有权委托代理性质问题，其实并无意义，核心的问题在于探究其本质和委托代理的特征，捋清其中的民事行为逻辑与行政行为逻辑的交叉，以便进行委托代理制度的具体制度设计。

三、国家自然资源所有权委托代理的基本分类

根据自然资源国家所有权委托代理主体间的关系，可将自然资源国家所有权委托代理区分为两种类型，即横向委托与纵向委托。横向委托即委托同级主体，代理行使自然资源国家所有权；纵向委托即向下委托，指上级行政主体向下级地方政府委托，由其代理行使自然资源国家所有权。

除了依据主体间关系对国家自然资源所有权委托代理进行分类外，还可以将自然资源国家所有权委托代理区分为宏观视域下的委托代理和微观视域下的委托代理。在宏观视域下，自然资源国家所有权委托代理不仅包含通过委托内容代理清单形式而实现授权的委托代理，也包含通过法律授权而形成的委托代理。如前所述，在自然资源单行法中，大量存在将国务院代表的自然资源国家所有权权利行使内容，交由县级以上人民政府或市地级人民政府来完成的情形，这些内容本质上就是一种通过立法授权而形成的委托代理。在微观视域下，自然资源国家所有权委托代理则仅包含通过委托代理清单形式而实现授权的委托代理，而不包括立法授权而形成的委托代理。《全民所有自然资源资产所有权委托代理机制试点方案》将立法授权和委托代理分为两种不同的类型，因此其委托代理为微观视域下的自然资源国家所有权委托代理。[①]

在这里还不得不谈到另一个问题，即转委托。转委托本质上也可以作为委托代理的一种类型，实质上将授权委托的内容，转委托于其他主体，由其代理行使自然资源国家所有权。能否将委托代理内容转

[①]　中办、国办印发的《全民所有自然资源资产所有权委托代理机制试点方案》中的说明为："授权自然资源部统一履行全民所有自然资源资产所有者职责，部分职责由自然资源部直接履行，部分职责由自然资源部委托省级、市地级政府代理履行，法律另有规定的依照其规定"。

委托其他主体代理行使，还应取得委托主体的许可，否则委托代理制度的构造则一定程度上会面临规范缺乏合理性。

第三节　国家自然资源所有权委托代理的主体设计

自然资源国家所有权委托代理的主体制度体系，涉及何种主体可以成为委托代理中的委托主体与代理主体。但是，在不同委托代理关系中，委托主体与代理主体有所不同。从目前的研究和实践来看，委托代理关系涉及多个核心问题，其一，委托代理主体是自然资源部还是国务院要厘清。其二，在横向委托代理中，可否将所有者权利委托国务院其他行政主管部门。其三，在纵向委托代理中，哪些主体可以成为代理主体，到底是地方政府，还是地方政府自然资源主管部门。其四，代理主体的层级问题——代理主体为省级、市地级，还是包括县级，甚至乡镇级。以下分别就这四个问题展开讨论。

一、国家自然资源所有权委托代理中的委托主体

在分析国家自然资源所有权委托代理中的委托主体之前，需要理清授权和委托之间的关系。法律法规直接赋予有关组织拥有和行使某一项或某一些权力，实质上是法律法规的直接授权，又叫行政权设定。而行政主体将法律法规所设定的其已享有的行政权力依法再授权或委托给有关的组织，实质上是行政权力的转让，也称为间接授权。行政授权和行政委托最重要的区别在于：一是行政权力运行不同，行政委托不导致行政权力的移转。二是行为性质不同，行政委托属于合同行为。三是行为名义和效果归属不同，行政委托的被委托人在实施具体行政行为之时不能以自己的名义而只能以委托机关的名

义进行，效果也自然归属于委托机关。[①] 根本上来说，授权需要以法律法规为依据，委托则需要有当事人之间的合意，且行政委托类似于民事委托代理制度中的委托人和代理人之间的民事权利义务关系。自然资源国家所有权委托代理关系中，国务院代表国家行使自然资源国家所有权，似乎这个逻辑起点应该是自国务院开始，但是事实上试点之中自然资源部是委托代理的委托主体。委托主体到底是国务院还是其自然资源行政主管部门（自然资源部），这个问题应予清晰地说明。

实际上，中共中央办公厅、国务院办公厅印发的《自然资源部职能配置、内设机构和人员编制规定》已明确说明，自然资源部的设置"要落实中央关于统一行使全民所有自然资源资产所有者职责"，且"统一行使所有国土空间用途管制和生态保护修复职责的要求"。[②] 因此，在自然资源资产所有者职责上，自然资源部与国务院之关系为授权关系，也就是自然资源部被授权代表国务院行使所有者职责。换言之，自然资源部取得了国务院的相应授权。自然资源国家所有权委托代理关系中，委托主体系自然资源部，但自然资源部的委托系国务院之授权范围内之委托，即自然资源部（在授权范围内代表国务院）作为委托主体，而其他主体作为代理主体。

目前我国各部委中，除自然资源部外，其实水利部、农业农村部、国有资产监督管理委员会均部分行使着所有者职能。应当明确的是，水利部和农业农村部更宜定位为自然资源的管理者，而将所有权的行使统一归至自然资源部。国有资产监督管理委员会的机构名称定位于管理，目前主要负责对国有企业的管理。国家自然资源属于国有资产的一部分，将部分事务的管理归于国有资产监督管理委员会

---

① 胡建淼：《有关中国行政法理上的行政授权问题》，载《中国法学》1994年第2期，第75-78页。

② 《自然资源部职能配置、内设机构和人员编制规定》，载《中国自然资源报》2018年9月12日。

本无可厚非，但因自然资源事务涉及可持续发展与生态文明建设等全局性、宏观性的问题，其统一管理、统一行使实为必要，所以涉及国家自然资源事务更宜统一到自然资源部。这也是中央已定的改革方向。目前诸多法律法规均以"国务院自然资源主管部门"表述，但是其并非等同于"国务院自然资源所有权行使部门"。自然资源部门较多，从生态系统整体性、集约开发利用、权利统一行使的要求来看，代理国务院行使或代表国家行使所有权的国务院自然资源主管部门不宜分散。自然资源部统一行使自然资源所有权的改革，尚未完全体现到实践中，但应逐步实现。

特别需要注意的是，自然资源部中具体行使所有者权能的自然资源确权登记局、自然资源所有者权益司、自然资源开发利用司，只是自然资源部的内设机构，不符合机关要享有机关法人资格必须要有独立经费预算这一必要条件。故上述司级机关既没有行政主体资格，也没有民事主体资格，不能成为自然资源国家所有权的行使主体。[①] 当然，实现国务院自然资源主管部门（自然资源部）代理国务院行使或代表国家行使所有权，需要首先解决自然资源主管部门作为民事主体适格性的问题，而这已经在《民法典》机关法人制度中得以实现。

就实际情况看，现今的自然资源国家所有权行使较 2018 年机构改革之前更为集中，所有权权能的行使集中于自然资源确权登记局、自然资源所有者权益司、自然资源开发利用司，管理权则分散于各个机构。但是，自然资源部的职能并没有按照严格的所有权、管理权来区分。同一个部委下既有所有权行使机构，也有管理权机构。机制运行过程中更需要做到以下三点。首先，面对所有权行使部门与管理权行使部门数量相差较大的现象，需要国务院在处理涉及管理与所有双重内容的自然资源国家所有权事务时，明确并平衡所有权与管理

---

① 关于自然资源部内设机构的预算，见《自然资源部 2018 年度部门预算》，http://gi.
mlr.gov.cn/201804/t20180413_ 1767685.html，2019 年 2 月 21 日访问。

权，尽量避免名为所有实为管理的现象出现。其次，面对虽然存在自然资源开发利用司，但是并非所有的使用权能行使都由该司落实的状况，需要理顺权能行使状况，对各司局的职能进一步的优化与整合。再次，现行所有权行使方式更多放权于市场，比如从批准到配额的转变，更符合国家所有权的本质要求。明晰自然资源部以上的内部问题，方能捋清其中的法理问题，避免在委托代理中以内设机构进行委托的"不合法路径"，又或者"名实分离"的委托代理，以此方可明确自然资源部系自然资源国家所有权委托代理关系中的唯一委托主体。

二、国家自然资源所有权委托代理中的横向代理主体

虽然《自然资源部职能配置、内设机构和人员编制规定》明确自然资源部"统一行使全民所有自然资源资产所有者职责"，但事实上，仍有其他部委而非自然资源部作为国家自然资源所有权之行使主体，典型如跨省流域的水资源所有权行使者，并非自然资源部。

实质上，《关于统筹推进自然资源资产产权制度改革的指导意见》也直接设定了国家公园中的横向委托关系，即国家公园所有权上"由国务院自然资源主管部门行使或委托相关部门、省级政府代理行使"。① 换言之，国家自然资源所有权委托代理中的横向代理主体一般情况下是自然资源部各代行国家所有权事务的部门，特殊情况下如森林资源、草原资源、国家公园事项由国家林业和草原局为代理主体，② 黄河事项由水利部黄河水利委员会为代理主体。

---

① 在中共中央办公厅、国务院办公厅印发的《关于统筹推进自然资源资产产权制度改革的指导意见》规定："国家公园范围内的全民所有自然资源资产所有权由国务院自然资源主管部门行使或委托相关部门、省级政府代理行使。条件成熟时，逐步过渡到国家公园内全民所有自然资源资产所有权由国务院自然资源主管部门直接行使。"

② 国家林业和草原局是自然资源部管理的国家局，加挂国家公园管理局牌子，与自然资源部自然资源确权登记局等内设机构性质不同。

应该说，在规范设计中，自然资源部是统一行使国家自然资源资产所有者，即便是暂时还未捋顺管理关系的特定自然资源，其上的国家所有权行权主体体系规范，也应该是学理上的横向委托代理关系。即依据国务院授权，自然资源部委托水利部等部委，代理行使相应资源的国家所有权。

在实践中，即便是通过横向代理的方式确定某项特定自然资源的所有权行使职责，横向代理也并非要将所有该资源的所有权交由代理人代理，可能现实中只是该项资源不适合由地方政府来代理。在这个问题上，应当具体问题具体分析，不同的自然资源门类应有不同的规范设计。

三、国家自然资源所有权委托代理中的纵向代理主体

哪些主体可以成为代理主体，到底是地方政府，还是地方政府自然资源主管部门，实际上已经在国家政策文件中有明确阐释。《关于统筹推进自然资源资产产权制度改革的指导意见》明确了委托代理中代理主体为"省级和市（地）级政府"。① 只是，针对国家公园而言，该文件有特别规定，即规定为"由国务院自然资源主管部门行使或委托相关部门、省级政府代理行使"，条件成熟后，方"由国务院自然资源主管部门直接行使"。②《全民所有自然资源资产所有权委托代理机制试点方案》也基本遵循了以上方案，即"部分职责由自

---

① 中共中央办公厅、国务院办公厅印发的《关于统筹推进自然资源资产产权制度改革的指导意见》明确说明："探索建立委托省级和市（地）级政府代理行使自然资源资产所有权的资源清单和监督管理制度，法律授权省级、市（地）级或县级政府代理行使所有权的特定自然资源除外。"

② 中共中央办公厅、国务院办公厅印发的《关于统筹推进自然资源资产产权制度改革的指导意见》规定："国家公园范围内的全民所有自然资源资产所有权由国务院自然资源主管部门行使或委托相关部门、省级政府代理行使。条件成熟时，逐步过渡到国家公园内全民所有自然资源资产所有权由国务院自然资源主管部门直接行使。"

然资源部委托省级、市地级政府代理履行"。[①]

事实上，地方政府自然资源主管部门更多的是自然资源的行政监管部门，而不应作为自然资源国家所有权行使主体。两者的区分有利于所有权与监管权两者的分离。实践中，虽然自然资源主管部门常常也作为所有权行使者身份出现，但这只是在地方政府授权之下的所有权运转，并不是天然属于自然资源主管部门的权利。

如前所述，无论是《关于统筹推进自然资源资产产权制度改革的指导意见》，还是《全民所有自然资源资产所有权委托代理机制试点方案》，实际上都将委托代理中的代理主体设定为省级、市地级人民政府。中央政策为何如此设计，相关层级设计原理应予解释。

目前我国地方政府具体分为省级（省、自治区、直辖市）、市（包括设区的市和县级市）及州、市辖区、县（含自治县）及旗、乡（含民族乡）及镇，[②] 地区行政公署（简称地区）和自治区的盟是省及自治区政府的派出机构，在地方政府代表国家行使所有权制度体系时，必须研究清楚的是哪级地方政府可以代表行使国家所有权。

首先，可以明确的是，政策指向的省级、市地级政府毋庸置疑，可以成为具体自然资源所有权委托代理关系的主体。但县级政府是否可以成为自然资源所有权委托代理关系的主体呢？其实政策对此方面也只是做了一个原则性规范，即原则上委托代理的主体就是省级、市地级政府。但存在法律规定的例外，即若有法律授权，县级政府也可以成为委托关系的主体。需要明确的一个前提是，法律授权形式的委托代理，本质上也应该属于委托代理的一环，只不过是不同于

---

① 中办、国办印发的《全民所有自然资源资产所有权委托代理机制试点方案》规定所有权行权模式为："国务院代表国家行使全民所有自然资源所有权，授权自然资源部统一履行全民所有自然资源资产所有者职责，部分职责由自然资源部直接履行，部分职责由自然资源部委托省级、市地级政府代理履行，法律另有规定的依照其规定。"

② 《地方各级人民代表大会和地方各级人民政府组织法》中并没有确认"旗"作为一级地方，但《内蒙古自治区各级人民代表大会和各级人民委员会组织条例》（1955）则明确了"旗"的法律地位。

一般委托代理。因此，县级政府可以成为委托代理关系的主体，只不过其只能在法律有明确授权委托时才可以代理行使相关权利。实际上，从课题组调研来看，县级人民政府更加熟悉基层的情况，将一定内容的自然资源国家所有权委托县级人民政府行使也有其必要性。实践中，土地出让、非国家重点矿产资源的砂石矿等矿业权出让也都是由县级政府行使所有权，且这种广泛存在的自然资源国家所有权行使，由县级人民政府行使所有权也有利于其财权建设。

其次，可以肯定的一点是，地区行政公署和自治区的盟作为省级政府的派出机构，不能直接成为独立的一级政府代表国家行使所有权，可以根据省级政府的授权行使一定的职权。但省级政府的这种授权应考虑到授权内容的属性，对于国家所有的自然资源，由于县市的直接占有性，省级政府不宜再予授权。

再次，市辖区政府是否应当成为国家所有权的行使主体呢？在我国现有制度框架下，市辖区是与县同级的一级地方，而且我国现今的绝大多数市辖区都是近些年来由县改称而来，除了极少量的经济社会管理权限比县略小之外，其他几乎与县没有多少差别，党委、人大、政府、政协、法院、检察院等一应俱全。如果单纯从现行法律制度看，市辖区似乎理所应当成为代表国家行使所有权的主体。然而，中国目前这种市辖区和市辖县没有本质的区别，迫切需要改革。尽管如何改革将是一个十分复杂的问题，① 但一个基本的共识是，市辖区不能完全等同于县级地方：第一，县有财政权而市辖区没有财政权，市辖区财政上缴，市级统一审计和支出。第二，我国财税体系中，中央与地方部分税收设立地方留成，主要针对的是省、市、县，也就是说所有权行使的收益权能中，市辖区无法行使。第三，县有制定规划和政策的权力，而区必须在市制定的规划和政策内行使权力。第四，机构设置上，县设公安局且是县人民政府的组成部门，而区设公安分

---

① 目前的主要观点有撤区论、弱区论、强区论、保留论等等。

局，它不是政府组成部门而为市公安局的分支机构。[①] 在"省直管县"改革成为一种目标模式之后，尤其是财政权、规划权均确定在市的制度框架下，市辖区就没有必要也不应当充任国家所有权包括自然资源国家所有权的独立行使主体。[②] 县级政府行使国家所有权，从自然资源的角度来看：第一，需要在国务院、省级、地市级政府划定的所有权行使框架内，具体行使自然资源国家所有权，并第一时间处理辖区内自然资源国家所有权有关的紧急事项。第二，对于需要报请上级政府审批的处分自然资源的事项，履行报批、设权手续。

最后，乡镇人民政府不应也不可能成为委托代理主体。乡镇人民政府是我国最低层级的一级人民政府，从《地方各级人民代表大会和地方各级人民政府组织法》的规定来看，乡镇人民政府的职权与县级以上地方政府职权有着很大的区别。以土地出让权为例，享有土地出让权的是市、县级政府，与土地受让人订立合同的也是市、县级政府，随后办理土地的交付和登记等，建设用地使用权即完成设立程序。此时，市、县级政府就是民法上的处分权的行使者。因此，乡镇人民政府不宜也不能被确定为代表国家行使所有权的主体。尽管在行政级别上，街道等同于乡镇，但街道仅仅是市辖区的办事处，不能独立成为国家所有权的行使主体，应无疑义，此处无须赘言。

诚然，就自然资源国家所有权的行使来说，如果某一自然资源的开发利用不会影响到其他县市对这一资源的开发利用，则该自然资源所处的县市可代表行使国家所有权，如果某一自然资源的开发利用可能会影响到其他县市对这一资源的开发利用的，需要以这一自然资源所处地域的共同上级政府为所有权行使的主体，比如湘江流经永州、衡阳、株洲、湘潭、长沙、岳阳，上游的过度利用和污染会

---

① 田穗生：《市、区国家机关职能分工》，载《政治与法律》1985 年第 3 期，第 33-36 页。

② 其实，在弱化市辖区的思路下，区一级的党委、人民代表大会、人民政府、政协都有必要成为独立的机关法人，人民法院、人民检察院也跨区设置。而后者更契合我国目前正如火如荼开展中的司法体制改革。

导致下游水资源利用问题的出现，所以应当以湖南省人民政府为所有权行使的主体；而从长江来说，干流流经青海、西藏、四川、云南、重庆、湖北、湖南、江西、安徽、江苏、上海 11 个省、自治区、直辖市，对于水资源的所有权则应该直接由国务院行使。①

对于国务院和地方政府之间代表国家行使所有权权限划定的技术路线，一方面可以通过行政法规的形式将国务院和地方政府所代表行使的国家所有权权限予以明确，另一方面可以借助于正在全国试点的自然资源统一确权登记工作，通过建立统一的确权登记系统，划清全民所有、不同层级政府行使自然资源国家所有权的边界。

第四节　国家自然资源所有权委托代理的内容设计

一、国家自然资源所有权委托代理内容构造的基本逻辑

委托代理中涉及国务院和各地方政府的权限设定问题，也就是委托代理内容的合理性问题。既然国务院和地方政府都可以代表国家行使所有权，那么合理划分国务院和地方各级政府之间代表行使国家所有权的权限范围，也就成为必然。举例来看，土地出让金制度源于土地所有权与使用权的分离，所有权人将使用权出让，并从使用权人处获取土地租赁期间的货币收益。国有土地所有权人是国家，土地出让金收入理论上应归国库，但是目前收益大部分由地方支配。虽是所有权制度，其制定与改革却有着明显的财政动因。分税制改革之

---

① 在《渔业法实施细则》第 10 条就体现了自然资源在一行政区域和跨行政区域的情况，跨行政区域的由上级政府行使。还要指出的是，长江水利委员会、黄河水利委员会等作为国务院特设的法定机构而存在。

后，中央与地方之间事权与财权匹配度加强，土地所有权行使与事权有着深层次的联系。从本质上看，代表国家行使所有权也属于政府的事权。委托代理制度只不过在法定授权的基础上，优化了原有的事权配置。行政授权必须由法律法规明确，生效方式毋庸置疑。而行政委托需要当事人之间的合意，那么国家自然资源所有权委托代理的生效方式，则值得进一步探讨。提到合意，可能直接联想签订协议的方式。协议具有个体性，能够适应不同的、具体的情形，行政协议确实是国家自然资源所有权委托代理关系生效可行的方式。同样，发布文件也是国家自然资源所有权委托代理关系生效可行的形式要件方式。应当注意的是，规章因为针对的是普遍性的事项，而委托代理事项一般较为具体，所以应当以具体规范性文件的形式进行委托。

根据《民法典》第 246 条的但书条款，除法律另有规定外均应是国务院行使自然资源国家所有权。权限范围设计的基本构造，只有《民法典》第 246 条这一个条文。在委托代理为基层构造权限范围设计中，首先要说明，全国人民代表大会与国务院在自然资源国家所有权中"权力与权利"的差别，委托代理的内容只能限于自然资源国家所有权的权利行使，而不应包含权力项；其次要探究国务院与地方政府在所有权行使权限范围的科学分离；最后要探究其应然的科学分类问题。最终以法定授权和委托代理制度联合，构造法理通畅、科学高效的国家所有权行使体系。

二、国家自然资源所有权委托代理内容的必然限定

关于全国人民代表大会和国务院之间关于自然资源国家所有权行使方面的权力差别，此处应予说明。而相关决策内容，也是委托代理内容的必然限定。

应该说，国家财产事项重大与否应作为划分国家所有权归全国人民代表大会还是国务院的决策依据，这一实践目前虽未得到立法

的肯认，在理论上却有必要说明。就重大事项不同国家机构的职能区分制度而言，其一，目前虽然宪法没有关于自然资源国家所有权决策与行使主体的规定，但是全国人民代表大会、全国人民代表大会常委会和国务院的职能仍然有兜底性"其他职权"的条款，那么仍然存在自然资源国家所有权决策层面划分的规制空间。其二，针对自然资源国家所有权主体制度，社会普遍的价值观一般只有朴素的国有、集体所有或者先占私人所有的区分，而具体的国有为国家哪一机构决策与行使，则没有一个普遍的价值观定论。其三，从立法目的上来说，全国人民代表大会及其常委会和国务院，与县级以上地方人大及其常委会和县级以上地方政府之间是存在职能和机构对应关系的，人大是决策性职能，政府是执行性职能，只是中央和地方的层面有差别。本质上，这一点差别重在决策，而不是权利行使——在中央层面，存在涉及有关国防安全、国家建设的重大事项由全国人民代表大会及其常委会决策，这主要包括在特定时期，涉及全国范围内政治、经济、社会发展和人民群众普遍关心的与国家财产有关的占有、使用、收益、处分事项，还包括带有全局性、根本性、长远性、全民性的事项。[①] 除此之外，其他国家事务由国务院决策。但无论是谁决策，国务院都是作为具体行政机关，执行相应的决策。

自然，在委托代理制度构造时，国务院只能将部分自然资源国家所有权的权利行使，以委托代理方式授权其他主体行使权利，但这不应包括国务院专属的关于自然资源国家所有权的决策事项，自然更加不能包括属于全国人民代表大会及其常委会的决策事项。

三、国家自然资源所有权委托代理内容的应予保留项

国务院和地方政府之间权限范围应明确划分，委托代理制度则

---

① 唐宇茭：《论构建重大事项决定和执行中地方人大与政府和谐关系的程序规制》，载《人大研究》2010 年第 10 期，第 7-11 页。

是执行这种权限范围的重要载体。学术界研究较为深入的事权理论当可以成为划分政府间国家所有权行使代表权限的借鉴。按照事权理论，涉及全国利益的事务由国务院管辖，涉及地方利益的事务由地方政府管辖，超出地方政府管辖又不涉及全国利益的事务则以国务院为主，国务院与地方政府共同管辖。① 本质上，代表国家行使所有权也属于政府的事权。因此，事权理论可以成为划分政府间国家所有权行使代表权限的借鉴。按照事权理论，涉及全国利益的事务为国务院管辖，涉及地方利益的由地方人民政府管辖，② 超出地方人民政府管辖又不涉及全国的则以国务院为主，与地方人民政府共同管辖。③ 基于此原理，国务院代表国家行使的所有权权限应当为：一是涉及国家整体利益的国家所有权有关事务。二是涉及全国性国有自然资产统一运行的事务。三是涉及国有自然资产再分配的事务。四是涉及跨省区的国家所有权行使事务。五是涉及规模庞大、影响力巨大、技术需求性大的国家所有权行使事务。④ 应当指出的是，在一些情况下，自然资源的开发利用和环境保护是可以由中央和地方共同执行的事务，⑤ 即国务院和地方各级政府之间行使自然资源国家所有权的权限划分有时并不是那么明确。对这类事务的处理，应由国务院授权地方人民政府代表行使，而不应由地方人民政府直接行使。

应予说明的是，重大事项机制应由国务院行使，不能成为委托代理内容，而应成为国务院保留项。国务院一方面是最高国家权力机关的执行机关，另一方面也是国家最高行政机关。全国人大与国务院之间，全国人大首先确定由其表达意志、作出决定的领域，而非先确定

---

① 安秀梅：《中央与地方间的责任划分与支出分配研究》，中国财政经济出版社 2007 年版，第 69 页；何颖：《行政哲学研究》，学习出版社 2011 年版，第 350 页。

② 安秀梅：《中央与地方间的责任划分与支出分配研究》，中国财政经济出版社 2007 年版，第 69 页。

③ 何颖：《行政哲学研究》，学习出版社 2011 年版，第 350 页。

④ 对这类事务仍需要依据重大事项理论在全国人大和国务院层面进行区分。

⑤ ［美］斯通：《中央与地方关系的法治化》，程迈、牟效波译，译林出版社 2009 年版，第 340 页。

国务院的行政领域，国务院在非执行的领域，除了法律保留、重要事项保留、侵害保留等方面，也可以享有一定程度上的自主性。① 换言之，存在某一标准以划分全国人大和国务院事务决策的范围，国务院在非执行事务上存在就某些领域作出决定的空间。

1. 重大事项的机制功能决定国务院适宜代表

第一，重大事项决定权制度的设立反映了人民当家作主和管理国家事务的有机统一，国务院代表国家行使所有权也体现了这种统一性。决定权是人民当家作主和行使管理国家事务民主权利的重要体现，同样也是社会主义民主政治的核心内容，还是国家权力机关的本质特征。② 重大事项决定权是决定权的一种，在发展社会主义民主政治的道路上，重大事项机制是健全人大和政府组织制度、工作制度的体现，有利于保证依法民主决策、民主管理和民主监督。国务院代表国家行使所有权，实质上是代表经人民授权的全国人大行使国家所有权，反映的也是人民当家作主的全国人民代表大会制度与国务院管理职能之间的交错。

第二，重大事项机制设置的目的是优化权力配置，国务院代表国家行使所有权符合制度设置初衷。本身全国人大及其常委会的决定权（或者说决策权），就足以包括决定国家所有权事务。重大事务决定权设置在决定权之上，其行使主体仍然是全国人大，更多的是将事务的决定权人为地一分为二，非重大事务由另一主体行使，重大事务由全国人大行使。重点在权力的"分"，这里的"分"为动词，更确切地说，对于权力是"分配"，对于事务是"分担"。因此，重大事项决定权的"分"权目的，也使得国务院代表行使国家所有权与重大事项决定权制度相贴合。

第三，国务院代表国家行使所有权的制度设计契合重大事项决

① 王贵松：《国务院的宪法地位》，载《中外法学》2021年第1期，第203-222页。
② 王亚平：《地方人大常委会设立之功能检视》，载《人大研究》2009年第10期，第8-13页。

定权的定义。宪法和法律赋予了全国人大及其常委会重大事项决定权，权力的行使方式多以决定和决议的形式出现。目前，全国人大常委会的重大事项决定权，更多地被限制在全国人大闭会期间对于计划预算的审批、与外方缔结条约协定的批准和废除、军人和外交人员的衔级等制度的规定，国家勋章和荣誉的授予、特赦的决定等方面。[①] 就此而言，"重大事项"可理解为国家层面各项重要的事情。本书所讨论的重大事项机制，并非从这一角度出发，而是指国家某方面事务中重要的事情或事件。其内涵，诚如《地方各级人民代表大会和地方各级人民政府组织法》第 8 条第（三）款中的"环境和资源保护重大事项"，指的是涉及环境和资源保护领域的重大事项。根据全国人大及其常委会只就国家重要事项进行决定的机制，之所以需要国务院代表行使，重要的一点，即在某些没有达到一定重要程度的事务上，分担全国人大及其常委会的工作，使全国人大及其常委会能更好地"集中力量办大事"。

2. 国务院行使可提高国家治理体系和治理能力现代化效能

目前，重大事项决定机制被适用于地方层面。国家行使所有权需要通过制度治理使得不同机构之间相协同。适用重大事项机制，将使得国家所有权行使制度更加科学化和规范化。可以从以下几个层面，在中央层面落实重大事项决定机制。

第一，在实践中更好地把握和完善国家所有权行使制度，推进国家治理体系和治理能力现代化。整体而言，三门峡、刘家峡、三峡工程、南水北调、青藏铁路开创了由全国人大审批后国务院执行的先例，为机制适用提供了现实基础。具体而言，我国自然资源国家所有权重大事项由全国人大行使的实践可以归纳为三类：其一，跨多维度。这些维度包括：多片区域、多方利益、多个机构、长时间等。自

---

① 信春鹰：《全国人大常委会的组织制度和议事规则》，载中国人大网 2018 年 6 月 29 日，http://www.npc.gov.cn/npc/c541/201806/60d9dbc8fa214e07b321308b1b591f0e.shtml。

然资源跨多个区域，由共同上级行使权利的制度，在近年来推行的河长制中已有初探。① 比如三峡工程，支持修建三峡大坝的人士则着重于大坝建成后对于拉动 GDP 和创造就业机会的意义。同时，长江沿岸傍水而居的原有居民人数较多，库区群众迁徙安置问题也涉及群众利益。三峡工程耗时较长，历经几届中央政府，只有通过全国人大表决，以决议等形式指导所有权行使，才可以保证制度的连续性和行使中的公信力。其二，对生态可能产生重大影响。1992年全国人大七届五次会议就批准兴建三峡大坝工程进行了表决，这是第一项上升到全国人大议程的重大工程，也是自然资源所有权事务第一次经由全国人大会议表决。之所以权利行使主体为全国人大，最重要的时代背景就是，反对修建三峡大坝的人士担忧其对于自然环境、社会环境以及工程技术科学性的论证不够，可能会带来严重的生态灾害。对生态价值的倚重，成为其不得不在全国人大会议上表决的原因之一。经全国人大表决的青藏铁路也是同理，其穿越了可可西里、三江源等国家级自然保护区，直接影响湿地和藏羚羊等野生动物的生态环境。

第二，将制度优势更好地转化为国家治理效能。发挥国家治理效能，要充分认识到工作中的不足和薄弱环节。既要解决问题，又要创新制度。从问题来看，目前全国人大和国务院之间仍然没有理清国家所有权行使边界的问题。重大事项决定机制在中央层面适用，就是重大事项经由全国人大决策，其余事项由国务院代表行使所有权。② 创新中央重大事项决定机制，重点是划分全国人大和国务院在国家所有权事务中的职能范围，即解决"重大事项"的判断标准问题。一

---

① 省、市、县、乡四级河长体系：各省级行政区域内的主要河流湖泊，由省级负责人担任。市、县、乡分级分段设立河长。

② 屈茂辉、柳婷婷：《国务院代表国家行使自然资源所有权的法体系构造》，载《湖南大学学报（社会科学版）》2020 年第 4 期，第 127-136 页。

般来说，重大事项决定权涉及的事项应当具有特殊性。① 具体而言，以跨多维度为标准划分全国人大和国务院之间国家所有权行使情况，有助于推进国家统筹决策和执行机制，促进国家机构、上下层级、地域区划之间的联动和协调。② 以对生态产生重大影响为标准，从轻重缓急的角度出发，全国人大只就对生态产生重大影响的事件决策，有助于创新国家治理多事务优化排序处理的方法。③ 同样，这是"人民本位"的体现。全国人大立法授予国务院拥有国家所有权的代表行使权，证明人民与国家机构在国家治理体系中是委托关系，也明确了人民为国家治理权力和国家财产权利的终极所有者。所以，判断自然资源所有权行使中的重大事项，需要以自然资源跨多维度为基础，涉及国计民生和群众利益为重要条件，可能对生态产生重大影响为关键所在，综合运用各项标准。

将重大事项机制适用于国务院代表国家行使所有权，运用法治思维和法律制度创新国家治理制度，在解决已有问题的同时，"集中力量办大事"也彰显了治理现代化的中国优势，有助于进一步促使中国特色社会主义各方面的制度优势转化为治理国家的效能。

四、国家自然资源所有权委托代理内容的分类方式

委托代理构造中，还应区别不同自然资源门类进行分类构造。由于我国管理体制的设计具有条块分割的特征，不同自然资源门类的管理体制不同，其所有权行使机制也有差别。因此，以委托代理为制

---

① 刘文忠：《人大重大事项决定权与人大决定权的辨析》，载《北京联合大学学报（人文社会科学版）》2006 年第 3 期，第 10—13 页。

② 但是，跨省级行政区的自然资源较多，甚至河流湖泊、森林草原，都不免涉及多个省市及地区，如果均由全国人大行使自然资源所有权，仍然违背了重大事项区分的规则目的。因此，自然资源跨多个省级行政区域仅为重大事项的前提，不能成为独立的判断标准。

③ 所有权行使行为对生态产生"重大"影响，需要进行现实论证，论证中可参考：一则，可能对多种类型（3 种以上）自然资源产生影响；二则，对单个资源产生影响可参考资源红线标准。比如，当建设项目影响耕地保有量的资源红线时，应当报请全国人大或其常委会决策。

度基础，划分国务院和地方政府之间的权限，应该区分不同的资源门类，依具体情况而构造委托代理制度。事实上，土地、矿产、海洋、森林、草原、湿地、水、国家公园等自然资源资产本就体现出不同的特征，《全民所有自然资源资产所有权委托代理机制试点方案》明确指出，依照各自然资源资产开展所有权委托代理试点。

军事机关这一特殊国家机构占有下的国家自然资源，由于国务院作为行政机关与军事机关都为国家机构的组成部分，不存在上下级之分，所以相对于间接授权，全国人民代表大会通过直接授权占有自然资源的军事机关行使相关权利更为合理。目前，军队资产管理的法律法规体系包含四个层次：一是涉及军队资产管理行为的法律层级立法，包括《民法典》《国防法》《军事设施保护法》等；二是由中央军委颁行的相关基本资产管理条例（军事法规）；三是具体事务的资产管理条例（军事法规）；四是总部颁行的涉军队资产规范性文件。[①] 法律层级的立法是军队资产法规的上位法，因此以全国人民代表大会及常委会直接授权占有自然资源的军事机关，行使国家自然资源所有权似乎更为合理。由于本书的内容指向所限，后续讨论中，基本不再涉及军事机关行使国家自然资源所有权的内容。

---

① 董德元：《科学推进军队资产管理法规体系建设》，载《军事经济研究》2010 年第 3 期，第 11-14 页。

第四章　国家自然资源所有权委托代理主体的权利义务

第一节　国家自然资源所有权委托代理权利义务的构造逻辑

一、国家自然资源所有权委托代理权利义务的逻辑起点

从委托代理的制度机理来讲，委托代理制度既是一种行权机制，也是一种管理机制，涉及一个主体（委托人）授权另一个主体（代理人）代其执行特定任务或责任。委托关系是委托代理制度的核心，它是指委托人和代理人之间基于特定事项而建立的法律关系，由委托和代理两个部分共同构成。具体而言，一般先由委托人和受托人建立委托关系，委托人授予代理人代理权，由代理人对外行使权利和义务。委托授权关系的确立，为代理行为的实施奠定结构基础。[①] 国家自然资源所有权委托代理权利业务构造的逻辑起点便在于此。

在不同背景下，委托代理制度有不同的功能和目的。具体来说包含以下几个方面：一是可以更好地实现资源分配的优化，通过委托代理，委托人可以更好地分配资源，专注于核心职能，而将其他任务委

---

① 汪志刚：《自然资源资产国家所有权委托代理的法律性质》，载《法学研究》2023 年第 2 期，第 139 页。

托给具有相关经验和能力的代理人，充分发挥地方活力，体现地方治理特色，以确保任务的高效执行。二是委托代理制度有助于降低制度运行的固有成本，通过一系列管理和组织策略来减少整体运作和维护制度所需的经济和资源投入，代理主体可通过规模效益或更有效的方式执行委托的任务。三是委托代理制度的构建有利于提高自然资源资产的配置效率且兼顾灵活性的要求，资源的合理开发、科学管理、环境保护和社会可持续发展都依赖于资源配置的高效运转，委托代理机制的运用可以充分发挥受托人的自主性和积极性。

二、国家自然资源所有权委托代理权利义务的基本定位

自然资源国家所有权委托代理法律关系中，委托主体与代理主体的权利义务设计的基本逻辑应明确，自然资源资产国家所有权的私权定位不可动摇，自然资源资产国家所有权的特殊私权属性，是准确认识和理解"委托-代理"模式的关键。[①] 在所有权和管理权分离行使的背景下，这种委托代理关系为特殊民事委托代理。

这一界定在国家自然资源资产所有权委托代理权利义务构造中，至少应当坚守以下几点：首先，民事委托关系中，委托人和受托人之间虽然是特别法人但更主要是平等民事主体关系，双方主体地位平等，法律层面上具备一定协商可能，特殊民事委托性质的确立在一定程度上也可以妥善解决中央与地方的关系问题，进一步明确地方政府在所有权行使中的定位。其次，特殊民事委托的定位，更有利于明确所有权与管理权的边界，促使自然资源资产所有权与管理权在机构设置和行使上明确区分，避免混淆和权责不清。最后，特殊民事委托关系也需要遵循市场机制，强调当事人一定程度的"意思自治"，明确自然资源资产国家所有权的行使应当遵循市场机制，防止行政

---

① 陈静、郭志京：《自然资源资产国家所有权委托代理机制分析》，载《中国土地》2020年第9期，第30-32页。

权对市场行为的不当干涉，使自然资源资产能实现市场化配置。[①]

将自然资源资产国家所有权代理关系界定为特殊民事委托代理，是深化自然资源资产管理体制改革的重要举措，有利于理顺央地关系、规范管理权行使、促进市场化配置，实现自然资源资产的高效利用，而这也是国家自然资源资产所有权委托代理委托代理权利义务构造的基本出发点。

必须指出的是，委托代理行使自然资源资产的国家所有权与分级代理行使有所不同。这种代理行使是基于自然资源资产的国家所有和全民所有的同一性，坚持由国务院代表国家统一行使自然资源资产的国家所有权的制度设计，从而实现自然资源部具体代表的统一行使的一种方式或途径。[②] 从行政隶属关系上讲，自然资源部属于国务院的组成部门，国务院将自然资源所有权的行使权限授权给了自然资源主管部门（即自然资源部），此为第一层级的授权。[③] 从这个意义上讲，自然资源部实际上成了国家自然资源所有权的委托主体。基于委托人与受托人之间的委托代理法律关系，由此形成相应的权利义务。

此外，在分析委托代理法律关系中的权利义务时，仍有必要明确委托代理的对象为何。《全民所有自然资源资产所有权委托代理机制试点方案》明确了委托代理的对象和内容，厘清了中央和地方在自然资源资产所有权行使方面的职责边界。根据该方案，国务院作为委托人，委托地方政府作为代理人行使部分所有者职责，明确了委托代理的对象是国务院依法应当履行的所有者职责，不包含法律已授权地方政府履行的所有者职责，具体包括"主张所有、行使权利、履

---

① 李冬：《自然资源资产国家所有权委托代理行使的法律表达》，载《中国不动产法研究》2021 年第 2 期，第 176-193 页。

② 李冬：《自然资源资产国家所有权委托代理行使的法律表达》，载《中国不动产法研究》2021 年第 2 期，第 176-193 页。

③ 刘小龙、张永红、杨鸿泽：《全民所有自然资源资产所有权委托代理行使机制探讨》，载《中国土地》2021 年第 7 期，第 42-44 页。

行义务、承担责任、落实权益"五个方面。很明显，中央文件所阐述的所有者职责依然是基于所有权的法律框架，并以权益为中心来设计思路的。

在湖南省全民所有自然资源所有权委托代理试点设计之中，以上内容得到了充分的体现。包括省级人民政府作为受托人相应的自然资源国家所有权行使权利，也包括自然资源部对湖南省内行权履职情况的考核监督、向省人民代表大会或者人大常委会报告自然资源资产使用情况等义务。

第二节　国家自然资源所有权
委托人的权利义务

探讨国家自然资源所有权委托人的权利义务这一问题时，首先需说明的是国家自然资源所有权的委托主体问题。基于当前的改革措施，自然资源资产产权主体已然明晰，其中国有自然资源的产权主体是国家，亦即全民所有，并且由国务院代表国家行使。[①] 与个人和集体所有权不同，国家所有权具有抽象性以及概念化等特征。国家无法像自然人和法人一般直接行使所有权，而需要通过具体的人格化机关来解决权利行使问题。因此，由国家机关代表行使国家所有权是必要且正当的。

于是，在自然资源国家所有权的法权构造上，国家机关如何代表行使国家所有权则是一个不可回避的关键问题。在代表国家行使自

[①] 这一规定已在立法层面上予以明确，《民法典》第246条第2款确立了基本规范立场："国有财产由国务院代表国家行使所有权。"在此基础上，新近的自然资源立法中几乎均有此类规定，例如《土地管理法》第2条第2款规定："全民所有，即国家所有土地的所有权由国务院代表国家行使。"又如《森林法》第14条第2款规定："国家所有的森林资源的所有权由国务院代表国家行使。国务院可以授权国务院自然资源主管部门同意履行国有深林资源所有者职责。"

然资源所有权的机制中，国务院主导着自然资源所有权的行使，国务院和国务院相关部门从抽象到具象地行使着自然资源的所有权。[①] 在此基础上，国务院授权自然资源主管部门具体代表统一行使全民所有自然资源资产所有者职责。经全国人民代表大会批准的 2018 年国务院机构改革后，[②] 大部制的自然资源部形成，自然资源国家所有权的行使机构，至此统一为自然资源部，而不是分散为各部委分别行使。因此，我国在自然资源资产的国家所有权行使方面，"大体上"建立了一个"国务院统一代表+委托代理行使"的制度模式。"统一代表"具体含义是，在中央或地方层面，仅自然资源部有权代表统一行使各种自然资源的国家所有权，而其他的主体都不具备这一权利；"代理行使"这一概念指的是自然资源部通过特定的代理机制，赋予省级和地市级人民政府权力，以具体行使相应的全民所有的自然资源国家所有权。[③] 至于自然资源部是否可直接委托给县级人民政府行使国家自然资源所有权，虽然法理上并无不妥，但实际上尚待政策的明确。

---

① 屈茂辉、柳婷婷：《国务院代表国家行使自然资源所有权的法体系构造》，载《湖南大学学报（社会科学版）》2020 年第 4 期，第 127-136 页。

② 依据《国务院组织法》及《国务院行政机构设置和编制管理条例》之规定，2018 年 3 月 13 日国务院向全国人民代表大会提请审议《国务院机构改革方案》。《国务院行政机构设置和编制管理条例》第 2 条规定："国务院行政机构设置和编制管理应当适应国家政治、经济、社会发展的需要，遵循精简、统一、高效的原则。"第 4 条规定："国务院行政机构的设置以职能的科学配置为基础，做到职能明确、分工合理、机构精简，有利于提高行政效能。国务院根据国民经济和社会发展的需要，适应社会主义市场经济体制的要求，适时调整国务院行政机构；但是，在一届政府任期内，国务院组成部门应当保持相对稳定。"《国务院组织法》第 8 条规定："国务院各部、各委员会的设立、撤销或者合并，经总理提出，由全国人民代表大会决定；在全国人民代表大会闭会期间，由全国人民代表大会常务委员决定。"

③ 李冬：《自然资源资产国家所有权委托代理行使的法律表达》，载《中国不动产法研究》2021 年第 2 期，第 176-193 页。

一、国家自然资源所有权委托人的权利

（一）依法享有国家自然资源所有权的物权权能

依据《民法典》关于所有权的定义以及民法理论，通说认为物权覆盖了占有、使用、收益以及处分这四项核心权能。[①] 在我国物权制度中，国家"有权拥有和管理国有自然资源"。"主张所有"意味着国家对全民所有自然资源资产的处置、配置以及特许经营等相关问题须制定规则，并负责组织执行，同时依法进行资产的储备、管理和合理利用。其核心思想是利用法律条款和授权来对资产进行有效的管理和控制。此外，国家有权选择代表来具体履行相关的权利，进行管理活动以及对资产进行必要的开发和经营。在这些职责当中，例如拥有、使用、获得收益和进行处置的权利，都是典型的行使所有权的方式。在所有权中，最关键和核心的效力是所有权的支配力。"管理财产"和"履行职能"这两项核心职责，并不是超出所有权的范畴，而是所有权如何具体行使的一种方式，它们都可以纳入所有权的权能范畴内。合法地储存、管理和合理地使用自然资源资产，也可以被认为是所有权支配权能的一个组成部分，权能的背后亦隐含着相应的法律责任。在确保国有自然资源资产保值和增值的前提下，最大程度地发挥其物权权能是当前改革的重要目标。

当然，委托代理关系建立后，部分物权权能便由代理人享有并履行，委托人可以依照委托代理内容享有相应收益，但不再是全部权能。

（二）依法享有国家自然资源所有权的救济权能

救济权能，系第二性权利，从第一性权利中衍生而来。[②] 根据

---

① 孙宪忠：《中国物权法总论》，法律出版社 2018 年版，第 149-151 页。

② 法理学上通常采用此种分类，原权利亦称第一权，是不待他人侵犯而存在的权利，救济权则是因原权利受到侵犯而产生的权利。见周永坤：《法理学——全球视野》，法律出版社 2016 年版，第 206 页。

《民法典》第 234—238 条之规定，救济权能（主要包括确认物权请求权、返还原物请求权、排除妨害和消除危险请求权等物权请求权。此外，当权利受到侵犯时，权利人还可以依法享有损害赔偿请求权等，此乃物权保护的一般原理。）具体到国家对自然资源资产所有权的救济问题上，同样不允许他人进行不法干预或非法侵犯其权益。然而，根据各种自然资源立法的特定法律条款，这些权益或权利更多地被视为"行政救济权"，而不是私法上的救济权。[①] 举例来说，自然资源管理部门有权根据法律，采用诸如责令整改等行政手段，以实现在民法中排除妨碍、消除危险、恢复原状的目标；通过强制回收未使用的土地等措施，实现民法上返还原物的目标。此举的妥当性亦是值得反思的问题。委托代理关系建立后，这些权能亦会发生相应转移。

（三）确定授权范围、授权期限、授权方式等内容

在自然资源资产委托代理关系中，明确授权范围、授权期限、授权方式等内容是非常重要的，这有助于明确双方的权责关系，保障资源管理的合法性和有效性。

在确定授权范围方面，需明确受委托主体可以代理管理的具体自然资源类型，如土地、水、矿产等。确定资源的种类有助于明确委托人的意愿和期望。确定被委托人在授权范围内的管理权限，包括开发、利用、保护、监管等方面的权限。明确被委托人的责任和义务，以确保资源合理利用和保护。此外，界定被委托人的管理地域范围，确定授权涉及的具体地理区域。这有助于避免授权范围的不明确性，保障资源管理的实效性。在特定情况下，还需在授权范围内设定时空限制，明确委托关系的有效期限和时间范围。这可以根据特定的项目、周期或事件来确定，以便及时调整和更新委托关系。

关于授权的方法，通常的做法是通过法律规定的途径来进行明

---

① 李兴宇、吴昭军：《全民所有自然资源损害救济的权利基础与实现路径——以国家所有权的私权定位为逻辑起点》，载《华中科技大学学报（社会科学版）》2021 年第 4 期，第 97-107 页。

确的授权。现行的"分级管理"模式授予管理权限，主要依据法律、法规和政策文件，但这些文件的规定往往较为笼统模糊，容易引发所有者权利与管理者权利之间出现冲突和交织现象。相比之下，所有权委托代理机制侧重于自然资源资产的所有权管理，能够清晰划分所有者与管理者的权利，并明确界定所有者的责任。明确权责边界是完善所有权委托代理机制的关键，可以通过编制特定的清单等方式，清晰界定所有者与代理人的权利和义务。此外，还可以借助合同等法律手段，建立委托代理关系，并明确代理人的履职范围和内容。①

（四）对授权事项的实施情况享有知情权

在代理关系中，被代理人通常对授权事项的实施情况享有知情权。这意味着代理人有权获知代理人在代理任务中所采取的行动、取得的结果以及相关信息。被代理人有权要求代理人保持信息透明，并及时向其提供有关授权事项进展的详细信息。这包括任务的进度、关键决策、取得的成果等。代理人通常有责任定期向被代理人提供任务进展报告和更新。这些报告应当包括已完成的工作、面临的困境以及实施计划等，以确保被代理人了解代理活动的详细状况。在重要决策或行动之前，代理人应当与被代理人协商并征求其意见。②被代理人有权参与决策过程，并提供对相关代理事务的专业建议和看法。被代理人有权确保代理人在授权范围内履行任务，并要求代理人遵循事先确定的授权边界。这有助于防止代理人超越授权范围实施不当行动。在授权事项的实施中，被代理人的知情权应包括任务目标、计划、资源分配、成本和风险等方面的详细信息。被代理人有权了解所有对任务进展和结果有重要影响的方面。在发生紧急或需要即时决策的情况下，代理人应当尽快通知被代理人，并提供必要的信息，以

---

① 汪建航、罗培升、刘子瑄：《关于全民所有自然资源资产所有者职责内涵的思考》，载《中国土地》2002 年第 8 期，第 40-42 页。

② 谢美娥、谷树忠、李维明：《自然资源资产国家所有者的权利与义务》，载《中国经济时报》2016 年 1 月 22 日，第 12 版。

便被代理人能够参与决策过程。委托人有权要求代理人提供关键绩效指标的报告，以评估任务的整体表现。这有助于确保代理人对于任务目标的实现负有责任。此外，代理人还应当及时向被代理人汇报任务中出现的问题、挑战以及可能的解决方案。被代理人有权了解任务面临的困难，并与代理人共同探讨应对策略。地方政府需要向自然资源部报告有关资源管理的数据和信息，这可能包括资源储量、开发项目的进展、环境状况等方面的详细信息。总体上，自然资源部负责掌握各地方主体如何管理和执行国家所赋予的权力及履行其对应的义务，特别是关于自然资源资产的财务收支以及维护状况。在这一职责范围内，自然资源部有权对信托事务的处理进行详细审查，包括但不限于查询、记录、复印必要的财务文件等，并可以要求地方主体就其执行情况进行详述。[①]

二、国家自然资源所有权委托人的义务

（一）建立清查统计和资产核算规范体系

为了实现对自然资源的有效管理，必须首先了解和清晰掌握这一巨大的资源家底。"家底不清"造成委托人与代理人的信息不对称，中央与地方政府管理目标的不一致的利益冲突，是自然资源管理中的突出问题。[②] 为此，开展清查统计和资产核算，所有权委托人的义务核心，在建立规范体系，大体上可以从以下几个方面入手：一是建立清查统计框架。在进行清查统计之前，需要建立清晰的统计框架，明确清查的范围、对象和目的。该目标的实现可以通过制定相应的法规、政策文件或统计规范。二是确定核算指标和方法。根据资源

---

① 李兴宇、吴昭军、张倩：《全民所有自然资源所有权委托代理的法律分析——以信托为视角》，载《中国土地科学》2023 年第 8 期，第 22-30 页。

② 郭贯成、崔久富、李学增：《全民所有自然资源资产"三权分置"产权体系研究——基于委托代理理论的视角》，载《自然资源学报》2021 年第 10 期，第 2684-2693 页。

的种类，制定相应的核算指标和方法。例如，对于土地资源，可以区分不同用地类型采用面积、土地质量等指标；对于水资源，可以采用水量、水质等指标。三是利用科技手段辅助清查。利用现代科技手段，如卫星遥感技术、地理信息系统等，对资源进行智能化的清查统计。这有助于提高清查的准确性和效率。四是在实施调查过程中要坚持全面性原则，在清查统计中，要尽可能地覆盖各类自然资源，并根据资源的分布和特性，确定调查的范围，从而确保清查数据的全面性和真实性。五是充分利用经济学工具开展自然资源资产核算工作，即利用经济学的工具，对清查得到的资源数据进行资产核算。包括对资源的价值、投资和回报进行评估，建立合理的资源核算体系。六是制定相关国家政策和可操作性强的管理措施，要基于清查统计和资产核算的结果，制定与之匹配的政策和管理措施，其中包括资源的合理配置、环境保护、资源经济化等方面的具体政策。①

当前，自然资源资产的清查核算面临的突出问题主要表现在以下几个方面。在对自然资源进行分类调查时，标准的一致性不足，数据的匹配性也不尽如人意。同时，自然资源资产的清查核算技术标准也缺乏明确性，相关的制度也不够完善。随着我国经济和社会的持续发展，以及生态文明建设的需求日益强烈和自然资源"三调"工作的深入推进，我们迫切地需要构建一套适应我国实际情况的自然资源分类和数据库标准体系。过去，土地、矿产、森林、草原等自然资源的管理被分散到国土、林业草原和农业等多个主管部门。由于管理需求的差异，各种自然资源资产普遍存在分类标准不统一、调查方法不统一、统计标准不统一等问题。② 在自然资源部建立之后，由于职责的明确和组织结构的改革，所有相关的部门都对自然资源资产进

---

① 李玉梅：《青海同仁市自然资源资产清查核算处理方法研究》，载《矿产与地质》2024年第3期，第602-608页。

② 张永红、刘小龙、陈淑娟：《自然资源资产清查核算的宁夏实践》，载《中国土地》2020年第8期，第37-39页。

行了深入的整理，但目前还没有形成一个统一的登记和管理体系。自然资源资产的边界并不明确，不同类型的自然资源资产在空间分布上会有交错、叠加、互融等复杂情形，有时甚至会产生冲突，这在客观上造成了自然资源分类的不准确性、模糊性及数据的不科学性。因此，进行自然资源资产的详细勘测和调查是当前亟须完成的迫切任务，是后续工作的前置性任务。自然资源基础数据的不完善，必然影响相应工作的展开。

现阶段，对于全民所有的自然资源资产的审查和核算，我国仍然缺乏一个较为成熟和完善的规范性操作流程，无论是在资金支持、组织结构还是监督方式上，都尚未形成健全的制度框架。关于自然资源资产负债表的编制，目前还没有建立起一套全面而规范的理论架构和操作步骤。从技术视角出发，我们缺乏明确、统一且得到公众认可的技术和方法支持；全民有自然资源资产的审查，以及自然资源资产负债表的制定标准、报告结构和技术规范，都需要进一步的完善和加强。①

鉴于自然资源资产价值评估所依赖的基础设施存在缺陷、资产价值相关的信息数据不足，以及自然资源的质量与实际价值难以精确反映，生态价值的准确核算已经成为一个亟待解决的重要问题。② 生态价值的核算主要分为两大部分：环境价值核算和社会价值核算。经济价值的计算主要是基于当前自然资源的价值评估（或称之为价格体系）来进行的。

尽管国内已经展开了关于自然资源资产定价问题的研究，且取得了一些成果，但目前仍欠缺一个统一的价格和计量标准体系。③ 当

---

① 张永红、刘小龙、陈淑娟：《自然资源资产清查核算的宁夏实践》，载《中国土地》2020 年第 8 期，第 37-39 页。
② 李真、张晖、杨微石：《基于"自然基点"的自然资源资产生态价值核算》，载《中国土地》2022 年第 10 期，第 47-49 页。
③ 吴松、黄钊、代达龙等：《全民所有自然资源资产清查在云南省实践的思考与建议：以香格里拉市为例》，载《中国矿业》2023 年第 12 期，第 51-57 页。

前，许多地区仍面临着一系列困境和挑战，如价格成果的覆盖范围受限、涉及的地域种类有限，以及与资产价值相关的信息数据稀缺和价值含义不一致等。湿地等自然资源在价格评估和资产核算方面缺乏成熟的工具，同时它们的经济价值也不能准确地反映其资源的质量和实际价值。在我国，随着经济和社会的持续发展，对自然资源的保护标准也日益提高，因此，如何科学且准确地开展自然资源价值的计量工作，已经变成了一个迫切需要解决的实际问题。对于具有关键生态服务功能的自然资源，如湿地、草原和森林，则需尽快构建起一套自然资源资产生态价值评估的计算方法和指标体系，从而满足它们在固碳释氧、土壤保护、气候调节和生态多样性维护等方面的生态价值需求。[1]

基于以上现实困境，国家自然资源所有权委托人需要在以下几个方面着力改进：

第一，有必要尽快构建起统一的自然资源分类方法和调查标准。这一要求强调了顶层设计的重要性，促进资源调查规划制度的规范化运行，加快建立起统一的自然资源调查和监测体系。此举将确保自然资源调查有统一的组织结构、统一的调查框架和统一的分类准则，从而提高各类数据匹配性，并为更深入地了解自然资源资产状况奠定坚实的基础。[2] 当然，在此基础之上，我们还需要进一步强化基础数据的管理和应用。在日常工作实践中，有必要对多源数据整合和矛盾数据处理等方面进行深入的研究和规则制定，以便解决在基础数据处理和底图制作阶段所遇到的核心问题。应予强调的是，这种底层架构为自然资源国家所有权等如何开展委托代理，如何调整政策具有决策依据性等重要作用。

---

① 张永红、刘小龙、陈淑娟：《自然资源资产清查核算的宁夏实践》，载《中国土地》2020 年第 8 期，第 37-39 页。

② 张永红、刘小龙、陈淑娟：《自然资源资产清查核算的宁夏实践》，载《中国土地》2020 年第 8 期，第 37-39 页。

第二，有必要进一步完善和加强全民参与自然资源资产清查和核算的相关规定和制度。这就意味着，制度构造上，需要完善清查核算的程序和制度，明确各部门的监督和管理职责，并清晰界定自然资源资产中的所有权、用益物权和监管权等界限。因此，要致力于在全国范围内建立起一个统一且规范的自然资源资产清查平台。从制度角度看，我们需要加快制定和完善自然资源资产清查工作标准与制度体系、资产负债表编制的指导原则、资产清查数据库的标准等，[①] 明确清查核算的标准体系，以形成一个可以微观操作又可宏观统计、分析的工作模式和技术条件，从而方便各地数据的应用实践和价值实现。[②]

第三，有必要建立并优化自然资源资产的定价策略，加大对出让收益的管理力度，以提升资源要素在市场上的配置效率。为此，我们需要建立起一个相对透明的自然资源定价机制，对当前的土地基准地价成果进行更深入地补充和完善，确保城乡及各种土地类型得到全面性覆盖。更具体地说，我们需要完善自然资源的有偿使用制度，包括自然资源的有偿获取制度、生态补偿机制和资源价值评估机制等。在此背景下，为了确保自然资源价格信息的完整覆盖，我们应不断扩展基准价的成果，并建立一个公开的自然资源资本价格体系。这为自然资源资产市场化配置提供了重要的调节工具，同时也会促进了自然资源在有偿使用制度下提高资源使用效率。

第四，有必要对自然资源资产的生态价值进行深入研究，并构建起一个标准化的核算框架。[③] 为了明确自然资源的资产价值，我们需要研究其生态价值的核算方式，这将为生态补偿的市场化分配提供

① 秦静、王曦、吴桐等：《全民所有自然资源资产清查存在困难与政策建议》，载《中国国土资源经济》2023 年第 3 期，第 10-15 页。

② 张永红、刘小龙、陈淑娟：《自然资源资产清查核算的宁夏实践》，载《中国土地》2020 年第 8 期，第 37-39 页。

③ 廖茂林、潘家华、孙博文：《生态产品的内涵辨析及价值实现路径》，载《经济体制改革》2021 年第 1 期，第 12-18 页。

价格参考，并进一步促进生态补偿与环境损害的恢复进程。

（二）确定资产类型义务

全方位的调查研究、持续不断的监测评估、明确划定的边界和权属确认，这些因素共同构成了确保自然资源资产得到合理开发和高效利用的核心支柱，这也是资产产权体系设计的重要基础。在这样的基础上，国家通过法律手段明确了不同权利主体间的权利和义务关系，并据此构建了一套完整的制度框架，以确保社会的各个参与方都能有效地维护和实现自己的权益。随着我国经济的迅猛发展、人口数量的不断上升和城市化进程的快速推进，对土地、矿产等自然资源的需求也逐渐上升。然而，这也带来了诸多问题，如过度的资源开采、大量的资源浪费、对环境的破坏等，同时自然资源的使用界限也变得相对模糊。因此，我们应该构建一个以合理的自然资源资产类型为中心的管理制度框架，以进一步推动国家资源向绿色可持续发展的方向运行，并确保这些资源能够得到可持续的利用和公正的分配。新的自然资源资产产权制度的设计理念是，考虑到各个地区资源的天然属性，在对自然资源资产进行分类以及明确相关权益的基础上进行制度构建。① 这不只是基于法律对自然资源资产用益物权的确认，同时也为我们提供了一种创新的所有权管理和权能实现方式。通过这种方式，我们可以构建与市场相匹配的自然资源资产类型与产权体系，并通过一个高效且稳定的市场机制来实现资源的高效分配，从而推动资源要素的高效利用。

（三）开展自然资源确权登记义务

通过确权登记制度的落实和完善，可将全民所有自然资源资产

---

① 对此，有学者指出："由于地方资源禀赋存在差异，一方面，可结合自然资源资产经营性、公益性特征以及重要性、地域性分布差异，积极探索多种实现形式，并由具体执行机构代表行使，且可将一部分自然资源资产所有权交由代理主体行使，解决所有者不到位的问题；另一方面，在完善和落实自然资源资产产权制度体系的前提和基础上，探索将自然资源资产国家所有权的权能分离，推动扩权赋能。"见汪建航、罗培升、刘子瑄：《关于全民所有自然资源资产所有者职责内涵的思考》，载《中国土地》2022 年第 8 期，第 40-42 页。

产权的权利主体、权利内容、权利期限等重要信息在自然资源登记簿上予以记载，明晰所有权人、所有者职责履行主体、代理履行主体及权利义务内容。自然资源统一确权登记是将整体性治理理念嵌入自然资源资产产权制度的重要探索。[①] 对全国各地的各类自然资源进行统一的权属确认和登记，将有助于解决上述问题。一方面，明确各类自然资源资产的所有权主体，并对自然资源的所有者和监管者进行清晰的区分，是该制度启动的一个关键目标。这一制度的执行，将有助于把自然资源管理职责分配给各个具体行政机关或部门，并确定责任主体。另一方面，在实施自然资源资产产权制度时，首要任务是深入掌握国土内各种自然资源资产的详细状况。确权登记的工作成果，将涵盖所有自然资源设计的生态、权属、限制等多个方面。通过统一地确认和登记自然资源的权利，加强对自然资源全面保护，从而促进了资源和社会的持续发展。

（四）编制自然资源委托代理清单义务

依托现行法律法规，以不同类型全民所有自然资源资产为对象，自然资源清单采用表格清单的形式，动态厘定中央和地方各级政府的权责边界，从而构建起与资产类型相匹配的所有者职责体系，实现效率和公平的统一。[②] 构建委托代理关系要求准确界定委托方与代理方的职责与权限，这不仅需要通过正式的协议或政府出台相应规范性文件来实现，而且还要求发展一个全面的产权管理框架。在这个框架内，必须针对不同种类的资源设定明确的管理指标和优先事项，并且强化这一体系的配套机制，确保委托方与受托方的权利与义务清

---

① 对此，我国《自然资源统一确权登记办法（试行）》第 8 条规定："县级以上人民政府按照不同自然资源种类和在生态、经济、国防等方面的重要程度以及相对完整的生态功能、集中连片等原则，组织相关资源管理部门划分自然资源登记单元，国家公园、自然保护区、水流等可以单独作为登记单元。自然资源登记单元具有唯一编码"，"自然资源登记单元边界应当与不动产登记的物权权属边界做好衔接"。上述规定提出了自然资源登记单元划分的基本要求，但缺乏操作层面的具体指导。

② 李政、谭荣、范振林等：《全民所有自然资源资产所有者职责资源清单——编制理论与思路刍议》，载《中国国土资源经济》2023 年第 3 期，第 44 页。

晰无误科学有效。在这个框架内，"试点方案"采用编制自然资源清单的方式，根据需要探索的资源类型，法律规定中央政府与代理人各自的权利与责任，随后将委托给后者的职责以清单形式详细列出。这些清单根据试点情况和法律变化，可适时调整。配套制度的建立则通过实践不断探索，从而充分发挥各地方的创新性和自主性。在科学划分资源类型的基础上，还可优化名录范围，从而合理更新、明确中央和地方政府行使所有者职责的自然资源清单范围。①

一般而言，具有公益性质的自然资源资产，应以公共利益的设定为前提，这包括为社会提供资源，也包括纯公共利益目的自用等情形；经营性质的自然资源资产，通常需要以产品的形式作为市场要素进入市场流通，例如建设用地使用权、矿业权等。央地在权限划分时，对不同公益程度和市场程度的自然资源资产所有权行使设定应予注意。② 当然，这种央地权限划分的职权责利应存在一致性，也就是说，中央和地方之间的利益分配应在相对均衡的基础上。

在国家层面，可由自然资源部代表国务院直接行使所有者职责，中央行使所有者职责的自然资源清单，可优先将涉及军事等领域的建设用地，以及其他重要战略性意义自然资源等纳入其中；省级层面则可由自然资源厅作为省级人民政府的具体代表，负责行使部分所有权权能和职责。③ 省级自然资源清单，可将省级重要战略性意义的自然资源纳入，例如省行政机关、省级国有农垦用地、非国家直接行使的重要矿产资源、省级国家公园等等。市级层面，由市自然资源主

---

① 《生态文明体制改革总体方案》提出，中央政府主要对石油天然气、贵重稀有矿产资源、重点国有林区、大江大河大湖和跨境河流、生态功能重要的湿地草原、海域滩涂、珍稀野生动植物种，以及部分国家公园等直接行使所有权。在此基础上，提出自然资源清单范围细化的思路：以法律、规定为前提，在正确区分公益性和经营性的基础上，按照资产空间在生态、经济、国防等方面的重要程度进行研判，并逐级确定管理对象。

② 李政、谭荣、范振林等：《全民所有自然资源资产所有者职责资源清单——编制理论与思路刍议》，载《中国国土资源经济》2023年第3期，第43-49页，第57页。

③ 李政、谭荣、范振林等：《全民所有自然资源资产所有者职责资源清单——编制理论与思路刍议》，载《中国国土资源经济》2023年第3期，第43-49页，第57页。

管部门代表市级人民政府行使部分所有权权能和职责，主要是非国家与省级政府行使的自然资源的所有权。

第三节　国家自然资源所有权
受托人的权利义务

一、引说

国家自然资源所有权委托代理机制作为公有制的行权模式，其重要目标之一便是合理配置央地间成本收益，[①] 以及确保地方政府机关行权的积极性与自觉性。[②] 委托代理理论的源起，主要基于三个事实：第一个事实是信息不对称，特别是管理者与被管理者之间的信息不对称，这种信息不对称现象随着管理层级的增加而加剧。信息不对称，对管理层、特别是最顶层管理者做出及时、正确、可行的决策提出了越来越高的要求。具体到自然资源资产领域，由于其"非遍布同质"的基本特性，各地区包括全民所有在内的自然资源资产的有效监管，必须因地制宜、因时制宜，绝不可千篇一律、墨守成规。

第二个事实是社会分工精细化、专业化，特别是伴随科技进步、管理创新等进程，社会分工越来越精细与专业。这就越来越需要由具备专业素养、掌握专业手段、拥有专业基础的管理者进行有效管理，否则会秩序紊乱、事倍功半。具体到自然资源资产领域，包括全民所有在内的自然资源资产监管，必须由专业机构运用专业手段、基于专

---

① 于振英：《基于公平互惠的全民所有自然资源资产所有权委托代理激励机制分析》，载《当代经济管理》2023 年第 1 期，第 1–11 页。

② 谭荣：《全民所有自然资源资产所有权委托代理机制解析》，载《中国土地科学》2022年第 5 期，第 2 页。

业工作基础来完成。由此，各级自然资源主管部门在委托代理中往往是主要落实机构。

第三个事实是契约精神受到广泛推崇，特别是在当今法治社会、依法治国大背景下，契约精神是确保经济信用、社会信用的基础，是包括自然资源资产管理在内的依法治理的主流精神。全民所有自然资源资产委托代理机制中的契约精神，体现在全民所有自然资源资产管理的目标、责任、分工、评价、考核、奖惩等各个方面。委托行使模式作为代表行使特别是国务院统一代表行使的具体实现方式，以集中统一行为为前提，以将国家所有权界定为私法所有权和实现国家所有权行使与监管权行使的真正分离为基础，横跨公私法两个领域。[①] 自然资源资产国家所有权委托代理契约化是在委托代理协议框架内明确职责权利，以契约行政程序之方式实现对自然资源委托代理关系的管理。[②] 基于上述委托代理制度的原理，并结合我国具体国情，国家自然资源所有权受托人应具有以下权利义务。

二、国家自然资源所有权受托人的权利

（一）国有自然资源的占有与使用

传统意义上的使用权是指在不会损害所有物或改变其性质的前提下，依照物的性能和用途加以利用的权利。[③] 结合自然资源具有的特殊属性，国家自然资源所有权受托人享有的使用权，可以界定为权利人对其所拥有的自然资源资产（如土地、水、矿产、森林等）进行合理开发并按照其自然属性加以利用并发挥其效用的权利，通常，这种占有使用系通过设立特定公法人实施，如湖南的三江源国家公

---

① 郭志京：《穿越公私法分界线：自然资源国家所有权委托行使模式》，载《法制与社会发展》2022 年第 1 期，第 173 页。

② 张一帆、宦吉娥：《自然资源资产国家所有权委托代理制度建构——基于全民利益视角的契约化构想》，载《中国国土资源经济》2022 年第 5 期，第 11 页。

③ 温世扬、廖焕国：《物权法通论》，人民法院出版社 2005 年版，第 216 页。

园管理局。占有与使用权的行使方式多种多样，常见的使用方式是受托人直接按照其资源功能发挥其效用的使用，例如受托人直接参与自然资源的开发利用，并对资源进行管理、生产、经营等活动中，在此种直接使用模式之下，受托人须承担更多的法律责任和风险。在国有自然资源领域的权利配置中，我国采取了使用权与所有权相分离的模式，且使用权在整体上须坚持以市场化配置为主要手段的原则，但受托人享有的占有、使用国有自然资源的权能源于所有权，而不是市场配置下的用益物权或债权性使用权。受托人作为市场主体时，对国有自然资源享有使用权，为国家所有的自然资源产品进入民事社会生活，按照民法原则发挥其财产效用，提供了民事权利形式和具体的制度保障，有利于发挥国有财产的效用，实现国家所有权的目的。① 但须注意的是，因国有自然资源上承载着诸多公共利益及环境利益属性，受托人在行使其使用权时同样会受到诸多法律上的限制，而这种限制主要源于公法规范，具有强制性。

（二）国有自然资源处分权

传统物权理论中的处分权，包括物理的毁损其物之事实上处分，以及变更、限制、消灭其物之权利之法律上处分两种。② 处分权作为受托人的一项重要权利，其涉及对自然资源资产的配置与处理。这一权利包括出让、转让、出租、抵押、担保入股等权能，在资源管理中灵活应对市场需求和经济变化，实现资源的有序流转。从某种意义上讲，处分权是国家自然资源所有权受托人最为核心的权利，也是委托人实现其委托目的的基本依托。从发展目标上来说，为了落实全民所有自然资源资产所有者职责，需建立激励机制，使代理人拥有更多资源配置自主权，实现自然资源资产经营管理创新。③

---

① 韩松：《国家所有权和集体所有权、私人所有权》，载王利明主编：《物权法名家讲坛》，中国人民大学出版社 2008 年版，第 107 页。

② 姚瑞光：《民法物权论》，中国政法大学出版社 2011 年版，第 30 页。

③ 于振英：《基于公平互惠的全民所有自然资源资产所有权委托代理激励机制分析》，载《当代经济管理》2023 年第 1 期，第 1-11 页。

首先,处分权的核心体现在对自然资源资产的出让上。通过将资源使用权暂时或永久性地转让给他人,受托人可以灵活调整资源配置,实现资源的优化配置。出让通常指的是将资源使用权在一定时期内出售给他人,如设立用益物权,而转让则是将资源所有权彻底转移给其他实体。这种方式能够引导资源流向具备更高效经营和管理能力的主体,推动资源的最优配置。

其次,处分权还包括自然资源资产的出租。通过将资源使用权在一定时期内租赁给他人,受托人可以由此获得租金,实现其经济效益。通过租金收入,受托人能够更灵活地利用资源,推动该自然资源流向最能有效利用它的人手中,从而使其经济价值最大化。

再次,处分权的另一体现是自然资源资产的抵押担保和入股。受托人可以将自然资源资产作为抵押物,进行资金融通活动或获取信用,以实现更多的资源开发和利用。入股则是通过将自然资源资产作为出资,成为资本要素进入市场,从而引入更多外部投资者,实现资源开发与投资者的共赢。这种方式不仅推动了自然资源资产的多元利用,还有助于扩大资源管理的融资渠道。

最后,处分权使受托人能够在市场机制的基础上,有序地进行资源流转。通过市场的供需关系,自然资源的市场经济价值得以充分彰显,有利于吸引更多的投资者参与资源开发。这样的灵活性和流动性,使资源能够在不同领域得以充分利用,促进资源配置的灵活性和经济效益的最大化。

(三) 国有自然资源收益权

收益权是指通过对物进行利用或经营而获得孳息以及其他收益的权利。[1] 受托人对国有自然资源资产享有的收益权,强调通过收取"租、费、金"等方式获得资产收益的权利。收益权是实现自然资源资产经济价值的重要权利,通过在法律层面上明确收益权,有利于自

---

[1] 尹田:《物权法(第二版)》,北京大学出版社 2017 年版,第 286 页。

然资源资产有偿使用制度的构建与落实，有利于促进自然资源资产交易平台的规范化建设。让收益权在法治的轨道上运行，就需要建立起合理的自然资源定价机制，从而确保自然资源的经济价值能够得到充分体现并受到有序规制。[①] 这既能够为受托人提供合理的经济收益，又能够引导资源使用者在价格机制的激励下从事更加谨慎和高效的资源利用。此外，构建完善的收益权制度体系，也有助于防止资源的过度开发和滥用，推动自然资源的可持续发展，维护资源的长期利益。

收益权的确立不仅关系到资源的经济价值，更为资源的市场化运作和可持续发展提供了支持。通过明晰的权利结构和合理的收益机制，可以实现资源的有序利用，推动资源市场的健康运作，为受托人在资源使用中获取最大经济利益创造条件。[②] 自然资源国家所有权应当是概括意义上、整体意义上的财产权，即在民法制度中，国家代表全民作为所有者保留对自然资源的控制利益与对参与市场竞争的自然资源的专有收益。[③] 与《民法典》规定自然资源有偿使用条款相呼应，对于国有自然资源用益物权设立、转让纠纷处理应弱化公法管制，行政许可与财产权利的适当分离。[④]

应当说明的是，国家自然资源所有权受托人享有的使用权、处分权、收益权之间存在着密切的联系，三项权利之间互有交叉，但侧重点各有不同。

---

① 周波、于金多：《我国自然资源资产收益分配的突出问题及改革路径》，载《辽宁大学学报（哲学社会科学版）》2020年第4期，第39-46页。

② 陈曦：《中国自然资源资产收益分配研究》，载《中央财经大学学报》2019年第5期，第109-120页。

③ 许瀚彪：《公私交融：自然资源国家所有权性质的新阐释》，载《社会科学家》2023年第1期，第125-133页。

④ 石佳友、石绍蕤：《〈民法典〉视野下自然资源国家所有权的实现路径》，载《上海政法学院学报（法治论丛）》2022年第5期，第38-61页。

三、国家自然资源所有权受托人的义务

（一）行权的边界设定与规范符合

国土空间规划和用途管制是国家对自然资源的科学配置和可持续利用的基础性制度，其对资源开发和利用具有深远的指导作用。国土空间规划的主要目标是优化空间开发与保护的关系，对资源环境承载力评价的核心需求是摸清资源环境本底条件、科学评判当前承载压力的大小等。[①] 国土空间规划制度体系的建立旨在通过明确土地用途、规划空间布局，促进资源的高效利用、合理配置，同时强调对生态环境的保护和污染的减少。因此，在行使国家自然资源所有权时，需要考虑当地的国土空间规划，从而避免负面环境问题的出现。

第一，国土空间规划为资源的开发和利用提供了明确的方向。通过全面梳理国土资源分布、生态环境状况和社会经济需求，国土空间规划明晰了不同区域的发展定位和功能定位。这使得资源开发与利用可以有序进行，避免了无序开发带来的环境问题和资源浪费。规划中的不同区域被赋予不同的发展任务，有的区域可能更适合生态旅游，有的则适合农业或工业发展，从而形成了多元化的资源利用格局。国土空间规划与资源的合理开发及环境保护形成了一个相辅相成的体系，该规划通过综合考量人口、经济、土地使用和生态保护等因素，为资源的高效利用和生态的持续维护提供了明确的规划方向和政策依据。它的目的在于通过精心设计的国土开发和保护模式，提升资源的使用效率，同时通过设置生态保护的严格界限，如生态红线、农田保护区域和城市发展界限，来确保资源的节约和生态的长期稳定。国土空间规划的实施有助于在经济发展与生态平衡之间找到平衡点，实现两者的和谐共进。

---

① 岳文泽、王田雨：《资源环境承载力评价与国土空间规划的逻辑问题》，载《中国土地科学》2019 年第 3 期，第 1—8 页。

第二，用途管制通过设立土地用途区划，限定了各个区域内土地的使用范围，为资源的科学开发提供了法律依据。自然资源用途管制是指国家或地方政府通过法律法规、政策措施等手段，对自然资源的开发、利用、保护等活动加以规范和控制，以实现资源的可持续利用和生态环境的保护。这种区划制度明确了土地的适宜用途，例如农业用地、建设用地、生态用地等，从而规范了资源利用的范围。这不仅有助于减少土地的滥用和过度开发，还有助于保护生态环境，维护资源的可持续性利用。用途管制的实施，使得资源的合理配置更加有序，确保了不同类型土地的功能充分发挥。①

第三，国土空间规划和用途管制注重资源的节约使用。在空间规划中，对资源的开发和利用要求在充分满足社会需求的前提下，最大限度地减少资源的浪费。这意味着在资源利用的全过程中，必须采取科学合理的手段，提高资源利用效率，推动经济社会的可持续发展。而用途管制通过限定土地用途，有效避免了不合理开发行为，进一步保障了资源的经济效益。

第四，国土空间规划和用途管制更加强调对环境的保护。在资源开发和利用的过程中，必须严格遵守环境保护的要求，减少对生态环境的影响。其中，对污染的防治是关键一环。通过规范化的土地用途区划和科学的规划，可以有效避免不合理的排放和污染，保障了环境质量。此外，规划中还强调了生态修复的责任，通过开展生态保护与恢复工作，开发过程中可能受损的生态系统能够得到有效修复，实现资源的可持续利用。

综上所述，国土空间规划用地分类应当以健全自然资源空间管制、优化国土空间格局、推动城乡统筹发展和深化规划体制改革为功

---

① 2022 年 10 月 31 日，自然资源部印发《关于进一步加强国土空间规划编制和实施管理的通知》，旨在巩固和深化"多规合一"改革成果，加快地方各级国土空间规划编制报批，强化对国土空间规划实施的监督管理。见黄薇：《自然资源部发出通知进一步加强国土空间规划编制和实施管理》，载《资源与人居环境》2022 年第 11 期，第 7 页。

能导向。① 国土空间规划和用途管制为资源开发和利用提供了科学的指导和法律依据，使得资源的开发与利用更加有序、高效，并在保障资源可持续性利用的同时，强调了对环境的保护和生态修复的责任。这一制度体系的建立和实施，为推动资源管理体制的改革和完善提供了有力支持。这些外在边界和规范，是国家自然资源所有权委托人应遵循的内容，也即是义务。

（二）非经授权不得转委托

在传统民法原理中，委托代理奉行"受人之托，忠人之事"原则，因委托主体与被授权主体之间具有的强烈人身信赖关系，因而非经被代理人同意或追认，代理人不得擅自转委托。这一规则在我国《民法典》第 169 条中有所体现。在国有自然资源资产委托代理机制中，受托主体不得擅自转委托也是应有之义。非经法定授权不得转委托是在全面深化资源管理体制改革的背景下，为了规范和明确国家自然资源所有权受托人的行为，确保资源委托行为的合法性和规范性而提出的一项重要义务。这一原则的确立，不仅是对国有自然资源的有效保护，也是向国家治理体系和治理能力现代化的迈进，体现了法治精神和法治国家的建设。事实上，此种违规肆意转委托现象已然出现在实践当中，值得警惕。② 有学者就指出："部分（市级）地区将委托代理机制等同于行政授权机制，在取得资产代理权后再将部分职责转交给下级部门，甚至借助委托代理试点，通过合同授权等形式将部分核心权利违规委托给社会企业等其他组织。如 2022 年 7 月，在三江源国家公园全民所有自然资源资产所有权委托代理机制试点实施后，某区域管理局与企业签订委托协议，约定由该企业负责保护

---

① 龚健、李靖业、韦兆荣等：《面向自然资源统一管理的国土空间规划用地分类体系及用途管制探索》，载《规划师》2020 第 10 期，第 42 页。

② 马羽男、杨国强、赵学刚：《全民所有自然资源资产所有权委托代理监管机制研究》，载《中国国土资源经济》2024 年第 5 期，第 46-53 页。

区的具体管理运营。"①

首先，理解经法定授权不得转委托的核心在于明确法定授权的范围和程序。法定授权是国家依法将自然资源管理权限授予特定主体的过程，它确保了自然资源的开发和利用能够在法治的轨道上运行。委托是在法定授权基础上，将资源管理权限交付给特定的委托人。在这个过程中，明确法定授权的范围意味着委托人只有在特定的权限范围内才能进行资源的委托管理，这包括资源的类型、开发程度、使用方式等多个方面。同时，法定授权的程序保证了委托行为的合法性，只有通过特定的法定程序，委托人才能获得支配自然资源的权限。

其次，在强调这一义务的法律依据时，需要关注国家法律法规中与资源管理和委托相关的规定。例如，相关法律可能规定了资源的所有权、使用权和管理权的划分，以及将这些权利委托给特定主体的程序和条件。此外，法定授权的程序可能还受到行政许可和合同法等法律的制约，确保委托行为在合法的框架内进行。这些法律依据既是对委托人的法定授权的规范，也是对资源委托行为的合法性和规范性的强有力支撑。

最后，在明确法定授权的范围和程序的基础上，仍须强调受托人在享有明确法定授权前不得擅自超越权限对自然资源进行使用处分，这是为了杜绝滥用资源管理权限和避免资源的非法侵占。这一原则体现了对自然资源管理的审慎科学态度，使得自然资源资产的委托代理行为更加符合法治原则。坚持该原则同时强调了受托人行使权利的合法性和规范性，有助于建设法治国家，推动自然资源管理体制改革向深入发展。这不仅是自然资源管理和利用的科学化、法治化实践，也是对国家治理体系和治理能力现代化的贯彻。

（三）公平诚信、可持续发展与市场性规则

在国有自然资源委托代理机制中，遵循公平诚信原则及可持续发

---

① 宋猛、刘伯恩：《全民所有自然资源资产所有权委托代理机制探析——基于监管风险管控与规避的视角》，载《自然资源学报》2023 年第 11 期，第 2889-2898 页。

展理念是确保资源管理和利用行为合法、公正、健康有序发展的关键。这一系列原则共同构成了规范自然资源委托代理行为的基本框架，在保障各方权益、提升资源配置效率和推动绿色发展方面具有重要意义。

首先，公平诚信原则在自然资源委托代理机制中的贯彻体现了平等、公正、透明的决策过程，各方应当以公平的态度对待彼此，确保信息的对称性和透明度。公平诚信原则要求委托人和受托人在资源的配置、开发和利用中遵循公正的标准，不偏袒任何一方。通过各类规范性法律文件和非规范性法律文件的运用，也同时确保受托人在后续交易或配置中，自然资源权利获得和流转的公平性，防范潜在的不公正行为。同时，也不应忽视诚信原则，这要求委托双方诚实守信，恪守承诺，相关制度和政策在一定时期内保持稳定性，不能朝令夕改，保障委托方和受托方合理的信赖。

其次，受托人的自然资源配置遵循市场经济基本规则，就是要发挥市场这只无形的手对自然资源配置的决定性作用。其核心是约束受托人在后续的资源配置中，特别是资产性自然资源配置，以市场化机制为原则。市场规则的引入有助于保障自然资源配置的效率和公正性。自然资源的市场化配置有利于打破行政垄断，防止行政权过度干预市场，这不仅是一种更为高效的资源配置方式，更是激发市场活力，鼓励人们财富进取心的有效手段。常见手段如通过拍卖、竞标等方式确定权利人，这可以在很大程度上确保资源配置的公开透明和市场竞争的公正性。[①] 市场规则的制定和执行有助于避免资源的垄断，提高资源的配置效率，使资源流向最具竞争力和创新力的企业，从而最大化地实现资源的社会经济效益。此外，在自然资源的开发利用过程中，还要充分发挥市场准入制度和市场退出制度的积极

---

① 李婉红、李娜：《自然资源禀赋、市场化配置与产业结构转型——来自 116 个资源型城市的经验证据》，载《现代经济探讨》2021 年第 8 期，第 52-63 页。

作用。①

最后，可持续发展原则着眼于资源的合理利用和管理。可持续发展要求在资源的开发和利用中兼顾经济效益、社会效益和环境效益，确保资源的可持续利用。在资源委托过程中，可持续发展原则要求委托人和受托人不仅要追求短期的经济效益，更要考虑资源的长远利用和生态环境的保护。通过引入环境影响评价、生态补偿机制等手段，确保资源开发和利用不对生态环境造成不可逆的破坏，从而实现资源的可持续发展。②

在实际操作中，公平诚信原则、市场规则和可持续发展原则应当相互结合，形成一个有机的整体。通过建立完善的法规体系、监管机制和社会参与机制，促使资源委托代理的行权行为真正实现公平、公正、可持续的目标。这不仅有助于提高资源配置的效率，更有助于实现资源的可持续利用，为未来的发展奠定坚实的基础。

（四）保护自然资源资产不受非法侵害

地方政府作为委托人负有保护本行政区域内自然资源资产不受非法侵害的义务，这是一项涉及领域十分广泛的义务，涵盖了环境保护、经济可持续发展、社会公平等多个方面。这一义务的履行对于维护地方社会的整体利益，促进人与自然和谐共生，要求在不构成破坏并考虑代际公平的前提下对自然资源收取使用收益。因此，地方政府在履行这一义务时，需要充分考虑到自然资源的多样性、复杂性以及社会经济的多元化特征，制定并实施一系列系统而全面的政策和措施。

首先，地方政府应当制定健全的地方性规范体系，明确各类自然资源的所有权、使用权、管理权等相关权利，结合本地区实际情况对

---

① 王佳佳、荣冬梅、朱红：《自然资源开发利用市场准入制度研究——日本的经验与启示》，载《资源导刊》2023年第10期，第52-53页。

② 孟庆瑜：《我国自然资源产权制度的改革与创新——一种可持续发展的检视与反思》，载《中国人口·资源与环境》2003年第1期，第56-60页。

上位法的内容进行补充和细化。这类规范的制定需要充分考虑本地区的自然环境特点、资源分布情况以及社会经济发展需求，以保障规范的科学性和实用性。此外，地方性规范性文件还应当具备可操作性，便于在实际操作中监管和调控各类自然资源的开发与利用。

其次，地方政府应在自然资源领域投入必要的人力物力，将法律规定的诸多措施落地实施。落实国有自然资源所有者权益，是全民所有自然资源资产所有权委托代理机制试点工作的出发点和落脚点，对于解决长期以来自然资源国家所有权制度"法不落地"、所有者"虚置"以及资源利用不规范等问题具有关键作用。① 这些措施涉及资源调查与监测、信息公开、技术支持等方面。资源调查与监测是保护自然资源的基础，通过实时的数据采集和监控，能够及时了解资源的变化状况，为科学决策提供依据。信息公开则是加强政府与公众之间沟通的桥梁，通过公开透明的信息，增强社会各方对自然资源管理的监督力度。② 技术支持方面则包括引入先进的科技手段，如遥感技术、地理信息系统等，提升资源管理的精准性和效率。

最后，地方政府在履行保护自然资源的义务时，需要注重跨区域协调与国际合作。自然资源的分布通常是跨越不同行政区域的，因此需要地方政府加强与周边区域的协调合作，形成跨区域的资源管理机制。同时，自然资源的保护也是国际性问题，需要加强与其他国家的合作，共同应对全球性的环境挑战，共享自然资源的管理经验和技术成果。

此外，地方政府还应当鼓励并支持社会力量的参与。通过引导和促进企业、非政府组织和居民等多方面的参与，形成多元化的资源管理格局，激发各方的积极性，提升资源管理的综合效能。这种参与式管理模式不仅能够减轻政府的管理压力，还能够更好地发挥各方的

---

① 施志源、李思锐、俞虹帆：《自然资源资产所有权委托代理中的权益落实及其制度保障》，载《中国人口·资源与环境》2023年第12期，第172-183页。

② 马怀德：《政府信息公开制度的发展与完善》，载《中国行政管理》2018年第5期，第11-16页。

专业优势，促进资源的可持续利用。

总体而言，地方政府在保护本行政区域内自然资源资产不受非法侵害的义务下，需要从法律法规、管理体系、公平可持续发展、跨区域合作和社会参与等多个层面入手，形成一整套系统完备的自然资源保护政策和措施。只有通过全体社会成员的积极协作和共同努力，我们才能更有效地推进自然资源的可持续性发展管理与合理使用，确保子孙后代能够继承一个更加繁荣且生态平衡的世界。

（五）向监督机关报告资产情况

基于我国权力机关与行政机关的关系，行政机关须向权力机关负责，并自觉接受权力机关的监督。因此，向各级人大常委会报告自然资源资产的管理和使用情况是确保资源管理行为合法性和透明度、加强监督问责的有效手段。在这个过程中，详细且及时的报告是确保人大常委会充分行使监督权的前提。应注意，监督主体不仅包含人大，还有委托人监督、检察监督等。

在报告内容方面，至少应包含以下几个方面：一是报告自然资源资产的具体状况，包括被委托的自然资源的类型、数量、质量等方面的详细信息，明确所有权和使用权的状况。二是报告自然资源资产的管理情况，涵盖资源的开发、利用、保护等各个方面的具体情况，包括采取的管理措施、投入产出状况等。三是报告资源开发利用中对环境造成的影响：包括生态环境的变化、采取的环保措施、生态修复情况等。四是报告受托主体行使资源权利产生的经济效益，包括产值、税收贡献等方面的数据，确保对资源管理的经济维度有清晰了解。①

这种报告机制不仅增强了政府工作的透明度和公众的知情权，而且通过立法监督，提高了资源管理的规范性和有效性。此外，向人大常委会报告还有助于及时发现和解决自然资源管理中的问题，确保资源的可持续利用，促进经济社会的长远发展。从这个意义上讲，

---

① 罗世兴、张萌、王萧东：《完善国有自然资源资产报告工作的思考》，载《中国国土资源经济》2023 年第 1 期，第 20-25 页。

构建内容明确、权责对等、保护到位、监督有效的所有权权利体系是完善产权制度体系的关键一环。①

（六）自然资源资产管护与保值增值

这一义务是国家自然资源所有权受托人的一项核心义务，不仅关系到资源的可持续发展，更关系到对自然环境和公共利益的有效维护。这一义务的履行有赖于科学合理的资源开发、技术创新、市场机制的运用等方面。科学合理的开发要求在资源开发之前进行充分的调查和评估，确保开发计划符合资源的可持续性。技术创新则是通过引入先进的技术手段，提高资源开发的效率和效益。市场机制的运用有助于实现资源的最大化利用，通过市场竞争推动资源的保值增值。

受托人在行使国家自然资源所有权时，必须切实遵循国家法律法规和政策规范的要求。这包括但不限于环境法、资源法等相关法律法规的规定。资产管护需要在法律框架内进行，确保资源的开发、利用、保护等活动符合国家法规的规定。通过建立健全的管理制度和操作流程，受托人能够在法定范围内有序地进行资产管护，确保资源管理行为的合法性和规范性。

受托人在行使国家自然资源所有权时应努力实现自然资源的保值增值。自然资源资产具有生态价值、文化价值和经济价值等多重价值，管好用好我国的自然资源资产，是保障经济社会可持续地高质量发展，也是促进乡村振兴和共同富裕等目标实现的重要抓手。② 保值增值不仅仅关乎经济效益，更涉及资源的长期可持续性。受托人的核心任务是通过周密的筹划、高效的运作和持续的发展策略来维护并力图提升这些自然资源的经济价值。这包括对资源进行系统的评估、

---

① 何钊、胡守庚、瞿诗进等：《全民所有自然资源资产所有权权利体系及其行权方式探讨——基于委托代理机制的视角》，载《中国土地科学》2023年第12期，第14-25页。

② 杨世忠：《论自然资源资产的保值与增值》，载《财务研究》2023年第1期，第26-35页。

采用合理的开发方式以及实施积极的保育措施，避免资源的耗尽和对环境造成不可逆的影响。[1] 同时，受托人需要密切关注市场趋势，运用市场规律来优化资源的分配，以此提高资源的经济产出。在法律允许的范围内进行操作，并采取风险控制措施，以保障资源管理的合法与安全，从而为国家和社会带来持久和稳定的经济效益及环境效益。

（七）自然资源资产损害的调查、追偿和报告等

在自然资源资产受到损害时，受托人需要明确界定损害的范围和种类，明确责任方。损害的范围包括对土地、水体、空气、植被、野生动植物等质与量各个方面的侵害。责任方可能包括自然资源管理者、资源开发企业、自然人等。这一明确界定有助于推动各方履行损害防治和追偿的责任。

核实程序包括现场勘查、数据收集、专家评估等步骤，以确保对损害的全面、准确的认定。追偿机制则应包括明确的责任方和法律责任内容，确保损害方承担相应的经济赔偿和修复责任，以实现损害的真实、充分的代价。[2] 因自然资源资产损害产生的法律责任需要多部门法共同发力加以规范，应协调好民事责任、行政责任与刑事责任的分工与协作。[3]

及时报告损害的重要性不言而喻，这是为了保障相关方及时了解损害情况并采取合适的应对措施。及时报告程序应包括报告的内

---

① 杨世忠：《论自然资源资产的保值与增值》，载《财务研究》2023 年第 1 期，第 26-35 页。

② 对此，有学者主张：构建以私法路径为主、公法路径为补充的"公私协同、私法为主"的全民所有自然资源资产损害赔偿救济路径，厘清职责履行部门间的关系，建立健全磋商制度。见吴爽、李哲：《委托代理视角下全民所有自然资源资产损害赔偿的路径选择》，载《环境保护》2024 年 Z1 期，第 63-68 页。

③ 例如，焦作市立足所有权人定位、履行所有者职责，开展自然资源资产损害追偿工作，损害赔偿采用"行政处罚+刑事判决+民事索赔"的"行刑民"联合处置机制，该模式的背后，是一系列自然资源资产管理制度的创新，形成了环环相扣的制度链条。见李倩、崔婷婷、李天阁等：《纵横"经纬"，所有者职责落地破题》，载《中国自然资源报》2023 年 11 月 20 日，第 3 版。

容、形式、接收方等规定，以确保信息的及时传递。此外，相关方的参与是不可或缺的，通过公告、公示、听证等方式，让相关方了解损害情况，提供意见和建议，实现信息的多元化、公开化。在报告后，我们需要及时采取适当的应对措施，包括制定紧急修复方案、阻止进一步的损害行为等，确保对损害进行及时、有效的处置，最小化损害的扩散和影响。

第五章　国家自然资源所有权委托代理的内容清单

第一节　国家自然资源所有权委托代理清单的法律表达与功能

一、国家自然资源所有权委托代理清单的法律表达

国家自然资源所有权委托代理，是国家对其所有的自然资源主张所有的一种模式。探索开展全民所有自然资源资产所有权委托代理机制试点，是落实统一行使全民所有自然资源资产所有者职责的重要内容。[①] 国家自然资源所有权委托代理的内容清单虽名为内容清单，但并不单纯是将国家所有的自然资源权利罗列，其实质是通过资源种类和清单范围、履职主体、所有者职责等多项内容清晰界定各级各类全民所有自然资源资产的行权范围、履职主体和所有者职责。[②] 其编制的逻辑基础是所有者职责明晰与资源类型的匹配，而不是自然资源的分类。[③] 易言之，国家自然资源所有权委托代理的内容清单是一份以现行法律法规为基础，以不同类型的全民所有自然资源资产为对象，采用表格清单的形式，动态厘定中央和地方各级政府

---

① 陈静、郭志京：《自然资源资产国家所有权委托代理机制分析》，载《中国土地》2020年第 9 期，第 30-32 页。

② 沈娟、李萍、刘婷等：《自然资源清单动态调整机制思考与建议》，载《中国国土资源经济》2023 第 7 期，第 54-61 页。

③ 龙开胜、周小丹：《浅议全民所有自然资源资产所有权资源清单》，载《中国土地》2022 年第 6 期，第 17-19 页。

作为各类资产所有者职责的具体代表主体和代理行使主体的权责利边界等内容的清单。① 清单编制的核心目的是作为一项清单名录在实践中供相关主体使用。因此，阐明国家自然资源所有权委托代理内容清单的法律特性及其构成要素，应当围绕清单，判断国家自然资源所有权委托代理清单的法律性质，并整理归纳清单构成要素，厘清清单较之于一般法律文件的其他特殊性质。

（一）国家自然资源所有权委托代理清单的法律性质

国家自然资源所有权委托代理制度所构建的是一种新型的委托代理机制，有利于完善自然资源资产产权制度，单纯将其定性为行政授权或者民事委托，无法充分体现其特殊性质，亦无法囊括其所有内涵。而其中的国家自然资源所有权委托代理清单则同样无法简单定性。根据《全民所有自然资源资产所有权委托代理机制试点方案》已将委托人和受托人身份分别确定为所有权代表或代理行使主体，将委托的职责确定为所有者职责的角度来看，将清单理解为一种特殊的民事委托授权形式，最符合现行法的规定和中央文件的精神。②

1. 国家自然资源所有权委托代理清单具备鲜明的民事属性

由前文可知，在自然资源所有权行使中，政府在权利配置与处置过程中通常兼具两种身份，既以私主体的身份参与所有权的行使，又以公权力主体的身份参与所有权的行使。前者政府作为民事主体参与到资源配置中，在自然资源的合理利用与资源配置中行使用益物权出让等权能；后者则是以市场监管者的身份参与到国有自然资源所有权行使中，通过行政手段监督管理自然资源资产的占有、使用、收益、处分。

而在国家自然资源所有权委托代理制度及其内容清单中，国家

---

① 李政、谭荣、范振林等：《全民所有自然资源资产所有者职责资源清单——编制理论与思路刍议》，载《中国国土资源经济》2023 第 3 期，第 43-49 页。

② 汪志刚：《自然资源资产国家所有权委托代理的法律性质》，载《法学研究》2023 年第 2 期，第 136-153 页。

作为国有自然资源的所有者主体，由国务院代表其行使所有权，并通过中办、国办印发的《全民所有自然资源资产所有权委托代理机制试点方案》授权自然资源部统一行使全民所有自然资源资产所有者职责，部分职责由自然资源部直接履行，部分职责由自然资源部委托省级、市地级政府代理履行。纵观整个委托代理制度，其关键一环在于委托与代理，也即委托或者授权他人代理行使国家自然资源所有权，其核心体系逻辑是民法逻辑，委托客体是具有民事权利性质的国家所有权，行政监管的参与游离于核心范围之外，且委托代理的双方均是民事平等主体的身份。因此，认定国家自然资源所有权委托代理制度民事属性更为突出具备合理性。而国家自然资源所有权委托代理清单作为委托代理制度相关内容的清单名录，汇总了行为主体、资源客体、相关主体权责等，同样具备鲜明的民事属性。

2. 国家自然资源所有权委托代理清单是特殊的民事委托授权形式

国家自然资源所有权委托代理清单虽民事属性较为突出，然其亦与普通清单性质不完全一致，具有部分特殊性。当前试点选择了一种便于操作的模式，以"七大类自然资源加国家公园"的分类方式编制中央、省级、市地级自然资源清单，其特殊性体现在以下几个方面：

首先，国家自然资源所有权委托代理清单是国家所有权与行政管理权分离的特殊安排。国家作为自然资源的所有者，通常不直接行使所有权，而是通过清单的形式将部分权能转移给相关行政机关，行政机关在国家自然资源所有权行使过程中，既负责相关自然资源用益物权的出让，亦负责自然资源的占有、使用、收益、处分的监督与管理，将所有权的行使与行政管理权相分离，从而避免政府又当"运动员"又当"裁判员"。

其次，国家自然资源所有权委托代理清单具有特定性与排他性。在委托代理环节，依据清单内容，仅明确在清单委托授权范围内的行政机关可以代理行使国家自然资源所有权，即国务院各部门、省、市地级人民政府，其他地方政府或者行政部门无权参与相关活动，具有排他性与特定性。县级人民政府暂未明确其是否为合适的受托主体，其是否可以转委托在学界同样存在争议，此处暂且搁置。

最后，国家自然资源所有权委托代理清单对自然资源的良好管理与国家利益和社会公共利益高度相关，这也是清单具备特殊性最重要的原因。国家自然资源所有权归属于国家，也归属于全体人民，依据清单良好、合理地行使国家自然资源所有权能充分实现自然资源的经济、生态效益，符合国家利益与社会公共利益要求，符合生态发展战略和《民法典》绿色原则。

结合上述内容，国家自然资源所有权委托代理清单民事属性较为显著，又因与国家利益、社会公共利益高度相关而具备特殊性，因此国家自然资源所有权委托代理清单被定义为特殊的民事委托授权形式更为符合现行法律规定与中央文件的要求。

（二）国家自然资源所有权委托代理清单的构成要素

国家自然资源所有权委托代理清单的构成要素基本涵盖了其范围、委托人与受托人的权责、履职主体、相关依据等。此书参照湖南省内国家自然资源所有权委托代理清单的部分建议稿，以其内容形式辅助阐述国家自然资源所有权委托代理清单的构成要素。

1. 清单范围与履职主体

国家自然资源所有权委托代理清单的范围也即清单内的具体自然资源门类，并非笼统的土地、矿藏、湿地，而是具体化到该省级、市地级范围内的具体自然资源。以湖南省为例，湖南省不临海，省内无海洋资源；森林资源并未单独列出，部分融入到国家公园与草原资源中；水资源同样未单独列出，部分融入到湿地资源中。因此，《湖南省人民政府代理履行全民所有自然资源资产所有者职责的自然资源清单》（以下简称《湖南省自然资源清单》）中确定了湖南省内的清单范围涵盖了土地资源（省直机关和中央在湘单位、省属企事业单位使用的土地）、① 矿产资源（石油天然气、煤、铅、锌等 38 种矿产资源）、草原资源（全民所有草原资源）、湿地资源（全民所有湿地）、国家公园（湖南南山国家公园）几类。湖南省内其他地级市的自然资源清单如《永州市自然资源清单》《衡阳市自然资源清单》等范围均被《湖南省自然资源清单》所覆盖，不再赘述。

履职主体也即清单内已登记可代表或代理行使所有者职责的主体。《湖南省自然资源清单》中，土地资源、矿产资源的履职主体是省自然资源厅，草原资源、湿地资源的履职主体是省自然资源厅和省林业局，国家公园的履职主体是省自然资源厅、省林业局和南山国家公园管理局。《衡阳市自然资源清单》中，矿产资源的履职主体是市自然资源和规划局，湿地资源、草原资源的履职主体是市自然资源和规划局、市林业局。《岳阳市自然资源清单》中，矿产资源的履职主体是市自然资源和规划局，湿地资源、草原资源的履职主体是市自然资源和规划局、市林业局。《常德市自然资源清单》中，湿地资源、草原资源的履职主体是市自然资源和规划局、市林业局。《郴州市自然资源清单》中，矿产资源的履职主体是市自然资源和规划局，湿地资源、草原资源的履职主体是市自然资源和规划局、市林业局。

2. 委托人与受托人的权责

按照《全民所有自然资源资产所有权委托代理机制试点方案》的规定，委托代理关系的构造，除需要通过一定形式明确委托人和受托人各自权责外，还需要建立健全所有权管理体系，明确不同资源种类的委托管理目标和工作重点，完善相关配套制度等。其中，明确委托人和受托人的权责是关键的一步，其法律形式一般为缔结委托合同或发布政府文件等。② 根据清单内容，湖南省及各地级市的所有者

---

① 针对各市地级的人民政府代理履行全民所有自然资源资产所有者职责的自然资源清单以下简称为《××市自然资源清单》，如《永州市自然资源清单》。

② 汪志刚：《自然资源资产国家所权委托代理的法律性质》，载《法学研究》2023 年第 2 期，第 136-153 页。

职责包括以下四方面：省级（市地级）政府代理履行的所有者职责、省级（市地级）履职的资源中交由市地级（县级）承担的部分职责、中央行权的资源中交由省级（市地级）承担的部分职责、市级代理（省级）履行的资源中由省级（市地级）承担的部分职责。纵观各级自然资源清单，其中的所有者职责基本为针对各类型自然资源的监督、统计、登记、审查等，如"负责本行政区域内矿产资源（资产）调查、监测评价、确权登记和清查统计工作，负责制定市本级工作方案和实施市本级具体工作""负责督促土地使用权人将应缴纳的土地收益按时上缴至有关部门"等。具体内容展开较为繁多，在此处不予以罗列。

3. 自然资源的分级分类管理

我国幅员辽阔，资源种类繁多且分布范围极广，导致每种自然资源所处的地理环境与位置均存在差异，意欲对我国自然资源进行科学高效的管理，必须协调经济发展与环境保护之间的关系，对各类自然资源分门别类地利用与保护，坚持自然资源分级分类管理，也即从管理部门层级、自然资源类别两个层面进行考虑。

在管理部门层级，委托代理清单在纵向上明确中央与地方各级政府的委托代理关系，清楚划分各自所有权行使的边界，既避免自然资源管理的缺失，也避免自然资源管理多方争权。根据我国的行政机关设立，大致可分为中央、省、市、县、乡镇政府主体，各级政府在权限内分别行使对自然资源监督管理的职责。[1] 需注意的是，"委托代理"针对的对象是且仅是所有权，而不是其他权利或者权力，如监管或者监督等权利本身便是分级行使，并不存在委托代理一说。

在自然资源类别，目前针对自然资源类别的分类包括两种，其一是根据自然资源的公益目的还是盈利目的划分为经营性的自然资源与公益性的自然资源；其二是根据自然资源的科学种类划分为土地、

---

[1] 李政、谭荣、范振林等：《全民所有自然资源资产所有者职责资源清单——编制理论与思路刍议》，载《中国国土资源经济》2023 第 3 期，第 43-49 页。

草原、森林、矿藏、水、海洋、湿地、自然保护区八大类。因各类自然资源特性不同，经济价值与生态效益不同，保护、开发、利用、管理的方式也各不相同，粗陋地划分为经营性公益性两类可能不够精确，无法科学高效地管理自然资源。因此，在八大自然资源要素分类的基础上，对各类自然资源的公益性与经营性进行区分，来分门别类地管理、开发、利用、保护、监督可能更为合理。

4. 清单范围与职责内容设立的依据

清单范围与职责内容设立的依据大致相同，为《宪法》《民法典》，以及各自然资源单行法、行政法规、中央或地方政府发布的相关文件等。具体到清单内，包括《中共湖南省委办公厅 湖南省人民政府办公厅关于印发〈湖南省自然资源厅职能配置、内设机构和人员编制规定〉的通知》《矿产资源开采登记管理办法》《生态文明改革总体方案》以及省级市地级自然资源厅或者自然资源和规划局的"三定"方案等。除少部分地市级地方政府颁布的条例或地方性法规，湖南省内国家自然资源所有权委托代理清单范围与职责内容确定的依据大致一致。

（三）国家自然资源所有权委托代理清单的动态调整性

国家自然资源所有权委托代理的内容清单作为一份特殊的民事委托授权形式，其所适应的现实状况会不断改变。如自然资源资产出现新类别、原有自然资源消耗殆尽、委托授权的受托主体发生了变更、所有者权责产生了变化等。在如此情况下，推动构建国家所有权委托代理清单的动态调整机制对于辅助清单不断更新进而适应当前社会环境有着显著作用。

国家自然资源所有权委托代理清单的动态调整表现为自然资源资产所有权行使主体在中央和地方之间的调整，调整情形包括：国防需求高、生态属性强或国际战略重要的自然资源资产，所有权调整到中央行使；经济属性强或地方经济发展需要高的自然资源资产，所有权调整到地方行使。① 国家自然资源所有权委托代理机制作为新型模式与试点方案，目前仍是摸着石头过河的阶段，需要在各个省份与城市不断试错、不断探索、发现问题并总结经验，才能不断完善这一制度，这是一个较为漫长的过程。而根据现今观点碰撞与经验总结得出的自然资源清单作为委托代理制度的产物，当前必然也无法编制得相当完备细致，甚至比较笼统粗略，在某些方面存在监管者所有者职责的混淆，需要通过委托代理制度的不断施行来发现问题与需求，并弥补缺陷与漏洞。且清单作为固定机械的"表格"，社会与学界对于自然资源的需求与认识是与时俱进，动态调整、不断更新才能保持清单的先进性与科学性。

根据学者的研究，建立动态调整机制的现实难题集中在两点：一是缺少基础研究。学界关于清单动态管理机制的讨论较少，各类研究均未对清单动态更新如何标准化、规范化实践展开讨论，导致清单动态管理机制相关理论研究缺乏，不足以为其提供理论支撑。二是缺少实践探索。目前虽广东、江西等地已率先展开探索，但因探索样本较少，且时间不足，中央、地方尚未出台相关自然资源清单动态调整机制相关办法，导致清单动态调整机制、调整对象、调整条件、调整流程都不够明确，无法向学术界反馈现实不足与需求。②

学者针对上述难题提出的建议是值得称赞的，首先应当明确清单动态调整机制全过程要素，从而规范清单动态调整的环节、内容与程序。同时可考虑适当推进自然资源清单的信息化管理，建立起相互依赖、配套衔接、图表联动的电子清单，进一步支撑常态化的资产管理监督考核制度。③ 其次应当完善动态调整机制长效管理保障措施，

---

① 王涛、辛冰、殷悦：《全民所有自然资源资产管理体制研究》，载《海洋经济》2023年第1期，第1-8页。

② 沈娟、李萍、刘婷等：《自然资源清单动态调整机制思考与建议》，载《中国国土资源经济》2023年第7期，第54-61页。

③ 李政、谭荣、范振林等：《全民所有自然资源资产所有者职责资源清单——编制理论与思路刍议》，载《中国国土资源经济》2023第3期，第43-49页。

主要包括建立专门第三方机构进行评估与监督、推动清单动态调整法制化、建立清单动态调整反馈机制。[①]

目前清单动态调整机制的实现难点根本在于实践探索时间较短，样本数量不足，学界重视程度不够。有理由相信，经过较长时间的施行，实践中将指出该机制的现实不足并提出更高的需求，而学界亦将针对性完善相关理论，以指导实践的发展，而实践的不断探索同样会反哺学术界，从而推动自然资源清单动态调整机制的不断健全。

二、国家自然资源所有权委托代理清单的功能

国家自然资源所有权委托代理清单囊括了履职主体、自然资源门类、评价与监督机制等多种内容，在实践中能为委托代理机制的施行提供多种功能，同时能为相关部门开展工作提供指导与参考。清单的存在能提高委托代理机制施行的效率，避免出现违反委托代理核心主旨的情况，旨在高效管理和合理利用国家拥有的自然资源。根据清单的内容构成与目标指向，其功能可归纳划分为以下四个部分。

（一）优化资源利用

1. 资源管理规划

国有自然资源所有权委托代理清单是资源管理规划的工具。它具有资源调查、明确目标、规划优化配置、制订管理计划、注重环保、促进公众参与、鼓励科技创新、设定监督机制等多层次多维度的内容，能推动实现资源的合理开发和管理。清单中明确定义了委托主体与代理主体的权责，制定了相关的监督和激励机制，并建立了定期审查和动态调整机制，以适应社会、经济和环境变化。这确保了清单的合法合规和可持续性，促使资源得以有效规划、得到最优利用。

---

① 沈娟、李萍、刘婷等：《自然资源清单动态调整机制思考与建议》，载《中国国土资源经济》2023 年第 7 期，第 54—61 页。

2. 资源优化配置

国家自然资源所有权委托代理清单实现资源优化配置的关键在于充分调查评估、明确管理目标和原则、明晰受托方的权限范围，并制订科学有效的资源管理计划。落实权益本身便是委托代理相关政策文件提出的重要目标之一，通过以上步骤，国家自然资源所有权清单便能确保资源最优利用，实现资源合理配置，同时落实各所有者权益。

3. 保护环境和可持续发展

国家自然资源所有权委托代理清单实现保护环境和可持续发展的方法在于制定清单时明确强调两个方面的要求，并贯彻落实相关要求。首先，通过充分调查和评估，确保清单中包含详细的自然资源数量、种类、品质、分布情况等相关信息，从自然资源在当地整体生态环境中的生态地位来考虑对其开发利用的必要性，权衡经济利益与生态利益。其次，在清单中明确定义对环境保护的要求，包括资源开发利用行为监管、生态影响评估监督、事前生态环境保护措施、事后生态损害补救措施、可再生资源利用等。同时，清单应鼓励代理主体采用绿色技术和可持续资源利用方法，确保资源管理的可持续性，并对采用了绿色技术和可持续资源利用方法的代理主体设置激励措施，鼓励其积极性。通过这些措施，清单能够使环境和可持续性因素贯穿整个资源管理过程。

（二）提供行为依据

1. 合同依据

国家自然资源所有权委托代理清单是委托代理合同的基础，详细规定了代理主体有权管理和开发的自然资源类别与数量，委托代理合同的制定与签订应当严格遵照自然资源委托代理清单。国家自然资源所有权委托代理清单可作为合同依据是因其明确规定了委托主体授权给代理主体的具体自然资源范围和管理责任。在清单中，详细列明了代理主体有权管理的自然资源种类、地理分布、数量等信息，同时规定了各类自然资源的优先级和配置方式。国家自然资源所有权委托代理清单为委托代理合同提供了具体而清晰的法律依据，明确了双方在资源管理过程中的权利和责任，是合同制定的直接依据。通过清单，合同具体且明确地规定委托代理关系的各项细节，从而确保合同的可执行性和合法性。

2. 监管与审计依据

国家自然资源所有权委托代理清单可作为监管与审计的依据。清单中明确定义了代理主体管理的具体资源范围与权责界限，为监管机构提供了明确的依据。监管及审计机构可根据清单中的内容，对代理主体的资源管理活动进行监督和审查，避免其存在违法违规的情况，确保其符合法律法规和合同规定。这使得清单成为法定监管的实际依据，为代理主体的资源管理提供合规性的保障。

（三）促进资源经济发展之功能

1. 吸引资源开发利用的投资

国家自然资源所有权委托代理清单具备较高的透明度，同时能透露出潜在的经济机会，对投资者有着较强吸引力。清单详细列举委托给代理主体管理的自然资源种类、地理分布、数量等信息，较其他类型的信息，自然资源清单的透明度较高，为投资者提供了清晰的投资方向和潜在利润，较为透明的信息也能很大程度上辅助投资者完成决策，增强其投资信心。此外，清单可适当激励采用先进技术和可持续方法的投资者，侧面推动可持续发展，增加投资者在投资完成后的稳定性。且清单可通过向潜在投资者展示国家自然资源的丰富潜力和清晰的管理计划，从而吸引国内外投资，推动资源的有效开发。因此，清单在提高投资吸引力方面发挥了关键作用。

2. 提升经济效益

国家自然资源所有权委托代理清单有着明确的资源管理计划，针对不同自然资源分门别类地设置了开发、管理、利用、保护方式，具体资源具体分析，避免了自然资源不合理地利用，确保了资源的经济效益最大化。相较于传统分类管理方式，国家自然资源所有权委托代理清单以自然资源名录的形式呈现，各类自然资源的利用方式、监管机制明文记录在其中，更具有条理性和科学性，因此，国有自然资源委托代理清单在资源管理中扮演了确保经济效益优化提升的重要角色。

（四）推动内容透明

1. 促进公平公开

国有自然资源是全民所有的自然资源，其他主体向行政主体申请取得自然资源用益物权等相关权利时，需要公开透明的国家自然资源信息，如其他主体应当清晰了解何级行政主体受到了委托代理行使意向自然资源的所有权，保证权能配置的透明度与公开程度，而自然资源清单就是呈现给各主体最好的名录。国家自然资源所有权委托代理清单详细列举了委托给代理主体的自然资源范围和管理计划，以及代理主体应当履行的职责和享有的权利，提升了资源管理的透明度。以国家自然资源所有权委托代理清单作为参照，可以让信息流通受阻的其他主体更为便捷简单地查询相关自然资源的所有权代理行使者，从而降低其他主体的参与利用自然资源的信息成本，提高信息流通度，扩展信息流通渠道。

2. 提高风险管理能力

国家自然资源所有权委托代理清单明确规定资源管理的各个阶段，分阶段监督管理，并设定了相应的风险管理策略。国家自然资源所有权委托代理清单从多维度各方面同时规定了资源管理计划，制定了详细的管控流程，为风险识别提供了基础。在清单中，可以制定风险评估和监测的标准和程序，并配以应对不同风险的相应措施。在资源管理的同时保持监督机制的运行，以减轻环境、法律和经济方面的潜在风险。由此可见，自然资源清单有助于双方更好地了解可能涉及的各种风险，提前介入潜在的或者已发生的风险，以确保有效的风险管理。

216

总体而言，清单是委托代理关系的基础名录，具有规划、法定依据、透明度、监管审计和合同签订等多方面的功能，以确保国有自然资源在开发和管理过程中能始终处于较为科学高效的状态。

第二节　国家自然资源所有权委托代理清单编制的依据与程序

一、国家自然资源所有权委托代理清单的编制依据

国家自然资源所有权委托代理清单的编制依据核心为相关的法律法规和政策文件，同时，内容清单的编制应当以自然资源的重要程度和区域分布情况为依据。① 以下是可以成为编制依据的一些主要来源。

（一）《宪法》与《民法典》等法律

国家制定的法律和法规是国有自然资源委托代理清单编制的主要依据，这些规范规定了资源管理的基本原则、委托代理的程序、条件和要求等。在编制过程中，广义上的法律，即一切国家有行政权机关制定的规范性文件不宜作为所有者法定职责履行的依据，应当核心以全国人民代表大会及其常务委员会制定的法律作为依据。② 疏理相关法律法规，可以成为国有自然资源委托代理清单编制依据的如下所示。

1.《宪法》

《宪法》作为国家根本法，是我国的最高位阶的法律文书，载有

① 陈静、郭志京：《自然资源资产国家所有权委托代理机制分析》，载《中国土地》2020年第9期，第30-32页。

② 龙开胜、周小丹：《浅议全民所有自然资源资产所有权资源清单》，载《中国土地》2022年第6期，第18页。

法治原则、国家权力机构和职责、公民权利和社会责任等核心内容，在自然资源清单编制中起引领作用，对全民所有自然资源资产所有权范围，以及国务院代表国家行使所有权作出了明确规定，从根本法的角度确立了国家所有的自然资源。依据宪法编制清单有助于确保资源管理的合法性、公正性、合规性，保障政府权力在法治框架内行使，维护公共利益，以及促进资源的可持续利用和管理。尽管该部分规定较为笼统宽泛，并未对自然资源部、省级和地市级政府的具体履职内容进行规定，其必然会成为国有自然资源委托代理清单的编制依据，委托代理清单也不能违背《宪法》的规定，应当在《宪法》的范围内编制。

2.《民法典》

《民法典》是自然资源相关法律法规的私法上位法，该法同样列举了部分国有自然资源的类别，并规定了对其利用、保护、管理的基本要求，性质、地位与《宪法》较为类似，对自然资源清单的编制同样起了指导的作用。且《民法典》是国家法律体系中涉及合同和权利义务的核心法律文书，清单作为一种合同文件，需要在《民法典》规定的基础上明确委托方和受托方的权利义务，以及其他相关法律事项。依据《民法典》进行编制可以确保清单的法律效力、合法性和合规性，明晰双方在资源管理过程中的法律关系，从而维护合同的有效性和公正性。因此国家自然资源所有权委托代理清单也应当在《民法典》的范围内编纂。

3.《环境保护法》

《环境保护法》并不直接规定清单所需要涵盖的内容，但其规定了资源管理过程中需要考虑的环境保护和可持续性的法律要求。清单在制定过程中需要规范资源的开发和利用，避免对环境造成不可逆的损害，减轻对环境造成的不良影响，这就需要《环境保护法》从环保角度对清单内容制定进行规制。依据环境保护法进行编制可以保障资源管理的可持续性，强调合规性和环保要求，促进资源开发和利用与环境之间的平衡。因此国家自然资源所有权委托代理清单应当以《环境保护法》作为编制依据。

4. 自然资源单行法

目前国内并无以《自然资源法》或同含义名称命名的法典，如果存在《自然资源法》这一独立的法律文件，则其必然会成为自然资源清单编制的重要依据，但现如今并未颁布相关法律，在国家自然资源所有权委托代理清单编制中并无综合且具有针对性的法律法规可以参考，因此只能参考各自然资源要素的单行法如《土地管理法》《森林法》《矿产资源法》等来编制清单。各自然资源单行法中规定了对特定自然资源的管理原则和法律要求，依据这些自然资源单行法进行编制可以明确受托方在资源管理中应遵循的具体法律规定，有助于保障资源的可持续性开发，同时确保资源管理活动在法治框架内有序进行。

（二）政策性规范文件

自开展国家所有自然资源委托代理机制至今，中共中央办公厅、国务院办公厅等国家机关印发了多份重要政策性文件，是展开工作的引领性、指导性政策文件，应当严格依照文件内容实施委托代理试点以及自然资源清单的编制。

1.《全民所有自然资源资产所有权委托代理机制试点方案》

此文件由中共中央办公厅、国务院办公厅印发，文件要求以所有者职责为主线，以自然资源清单为依据，以调查监测和确权登记为基础，以落实产权主体为重点，着力摸清自然资源资产家底，依法行使所有者权利，实施有效管护，强化考核监督，为切实落实和维护国家所有者权益、促进自然资源资产高效配置和保值增值、推进生态文明建设提供有力支撑。文件提出了五点要求：一是明确所有权行使模式，二是编制自然资源清单并明确委托人和代理人权责，三是依据委托代理权责依法行权履职，四是研究探索不同资源种类的委托管理目标和工作重点，五是完善委托代理配套制度，探索建立履行所有者职责的考核机制，建立代理人向委托人报告受托资产管理及职责履行情况的工作机制。① 作为直接提出自然资源清单编制要求的文件，清单的编制必须始终遵循该试点方案，并坚持贯彻落实其中的要求，达到文件目的。该文件是清单编制的直接政策依据与来源。

2.《关于完善产权保护制度依法保护产权的意见》与《关于统筹推进自然资源资产产权制度改革的指导意见》

以上两份文件由中共中央办公厅、国务院办公厅印发，文件内容主要是完善对产权制度的相关保护，推进产权制度的改革，完善自然资源资产产权体系，弥补我国产权制度仍存在的缺陷与不足。② 产权制度的保护与完善，能进一步明晰自然资源资产的相关理论，能辅佐委托代理制度完成资源范围界定，对委托代理制度的推进有直接作用，因此自然资源清单的编制应参考以上文件。

3.《自然资源统一确权登记暂行办法》

该份文件由自然资源部、财政部、生态环境部、水利部、国家林业和草原局共同印发的部门规范性文件，文件内容主要是对自然资源确权登记进行一系列规定与设计，从而更好地摸清我国自然资源家底。确立自然资源统一确权登记制度，对摸清我国自然资源的存量与种类，推进自然资源确权登记法治化，推动建立归属清晰、权责明确、保护严格、流转顺畅、监管有效的自然资源资产产权制度，实现山水林田湖草整体保护、系统修复、综合治理简化行政过程，提高行政效率，减少行政漏洞等具有至关重要的作用，从而能推动我国自然资源清单的编制，更为高效合理。③ 因此该文件也应当作为自然资源

---

① 《中办、国办印发〈全民所有自然资源资产所有权委托代理机制试点方案〉》，载中国政府网，https：//www.gov.cn/xinwen/2022-03/17/content_5679564.htm，2023年11月30日访问。

② 中共中央办公厅、国务院办公厅：《关于完善产权保护制度依法保护产权的意见》(2016年)；中共中央办公厅、国务院办公厅：《关于统筹推进自然资源资产产权制度改革的指导意见》(2019年)。

③ 自然资源部、财政部、生态环境部、水利部、国家林业和草原局《自然资源统一确权登记暂行办法》(2019年)。

清单编制的依据之一。

二、国家自然资源所有权委托代理清单的编制程序

国有自然资源委托代理清单的编制程序通常是一个经过审慎规划且具有较高透明度的过程，通过制定相关法律法规、设立专门的机构、拟定委托代理合同范本、确立配套监督机制等较为完善的步骤确保资源的合理开发和管理。

（一）厘清法律法规与政策的要求

1. 相关法律法规分析

委托代理清单的内容涉及委托代理的基本原则、目标、程序等相关条件，目前关于委托代理的内涵仍不够明晰，各级履职机关仍处于自主探索阶段，对制定自然资源管理有关的法律和法规提出了明确的需求。通过制度层面的清晰解读，对清单内容与相关程序进行规范，从而推动编制程序的后续发展。

2. 资源管理政策分析

除了法律法规对国家自然资源所有权委托代理制度进行宏观上的指导，还需要资源管理的相关政策在具体执行层面进行解读。当然，更好的方式是，厘清制定资源管理政策，明确资源利用和保护的战略方向和目标，推动清单内容层面的具体制定。核心解决的问题是，以清晰的政策文件为清单的编制提供指导。

（二）确立委托代理主体机构

《全民所有自然资源资产所有权委托代理机制试点方案》等文件中提到，由国务院代表国家行使全民所有自然资源所有权的同时，国务院授权自然资源部统一履行全民所有自然资源资产所有者职责，部分职责由自然资源部直接履行，部分职责由自然资源部委托省级、

市地级政府代理履行，法律另有规定的依照其规定。[①] 由此可见，目前我国的委托代理机构主要组成部分是自然资源部以及省、地市级人民政府，共同作为履职主体。该种模式在现阶段也具有其合理性与科学性，既能保证所有权的统一行使，又能减轻自然资源部的权利行使压力。

由前文可知，程雪阳等主张建立"自然资源国资委"来统一负责委托代理制度的施行，这种模式较为合理且可行，但"可能是因为目前自然资源资产的统一测绘、调查和统计等工作尚没有真正开展，国有自然资源资产的体量和规模尚没有调查清楚，或者是因为地方政府对于'土地财政'依然十分依赖，2018 年的政府机构改革并没有采纳直接组建'自然资源国资委'的建议，而是赋予新组建的自然资源部一并统一行使'全民所有自然资源资产所有者'和'所有国土空间用途管制和生态保护修复'的职能"。[②] 由此观之，现阶段由自然资源部作为委托代理机构更为合适，待至时机和条件较为成熟，可以思量专门另设机构来负责委托代理机制的施行。

（三）建立资源清单

1. 自然资源前期调查和评估

根据《全民所有自然资源资产所有权委托代理机制试点方案》等文件可知，摸清我国自然资源家底是至关重要的工作之一。目前我国正大力推进自然资源确权登记，目的便是对我国现存的自然资源进行调查和评估，了解国家拥有的自然资源种类、分布、数量和质量，从而为后续开发利用管理保护做好准备工作，打下坚实的基础。同时，自然资源调查与评估也是建立自然资源清单的前期准备工作，为后续制定国有自然资源内容清单提供确权登记数据。

---

① 《中办、国办印发〈全民所有自然资源资产所有权委托代理机制试点方案〉》，载中国政府网，https://www.gov.cn/xinwen/2022-03/17/content_5679564.htm，2023 年 11 月 30 日访问。

② 程雪阳：《国有自然资源资产产权行使机制的完善》，载《法学研究》2018 年第 6 期，第 145-160 页。

2. 制定国家自然资源所有权委托代理清单

制定国家自然资源所有权委托代理清单，应当在资源部分根据自然资源确权登记的数据进行编制，基于资源调查和评估的结果，制定委托代理的资源清单，并明确列出每一类资源，包括其地理位置、数量、特性等详细信息。同时，在内容清单中应当包括所有者职责，也即在试点方案中提出的主张所有、行使权力、履行义务、承担责任、落实权益五大类。五大类所有者职责中的具体内涵、权责边界以及履职主体应当在内容清单中予以明确并详尽表述，在实践中用以参考。

3. 自然资源内容清单的征求意见

国家自然资源所有权委托代理清单作为统计自然资源类别、数量以及规定所有者职责的清单名录，应当向人民群众和社会各界的广泛征求意见。公众有权针对清单内容提出质疑或者建议，并就合理的建议要求修改清单内容；社会各界主体作为自然资源的相关权益主体，可就其自身实际需求申请修改清单内容。同时，学界可针对清单内容的编制提供相关理论基础研究，汇聚各个主体之间的建议与观点，权衡其中的利弊与冲突，并选择最合理最公平的模式，充分体现清单编制的科学性。这一步骤有助于确保各方利益得到充分考量，减少利益冲突，提高决策的合法性和可接受性，保障清单更好地实施。

4. 机构审批自然资源内容清单

自然资源清单在编制完成后，应当将其提交到相关的行政机构，如自然资源部或职能部门进行审批，主要进行程序上的审查，确保清单符合法定程序的规定，在程序上并无漏洞。至于内容方面的审查应当在前期编制以及社会听证中进行，在该环节不做过多动作。

（四）实现委托代理授权

在实现委托代理授权的过程中，应当由委托人，此处也即经国务院授权的自然资源部，与被委托方，也即省级、地市级人民政府交流协商，并制订委托代理授权的文件。目前学界关于应当以何种模式实现委托代理授权仍存在争议，部分学者认为应当以行政协议的模式，由政府发文实现双方的委托代理授权；部分学者认为应当将双方置于平等主体地位，以签订合同的方式实现委托代理授权。因学界仍未形成统一的观点，此处暂且搁置争议，不予论证。因合同双方在行政地位上具有上下级关系，因此授权内容可更为精简，更多对双方的权利义务进行阐述，明确彼此的权责边界，更多阐明资源的管理责任、权利和义务、行权期限等。同时，针对合同主体的特殊性与确定性，委托代理授权文件可以制作范本，供相关委托代理主体在实现委托代理授权时参考。

（五）确立配套监督制度

1. 建立监督和评估机制

建立国家自然资源所有权委托代理清单的监督和评估机制至关重要，相关配套监督制度是清单制度保持良好状态运行的关键。首先，应明确监督的主体，可能需要设立独立的监管机构、行政部门，并拓宽公众参与监督通道。其次，满足透明的信息披露要求，确保相关数据对公众开放，提高监督的透明度，并定期委托独立的第三方评估，确保评估的客观性和公正性。再次，建立完备的监督指标，包括资源开发效益、环境影响、合规性等方面的定量和定性评估标准，也为代理主体提供一定行为标准。最后，监督和评估的结果应当反馈到决策过程中，为调整清单、改进管理措施提供依据，以充分发挥监督与评估机制的现实作用。

2. 定期审查调整清单

国家自然资源所有权委托代理清单作为新兴事物，目前仍处于摸索阶段，其理论研究与实践探索不够深入，且对清单作用与地位的需求会随着社会的不断发展而变化，国家自然资源所有权委托代理清单的定期审查和调整是为了适应社会、经济和环境的变化，确保资源管理的及时性和灵活性。审查过程应当包括对清单内容的先进性与完备性，根据清单开发的资源状况、造成的环境影响，经济效益等方面的评估。定期调整的依据可以包括最新的科学数据、法律法规的变化、公众意见的反馈等。通过定期审查和调整，可以及时纠正不合理的资源配置，更新管理计划，推动环保和可持续发展，并确保清单时刻与国家发展目标及法律法规相一致。这样的审查机制有助于保持资源管理的适应性和前瞻性，使国家自然资源所有权委托代理清单在不断变化的环境中保持有效定期审查资源清单和委托代理机制，根据新情况进行必要的更新和调整。

第三节　国家自然资源所有权委托代理清单的合法性审查

一、国家自然资源所有权委托代理清单合法性审查的审查程序

国家自然资源所有权委托代理清单的合法性审查是确保委托代理机制符合法律法规、政策和程序的重要步骤。在实践中，应当依据相关监督配套机制实现对国家自然资源所有权委托代理清单的合法性审查。[1] 综合清单合法性审查程序，可从审查的主体、审查的对象、审查的流程来分别展开。

（一）国家自然资源所有权委托代理清单合法性审查的主体

国家自然资源所有权委托代理清单的合法性审查主体通常是由相关法律法规规定的政府机构或特定的管理部门负责，这些机构通常负责确保国有自然资源的有效管理、合理利用，以及监督资源的委托代理活动。根据我国目前状况与现实条件，存在数个可能成为合法

---

① 王锴：《合宪性、合法性、适当性审查的区别与联系》，载《中国法学》2019 年第 1 期，第 5-24 页。

性审查的行为主体。①

其一，合法性审查主体直接由自然资源部及其直属机构担任。自然资源部经国务院授权，既作为所有者职责履行主体，又作为委托主体将部分所有者职责委托给省、地市级政府代理。尽管自然资源部兼具多种身份，包括所有权的行使主体和委托主体，但并不冲突，并不意味着国家所有权是一种国家公权力。如若自然资源部及其下属机构同时作为合法性审查的主体，则无须额外设立审查机构。但自然资源部既行使所有者职责，又将所有者职责委托给代理主体，同时负责清单的合法性审查，职权范围如此设计恐有不科学的嫌疑。

其二，合法性审查主体由第三方机构担任。该种模式在监管部分脱出了自然资源部的范围，由第三方机构来进行审查，较之自然资源部审查更具有公平性和公正性。但在第三方机构的选择与设立上应当审慎考虑：首先，机构的审查人员应当具有较强的专业性，从而能应对清单的审查行为。国有自然资源委托代理清单是较为前沿新颖的制度，对其合法性审查所需求的理论功底和专业能力也较强，应当对审查人员有着更高的要求。其次，第三方机构应当避免与相关主体存在利益关系或往来，避免徇私或贿赂的行为出现，以免损害公共利益与社会利益。再次，第三方机构应当具备一定的权威性。作为第三方机构，该机构应当具备一定的权威性才能对清单内容与依据清单的行为实施合法性审查，否则难以真正将合法性审查落到实处。最后，审查后的结果处理应当如何实施，也是需要思考的部分。该结果是交由该第三方机构进行处理，或是该第三方机构开具相关处理单，由其他部门处理，抑或是直接由其他部门处理，该第三方机构仅负责审查行为，而完全不参与处理行为。后续结果的处理模式应当予以明确。

---

① 宋艳慧、周兰领：《重大行政决策合法性审查的主体模式及其选择》，载《领导科学》2011 年第 21 期，第 36–38 页。

（二）国家自然资源所有权委托代理清单合法性审查的对象

国家自然资源所有权委托代理清单的合法性审查，主要应当针对清单的内容本身；审查依据清单开发、利用、管理相关自然资源的主体行为，以这两方面作为清单合法性审查的对象。

1. 审查国家自然资源所有权委托代理清单的内容

国家自然资源所有权委托代理清单的配套监督评估制度在上文编制程序中曾有提及，其中还包括了行政机构针对程序性是否合法合规作出审查，在此处应当更为强调的是自然资源清单的具体规则以及具体条文是否具备合法性。在针对清单内容的合法性审查时，应当以自然资源清单的编制依据内的相关法律法规作为审查标准，确保清单内容符合《宪法》《民法典》《环境保护法》《土地管理法》《矿产资源法》《森林法》《水法》等，上述法律法规作为清单的编制依据，清单内容是否符合法律法规是合法性审查需首先考虑的。

其一，存在仅具备指导性的上位法，仅对清单部分内容作出了原则性规定，清单内容不得违反该上位法的规定。

其二，《环境保护法》作为限制清单内容符合环境保护和可持续发展要求的法律法规，对清单的绿色性作出了很高的要求。自然资源清单作为提供如何开采、管理、利用、保护自然资源具体模式的清单名录，通过其对行为主体提出更高的环保要求是理所应当的。清单内容应当完全符合环保绿色原则，以避免对环境造成不可逆的损害，减轻对环境造成的破坏与影响。这要求审查机构依据《环境保护法》对国家自然资源所有权委托代理清单作出相应合法性审查。

其三，《土地管理法》《矿产资源法》《森林法》《水法》等自然资源单行法在合法性审查中至关重要。这类法律法规是国家自然资源所有权委托代理清单编制的直接依据，自然资源各要素之间的差异很大，经济效益、生态效益、资源特性各不相同，针对各类自然资源要素的开发、利用、管理、保护模式都应当根据其相关单行自然资源法来拟定。各类自然资源单行法中针对该类型自然资源都作出了较为详尽的规定，且根据自然资源本身的特性制定了特别的规定，能合理科学高效地管理自然资源的利用。如土地资源价值高，范围广，且土地作为其他类型自然资源的载体，应当严格区分其与其他自然资源的界限，避免产生冲突和权利重叠；矿产资源的经济价值极高，相当一部分应当由中央直接行使其所有者职责，以避免国家利益受到重大损失，但矿产资源的生态价值很低，更多应当从避免造成环境污染损害的消极生态价值考虑；湿地的经济价值目前未能明显体现，但其生态价值极高，是多种生物的栖息地与迁徙地，且能起到涵养水源、固草防沙、抗旱蓄洪的作用，对其应当采用不同的管理方式，在充分实现其生态价值的同时，探索实现其经济价值。以上种种可知清单中的各类自然资源采用不同的管理模式，而针对性管理各类自然资源的模式在各自然资源单行法中均有详细规定。因此，合法性审查的重要内容应当是各类自然资源单行法，如《土地管理法》《矿产资源法》《森林法》《水法》等。

2. 审查行政主体的行为

相关行政主体依据国有自然资源委托代理清单开发、利用、管理、保护自然资源的行为均应受到审查机构的合法性审查，并依据审查结果接受处罚并积极改正。

相关行政主体既包括了行使所有者职责的中央、省级、地市级人民政府，也包括在各级人民政府管理与授权下开发、利用自然资源的各类型单位。在整个自然资源管理利用行为中，如果涉及土地资源的使用和开发，土地相关行政部门可能成为审查对象；如果涉及能源资源的开发，例如水电站、风电场等，能源相关的行政部门或机构可能会成为审查对象；如果涉及森林资源的开发和经营，林业相关的行政部门可能成为审查对象。除了上述主体外，其他涉及自然资源开发、管理、利用的相关行政主体也会因其自身行为可能违反了相关法律法规而受到合法性审查，审查机构也应当综合形成并宣告最终审查意见。

（三）国家自然资源所有权委托代理清单合法性审查的流程

1. 依申请或依职权决定审查

审查机构应当依申请或依职权决定对清单进行合法性审查。在清单施行过程中，审查机构收到相关主体申请，在经过初步确认，主体具备申请资格，清单可能存在违反法律法规的情况，且申请行为符合程序规定后，应当依据该申请决定对清单展开审查。若审查机构在日常工作或检察中发现相关主体可能存在违反法律法规的情况，经过初步审查以及规定流程后，同样可以决定对清单展开审查。

2. 审查材料与法律依据的收集准备

在决定对清单或者依据清单作出的行为展开合法性审查后，审查机构应当搜集相关主体违反法律法规的材料与证据。在材料搜集完毕后，依据材料认定相关主体可能违反的法律法规，并整合其可能违反的法律依据，在形成审查意见的同时附入其中。

3. 审查路径选择

目前的法律法规以及政策性文件分别对重大行政决策、规范性文件、重大行政执法决定进行合法性审查作出了规范要求。《重大行政决策程序暂行条例》第 27 条,[①]《国务院办公厅关于全面推行行政规范性文件合法性审核机制的指导意见》第（6）条,[②]《国务院办公厅关于全面推行行政执法公示制度执法全过程记录制度重大执法决

---

① 《重大行政决策程序暂行条例》第 27 条："合法性审查的内容包括：（一）决策事项是否符合法定权限；（二）决策草案的形成是否履行相关法定程序；（三）决策草案内容是否符合有关法律、法规、规章和国家政策的规定。"

② 《国务院办公厅关于全面推行行政规范性文件合法性审核机制的指导意见》第（6）条："审核机构要认真履行审核职责，防止重形式、轻内容、走过场，严格审核以下内容：制定主体是否合法；是否超越制定机关法定职权；内容是否符合宪法、法律、法规、规章和国家政策规定；是否违法设立行政许可、行政处罚、行政强制、行政征收、行政收费等事项；是否存在没有法律、法规依据作出减损公民、法人和其他组织合法权益或者增加其义务的情形；是否存在没有法律、法规依据作出增加本单位权力或者减少本单位法定职责的情形；是否违反规范性文件制定程序。审核机构要根据不同情形提出合法、不合法、应当予以修改的书面审核意见。"

定法制审核制度的指导意见》第 4 条,① 这三份文件对三类行政行为制定了相关规范,合法性审查可依据文件内容开展。尽管三份文件对三类行政行为的合法规范并不完全一致,但结合上述文件及其内容,可以大致提炼出其中的核心内容,如主体、权限、程序、内容、依据五个层级,沿着主体是否合法、是否拥有相对应的权限、程序内容是否合法合规、依据是否充分的路径完成合法性审查。

4. 形成审查意见

在合法性审查结束后,审查机构应当经过理性讨论综合意见,并尽快形成审查意见,既避免相关主体已违法,但久未处理导致损害进一步扩大,也防止相关主体并未违法,但因长期的审查导致正常工作无法开展。因此,审查意见应当审慎综合考虑,并尽快形成。

二、国家自然资源所有权委托代理清单合法性审查的结果评价

(一) 合法结果评价

在审查机构形成审查意见后,最终得出的是相关主体的行为是合法行为,即通过了合法性审查,并未违反相关法律法规,则得到的是合法结果评价。审查机构应当及时将相关意见与审查结果公之于众,避免相关主体声誉受到影响,同时,其应尽快协助相关主体恢复日常工作,避免其受到损失。在审查结果为合法时,应当尽快结束审查持续行为,以消除因审查行为造成的相关影响,且审查机构应当对其作出的审查结果负责,并接受社会公众以及其他主体的监督,从而避免整个国家自然资源所有权委托代理清单的施行存在不可被监管

---

① 《国务院办公厅关于全面推行行政执法公示制度执法全过程记录制度重大执法决定法制审核制度的指导意见》第 4 条:"重大执法决定法制审核是确保行政执法机关作出的重大执法决定合法有效的关键环节。行政执法机关作出重大执法决定前,要严格进行法制审核,未经法制审核或者审核未通过的,不得作出决定。(十一) 明确审核机构……(十二) 明确审核范围……(十三) 明确审核内容……(十四) 明确审核责任……。"

的灰色地带，防止权力滥用的滋生。

（二）违法结果评价

在审查机构形成审查意见后，最终得出的是相关主体的行为违反了相关法律法规，即未通过合法性审查，则得到的是违法结果评价。[①] 此时审查机构同样应当及时将相关意见与审查结果公之于众，接受社会公众的监督，以示公正。同时，因相关主体的行为违反了法律法规，应当责令其在规定期限内改正，接受相应的处罚，并在规定期限到来之际再次由审查机构复查，确认行为合法后才能通过审查。

需要注意的是，若针对行政机关之外的其他主体，审查机构相对而言具有一定的权威性，可对其责令改正或者处罚，审查以及处理行为较易执行；若违反了相关法律法规的是行政机关，审查机构可能会碍于行政机关的国家公权力性质甚至因直接受其管理而不愿对行政机关展开审查与处理，从而导致违法情况无法得到及时有效的制止和补正。因此针对审查机构的主体也应当多加考虑，或者通过高级行政机关对其进行授权，赋予其平等监督行政机关的权利；或者在行政机关内单独设立相关单位来进行监督，能在一定程度上避免此类事件的发生，更好地发挥合法性审查的公平公正性。

（三）审查后的委托代理清单内容式样

经合法性审查之后，应形成国家自然资源所有权委托代理的清单，并应在清单中标注委托代理中的各项内容。本质上，委托代理清单内容必须基于各地不同的行政机关职责"三定方案"展开，因此各地会有自然资源所有权委托代理方案之差异。国家自然资源所有权委托代理清单式样设计如表5-1所示。

---

① 在审查结果上，也可以设定有建设性的多样化结果。见刘权：《论行政规范性文件的事前合法性审查》，载《江苏社会科学》2014年第2期，第147-154页。

表 5-1　国家自然资源所有权委托代理清单式样设计

A1	A2	A3	A4	A5	A6	A7	A8	A9	A10
资源门类	客体范围	法定主体	所有者职责	受托代理主体	委托内容	规范依据	合法性审查机构	审查结果	备注
—	—	—	—	—	—	—	—	—	—
—	—	—	—	—	—	—	—	—	—
—	—	—	—	—	—	—	—	—	—
—	—	—	—	—	—	—	—	—	—

第六章 国家自然资源所有权委托代理的规范构造

第一节 国家自然资源所有权委托代理规范构造意旨

一、国家自然资源所有权委托代理规范构造的基点

规范构造有两种意思表达：一是规范的构造，意指广义法律规范的设计；二是规范性构造，意为"规范"作为"构造"的方式。国家自然资源所有权委托代理的规范构造，既有前者的意蕴，又有后者的表达。本章将以前述委托代理的基本理论，构造各具体类型国家自然资源所有权委托代理的规范。在中共中央办公厅、国务院办公厅印发的《全民所有自然资源资产所有权委托代理机制试点方案》之中，列举自然资源门类包括全民所有的土地、矿产、海洋、森林、草原、湿地、水、国家公园等 8 类自然资源资产。[①] 科学而言，这几类自然资源资产并非在同一标准之下的自然资源门类，土地、矿产、海洋、森林、草原、水与湿地、国家公园有所差异，后者属于自然生态空间。由于自然资源资产含义广泛，本章讨论的自然资源门类，选取常

[①] 《中办、国办印发〈全民所有自然资源资产所有权委托代理机制试点方案〉》，载《资源导刊》2022 年第 4 期，第 6 页。

见的自然资源门类为典型，其他类别自然资源纳入最后一节讨论。其中，森林资源和草原资源有众多相似之处，因此纳入同一节之中。也即是，本章将分为五个部分讨论，前四个部分为常见的自然资源门类——土地、矿产、水、林草，后一部分为其他自然资源。在土地资源的讨论中，包含无居民海岛自然资源的论述。

二、国家自然资源所有权委托代理规范构造的面向

每一种自然资源门类的规范设定有所不同，因此具体的国家自然资源所有权委托代理的规范构造讨论侧重点有所不同。但其逻辑主线一致，即首先分析具体国家自然资源所有权及其行使的规范现状，而后以前述委托代理的基本理论分析之，讨论该自然资源门类的委托代理规范构造应如何构建。应予说明的是，国家自然资源所有权委托代理的规范构造并不是要重新构造一套规范体系，实际上我国法规范体系已存在一定的事实上之"委托代理关系"，本章所谓的"规范构造"重在分析现状，并对现有规范形成的事实委托代理关系的科学化迭代。① 故而，在具体自然资源门类的分析中，有的自然资源门类侧重于主体规范的构造，有的自然资源门类侧重于客体规范的构造，有的自然资源门类侧重于内容（权利义务）规范的构造。本质上，这就是前述自然资源所有权委托代理的基本理论在我国具体自然资源门类中的科学演绎。

在委托代理制度的试点方案文件《全民所有自然资源资产所有权委托代理机制试点方案》中，行权模式业已说明其法权链条为"国务院代表国家行使全民所有自然资源所有权，授权自然资源部统

---

① 本质上，委托代理规范的构造应是全过程的，既有委托代理行为规范，也应有委托代理终止规范。前者是目前制度构造的核心，因此本文中未讨论终止问题。学界已有关于此论题的讨论，见李敏、龙开胜：《全民所有自然资源资产所有权委托代理终止探析》，载《中国土地》2022 年第 12 期，第 26-29 页。

一履行全民所有自然资源所有者职责，部分职责由自然资源部直接履行，部分职责由自然资源部委托省级、市地级政府代理履行，法律另有规定的依照其规定"①。不难看出，方案中法律之规定系作为原则之例外的但书规定。但国家自然资源所有权委托代理的规范构造，并非仅仅着眼于法律框架之下的所有者职责委托代理，而是以自然资源国家所有权行使委托代理，构造逻辑周延、设计合理的所有权行使制度，因此不限于现行法律体系之下。试点方案业已有所说明：虽然目前只委托代理试点系以现行规范为基准，但委托代理制度的构建要"为全面落实统一行使所有者职责、修改完善相关法律法规积累实践经验"。2019 年中办、国办联合印发的《关于统筹推进自然资源资产产权制度改革的指导意见》就已经为改革定调："推进相关法律修改，明确国务院授权国务院自然资源主管部门具体代表统一行使全民所有自然资源资产所有者职责"，且改革明确要求"全面清理涉及自然资源资产产权制度的法律法规"，以生态文明建设和自然资源资产产权保护为基准，以相关法律体系的改、废建议推进立法完善。②

诚如习近平总书记所指出的："在研究改革方案和改革措施时，要同步考虑改革涉及的立法问题，及时提出立法需求和立法建议。实践证明行之有效的，要及时上升为法律。实践条件还不成熟、需要先行先试的，要按照法定程序作出授权。对不适应改革要求的法律法规，要及时修改和废止。"③ 习近平法治思想的改革与法治关系论，为我们在研究自然资源资产所有权委托代理制度改革规范构造中，建构了如何看待现行立法的重要原则。委托代理制度虽是一种立法授权之外的制度，但委托代理制度研究不限于立法之框架。

---

① 《中办、国办印发〈全民所有自然资源资产所有权委托代理机制试点方案〉》，载《资源导刊》2022 年第 4 期，第 6 页。

② 《中共中央办公厅 国务院办公厅印发〈关于统筹推进自然资源资产产权制度改革的指导意见〉》，载《中华人民共和国国务院公报》2019 年第 12 期，第 6-10 页。

③ 习近平：《论坚持全面依法治国》，中央文献出版社 2020 年版，第 37 页。

第二节　国家土地所有权委托代理的规范构造

欲厘清国家土地所有权委托代理的规范构造，必然首先要对国家土地所有权的法律规范现状进行梳理。如若不然，则难以观察到所有权委托代理机制，在现有制度中如何发挥作用，又如何科学展开。较之于其他自然资源，国家土地所有权的规范体系无论是量还是质上，均为其最。因此，其规范现状分析与所有权委托代理的规范构造也最为详尽。

一、国家土地所有权及其行使的规范现状

（一）宪法与法律层面的规范现状

我国土地所有权的主体配置，在《宪法》第 10 条中有明确的规定，即城市土地属国家所有，农村及城郊若非有法律规定属国家所有，则属集体所有。[①] 一直以来，宪法国家所有权与民法国家所有权是否具有一致性，学界有较大的争议，存在着几种典型的对立观点。目前较被认同的学说如下。其一，以学人程雪阳为代表，认为《宪法》中的"国家所有"，既是一种经济学的所有制规定，又是法学上

[①] 《宪法》第 10 条规定，"城市的土地属于国家所有"，而"农村和城市郊区的土地，除由法律规定属于国家所有的以外，属于集体所有"，包括"宅基地和自留地、自留山"也属于集体所有。1982 年《宪法》虽历经多次修改，但关于土地所有的规定一直未发生变动。实际上，城市、城市郊区与农村的这种三分法，存在一定的局限性。随着制度改革的推进，这种边界划分已凸显出一定的不科学性。自 1982 年 12 月 4 日第五届全国人民代表大会第五次会议通过宪法实施以来，宪法历经多次修正案，包括 1988 年 4 月 12 日第七届全国人民代表大会第一次会议通过的《中华人民共和国宪法修正案》、1993 年 3 月 29 日第八届全国人民代表大会第一次会议通过的《中华人民共和国宪法修正案》、1999 年 3 月 15 日第九届全国人民代表大会第二次会议通过的《中华人民共和国宪法修正案》、2004 年 3 月 14 日第十届全国人民代表大会第二次会议通过的《中华人民共和国宪法修正案》和 2018 年 3 月 11 日第十三届全国人民代表大会第一次会议通过的《中华人民共和国宪法修正案》修正。

的所有权规定；宪法国家所有权和民法国家所有权，有联系也有差异：法律地位、权能构造和权利外观上两者一致，但在权利设计功能上，宪法国家所有权具有"全民属性"的公利性。[①] 其二，以学人瞿灵敏为代表，认为《宪法》中"国家所有"分两种情况，第9条的"国家所有"是所有制上的国家所有，属于《宪法》的价值选择和政治决断（全民所有），而第10条的国家所有等同于民法国家所有，是非基本权利的（非全民所有）。[②] 换言之，这种观点之下，土地所有规定的第10条，就是一种民法国家所有权的权属规定。其三，以学人李忠夏为代表，认为《宪法》中的"国家所有"只能在宪法层面展开，"国家所有"不能完全遵循私法路径，这会使其丢失公法上国家所有权的监管与义务。[③]

不仅是宪法国家所有与民法国家所有权存在理解视域的不同，关于国家土地的范围，学界也存在诸多的争议。学人程雪阳认为：《宪法》第10条第1款的规定并不是强制性规范，而是授权性规范，即"城市的土地可以属于国家所有，也可以不属于国家所有；城市可以建设在国有土地上，也可以建设在非国有土地上"。[④] 进一步而言，这种"可以权力"的行使则是基于公共利益的需要，以行政征收之方式将城市中的土地转为国家所有。学人张千帆教授认为："城市化"并不等同于"征地"，这种观点错解了《宪法》第10条的土地二元结构。这种理解不仅与宪法精神相悖，而且也事实上造成了严重不良的社会后果；在对《宪法》第10条的解释上，应赋予"保障

---

① 程雪阳：《中国宪法上国家所有的规范含义》，载《法学研究》2015年第4期，第105-126页。

② 瞿灵敏：《揭开宪法"国家所有"的面纱——〈宪法〉文本中两种不同类型的"国家所有"》，载《苏州大学学报（法学版）》2016年第4期，第53-67页。

③ 李忠夏：《"国家所有"的宪法规范分析——以"国有财产"和"自然资源国家所有"的类型分析为例》，载《交大法学》2015年第2期，第5-23页。

④ 程雪阳：《论"城市的土地属于国家所有"的宪法解释》，载《法制与社会发展》2014年第1期，第169-180页。

人权、尊重私有财产"的价值维度，征地行为与城市化应脱钩。① 学人彭錞则提出了一种新的视角观察——原旨主义视角。他认为：1982年《宪法》第10条的规定是出于一种现实需要——"改革开放以后便利国家建设取得土地、限制农地流失"，当然也是承继那时的城乡二元土地所有制结构；但随着改革开放40多年的发展，"市场、法治和人权"以及非国有财产平等保护等理念的展开，以原旨主义立场看，该条款弊端重重，应重新解释回归宪法内在体系中的实践理性等原理，以此推动土地制度改革。② 这种理念倒是契合了韩大元的呼吁——"以我国《宪法》文本为基础，建构解决我国问题的解释技术、解释程序、解释理论"，对于实践中的宪法问题，"在宪法与社会的互动中实现社会治理方式的法治化"。③

"悬置"关于"宪法所有"的性质与内容争议，《民法典》则是直接确定了土地的国家所有权。《民法典》第249条规定关于国有土地权属与主体的规定，看似有一定的语义重复——"法律规定属于国家所有"，这似乎是条件与结论之间的重复。④ 但《民法典》第249条的规定，重在转介其他法律进入民法之中。也就是说，该条之中"法律规定属于国家所有"的"法律规定"是《民法典》之外的其他法律，这包括《土地管理法》等。在《土地管理法》第9条也有此"近乎一致"的规定——城市市区之土地属国家所有，而城郊

---

① 张千帆：《城市化不需要征地——清除城乡土地二元结构的宪法误区》，载《法学》2012年第6期，第19-24页。

② 彭錞：《八二宪法土地条款：一个原旨主义的解释》，载《法学研究》2016年第3期，第36-52页。

③ 韩大元：《认真对待我国宪法文本》，载《清华法学》2012年第6期，第5-18页。

④ 《民法典》第249条规定，"城市的土地，属于国家所有"，且"法律规定属于国家所有的农村和城市郊区的土地，属于国家所有"。

与农村之土地，除另有法律规定国家所有外，原则上属农民集体所有。[①] 虽然《宪法》《民法典》《土地管理法》表达的内容几乎一致，但三者表达的逻辑却是有所差异的。从立法表达而言，《民法典》重在明确"土地国家所有权"的范围；《宪法》《土地管理法》则重在"土地"，即表达我国土地哪些属于国有，哪些属于农民集体所有。

应该说，在国家土地所有权上，虽然三部法律的面向不同，但重在构造了权属的框架，形成了国家土地所有权的制度体系基础。只不过，也因为这种规定更多属于"基础性"，因此在权利行使规范的构造上却有些"捉襟见肘"。

（二）行政法规及以下层级的规范现状

作为下位法，《土地管理法实施条例》是《土地管理法》的具体化。[②] 该条例第1条便明确其系根据《土地管理法》制定。实际上，这种条例制定依据是不够准确的，至少是不周延的。虽然《土地管理法》系《土地管理法实施条例》的上位法，但土地权利，包括其中涉及的土地所有权、使用权等均与《民法典》物权编息息相关。脱离了《民法典》的土地权利基本设定，《土地管理法实施条例》则是无法开展的，也是缺乏依据的。

《土地管理法实施条例》对土地相关管理做了详细的安排，但关于国家土地所有权的行使安排，特别是市场下的"土地资源交易"，

---

① 《土地管理法》第9条也规定，"城市市区的土地属于国家所有"，而"农村和城市郊区的土地，除法律规定属于国家所有的以外，属于农民集体所有"，同时农村的"宅基地和自留地、自留山"属农民集体所有。《土地管理法》于1986年6月25日第六届全国人民代表大会常务委员会第十六次会议通过。此后《土地管理法》经多次修正或修订，即于1988年12月29日第七届全国人民代表大会常务委员会第五次会议第一次修正；于1998年8月29日第九届全国人民代表大会常务委员会第四次会议修订；于2004年8月28日第十届全国人民代表大会常务委员会第十一次会议第二次修正；于2019年8月26日第十三届全国人民代表大会常务委员会第十二次会议第三次修正。

② 《土地管理法实施条例》系1998年12月27日中华人民共和国国务院令第256号发布，而后2011年1月8日依据《国务院关于废止和修改部分行政法规的决定》第一次修订，2014年7月29日依据《国务院关于修改部分行政法规的决定》第二次修订，2021年7月2日依据中华人民共和国国务院令第743号第三次修订。

重点在《城镇国有土地使用权出让和转让暂行条例》。该条例 1990
年便以国务院令第 55 号发布，2020 年依《国务院关于修改和废止部
分行政法规的决定》进行了修订。该条例第 2 条即明确，国家土地
所有权与使用权的两权分离原则，分离实施依照城镇国有土地使用
权出让、转让制度而施行。在条例的第 8 条中，"出让"被详细定义
为"国家以土地所有者的身份将土地使用权在一定年限内让与土地
使用者，并由土地使用者向国家支付土地使用权出让金的行为"，行
为载体即土地使用权出让合同。虽然在土地使用权出让的定义中，出
让人系"国家"，但在第 9 条与第 11 条中，则是规定"土地使用权
的出让，由市、县人民政府负责"，且土地使用权出让合同系由市、
县人民政府土地管理部门与土地使用者签订。换言之，在第 9 条与第
11 条中，市、县人民政府土地管理部门作为实践中的土地所有者
（国家）的法定代表人或代理人。

　　实际上，在湖南省具体的土地管理规范上，这种逻辑亦是贯通其
中的。《湖南省实施〈中华人民共和国土地管理法〉办法》第 2 条规
定："本省行政区域内的土地保护、开发、利用及相关管理活
动。"① 依据该办法第 4 条第 2 款规定："县级以上人民政府自然资源
主管部门负责本行政区域土地管理和监督工作，农业农村主管部门
负责本行政区域耕地质量管理、农村宅基地改革和管理有关工作。"
这也就是说，实质上，县级以上人民政府自然资源主管部门在事实上
行使土地管理职权，行使国家土地所有权。

---

① 《湖南省实施〈中华人民共和国土地管理法〉办法》于 2000 年 3 月 31 日湖南省第九
届人民代表大会常务委员会第十四次会议通过，后根据 2012 年 3 月 31 日湖南省第十一届人民
代表大会常务委员会第二十八次会议《关于按照行政强制法的规定修改部分地方性法规的决
定》第一次修正，后又根据 2016 年 7 月 30 日湖南省第十二届人民代表大会常务委员会第二十
三次会议《关于修改〈湖南省行政事业性收费管理条例〉等五部地方性法规的决定》第二次
修正。2022 年 1 月 19 日，经湖南省第十三届人民代表大会第五次会议通过了新的《湖南省实
施〈中华人民共和国土地管理法〉办法》于 2022 年 3 月 1 日起施行，与此同时废止了 1987 年
湖南省第六届人民代表大会第五次会议通过的《湖南省土地管理实施办法》和 2000 年通过并
先后两次修订的《湖南省实施〈中华人民共和国土地管理法〉办法》。

当然，地方性法规本就应在法律与行政法规之原则下制定，与上位法规定一致本就是其立法原则。但也不得不提的是，在该省级地方性法规之中，这种"授权"的范围较之上位法其实更大。

（三）现行立法体系设计之问题所在

以上法律体系的安排，不仅不甚周延，甚至还存在缺乏法理支持的问题。法律体系的不周延性，核心体现在所有权的"授权行使"体系的不完善；而法理缺乏性，核心体现在已有立法安排的理论支撑仍未有完整的构建。依照《民法典》第 246 条之规定，国有财产也即全民所有之财产，除存在但书规定之外，其所有权由国务院代表国家行使。这种规范设计，在原则上构造了国家自然资源所有权主体与代表主体关系的原则。[1] 当然，有些自然资源的规定则更为直接与具体。如《民法典》第 248 条规定，"无居民海岛属于国家所有"，而其所有权由"国务院代表国家行使"。

问题所在不是由所有权人"国家"授权"国务院"之过程，而是"国务院"向下授权之链条。应该说，在《民法典》之前这样的授权并无法律明确之规定。直到《民法典》立法，才将"统一且唯一"的国家所有权制度迭代为"统一但不唯一"。从国务院到"国务院机关"的授权线条看，《民法典》第 255 条规定似乎完成了国务院对有关国家机关的授权。[2] 但"似乎"之下，也说明了目前学界并未形成周延的解释体系。总的来说，对于"国家统一行使"的相关理论，并未形成通说，故而才一直有学者批评其逻辑性与实践性。如孙宪忠教授所指出："统一且唯一"国家所有权学说并不周延，"国家"与"全民"不能等同，国家所有权与全民所有权并不同义，且"国家"是抽象概念主体，无法成为民法之"物"的所有权主体；而且

---

[1] 依照《民法典》第 246 条之规定，"法律规定属于国家所有的财产，属于国家所有即全民所有"，而"国有财产由国务院代表国家行使所有权"，除非法律另有规定。

[2] 依照《民法典》第 255 条规定，"国家机关对其直接支配的不动产和动产，享有占有、使用以及依照法律和国务院的有关规定处分的权利"。

在实践中，还存在中央政府与地方政府的划分、地方政府之间的纠纷等冲突。① 虽然通过机关法人等特别法人构造，缓解了孙宪忠教授提出的相关问题，但如其后来所表示，在一些问题上学术界仍旧"理论研究明显滞后"，且更为严重的是"我国通行的民法学教科书依然强调国家所有权的统一和唯一"。② 实际上，这些批评也正是目前理论界所应前进之方向，相应问题也正是本书的核心关照之处。

换言之，在土地所有权权利的主体体系中，交叉着理论、立法与实践的不同。对于土地所有权中的主体"全民""国家""国务院""国务院自然资源主管部门""市、县人民政府土地管理部门"，如何形成一个逻辑周延且连贯的"所有—行使"体系，是国家土地所有权委托代理问题所要解决的难题。

二、国家土地所有权委托代理的规范构造

（一）国家土地所有权委托代理规范构造的理论分析

早在 2020 年委托代理改革之初，我们就对以上问题做过初步的设想，即厘清国务院代表国家行使的法理问题，并明确"国务院授权中央政府自然资源主管部门，或委托地方人民政府或其他相关部门代理行使所有权的依据、形式与内容"。③ 不得不说，虽然没有明确的立法安排或学说构造，但实践中"国务院主导着自然资源的所有权行使，国务院和国务院相关部门从抽象到具象均行使着自然资源的所有权"。④ 其中，就包含土地国家所有权行使的理论与实践问

---

① 孙宪忠：《"统一唯一国家所有权"理论的悖谬及改革切入点分析》，载《法律科学（西北政法大学学报）》2013 年第 3 期，第 56-65 页。

② 孙宪忠：《当前民法学基本理论的十点思考》，载《民主与法制时报》2023 年 11 月 19 日，第 6 版理论版。

③ 屈茂辉、柳婷婷：《国务院代表国家行使自然资源所有权的法体系构造》，载《湖南大学学报（社会科学版）》2020 年第 4 期，第 127-136 页。

④ 屈茂辉、柳婷婷：《国务院代表国家行使自然资源所有权的法体系构造》，载《湖南大学学报（社会科学版）》2020 年第 4 期，第 127-136 页。

题。厘清其法理逻辑，关键在于构建"全民""国家""国务院""自然资源部""市、县人民政府""市、县人民政府土地管理部门"之间的法律关系。

国务院的职权虽然在《宪法》中有明确规定，但如何理解国务院及中央政府主管部门之间关系是关键。依《宪法》第 89 条，国务院依法行使职权包括"规定部委之职责、统领部委之工作与其他全国性行政工作，规定央地行政职权之划分，并统领地方行政工作"。[①] 不难看出，国务院之工作强调着"非具体性"——规定其他机关的职责并统领。在《国务院组织法》中，对国务院也确实更多的是强调宏观性安排。

依《国务院组织法》第 5 条规定，"国务院由总理、副总理、国务委员、各部部长、各委员会主任、中国人民银行行长、审计长、秘书长组成"。其内蕴为，国务院系由一系列"特定行政职务"的人组成，[②] 这一规定并未交代清楚国务院与部委机关之间的关系。再来看自然资源部的相关规定。在 2018 年中共中央印发的《深化党和国家机构改革方案》中，不再保留国土资源部，而新组建了自然资源部。自然资源部的职责中，明确"统一行使全民所有自然资源资产所有

①　依《宪法》第 89 条，国务院依法行使职权包括"（三）规定各部和各委员会的任务和职责，统一领导各部和各委员会的工作，并且领导不属于各部和各委员会的全国性的行政工作"与"（四）统一领导全国地方各级国家行政机关的工作，规定中央和省、自治区、直辖市的国家行政机关的职权的具体划分"。

②　1982 年 12 月 10 日《国务院组织法》由中华人民共和国第五届全国人民代表大会第五次会议通过并公布施行，2024 年 3 月 11 日由中华人民共和国第十四届全国人民代表大会第二次会议修订并施行。应注意，1982 年《国务院组织法》与现行《国务院组织法》较为不同。2024 年《国务院组织法》第 5 条规定，"国务院由总理、副总理、国务委员、各部部长、各委员会主任、中国人民银行行长、审计长、秘书长组成"。但 1982 年版《国务院组织法》在第 2 条规定，"国务院由总理、副总理、国务委员、各部部长、各委员会主任、审计长、秘书长组成"。新增加了"中国人民银行行长"，这无疑与其机构改革历史有重要关联。实践中，"中国人民银行行长"早已成为国务院组成人员之一，见《国务院关于印发〈国务院工作规则〉的通知》（国发〔1998〕9 号）第 4 条；中国人民银行：《中国人民银行七十年》，中国金融出版社 2020 年版。

者职责，统一行使所有国土空间用途管制和生态保护修复职责"。① 在随后发布的《自然资源部职能配置、内设机构和人员编制规定》之中，关于其职责规定的第3条第1款第（1）项中是"履行全民所有土地、矿产、森林、草原、湿地、水、海洋等自然资源资产所有者职责和所有国土空间用途管制职责"。② 也就是说，在该文件中，自然资源部已经"代表国务院"在履行国家自然资源资产所有者职责。

实际上，从国务院到自然资源部，存在一个公法上未能解决的理论问题，而这个公法问题却"严重影响"着人们对国家自然资源所有权委托代理主体制度的理解。依照《国务院组织法》的文义，就组织机构而言，国务院是由相关人员组成的机构，自然资源部与国务院并无隶属关系。2018年中共中央印发的《深化党和国家机构改革方案》规定：国务院设置机构包括办公厅、国务院组成部门、国务院直属特设机构、国务院直属机构、国务院办事机构、国务院直属事业单位、国务院部委管理的国家局。《国务院行政机构设置和编制管理条例》第6条也规定"国务院行政机构根据职能分为国务院办公厅、国务院组成部门、国务院直属机构、国务院办事机构、国务院组成部门管理的国家行政机构和国务院议事协调机构"，③ 其中自然资源部便属于"国务院组成部门"。从文义看，国务院组成部门就是国务院的组成部门，然而在《国务院组织法》中，国务院系由"特定行政职务"之人组成，这就造成了对国务院组成的不同理解。关键是因为这种对"组成"的不同理解，会影响国家自然资源所有权主体中"国务院"到"自然资源部"之关系界定。

---

① 《中共中央印发〈深化党和国家机构改革方案〉》，载《人民日报》2018年3月22日版。

② 《自然资源部职能配置、内设机构和人员编制规定》，载《中国自然资源报》2018年9月12日版。

③ 《国务院行政机构设置和编制管理条例》依据1997年的中华人民共和国国务院令第227号发布，自发布之日起施行。

回答这一问题，恐怕还要回到《宪法》之中。依据《宪法》第89条的规定，国务院"统一领导"各部和各委员会的工作并"规定"各部和各委员会的任务和职责。换言之，对于自然资源部与国务院之间，关于土地国家所有权行使的问题，逻辑理解可为国务院以"规定"的方式"授权"自然资源统一行使全民所有自然资源资产所有者职责——统一行使土地国家所有权。这里只有切换为内外的双重视角才能解释其关系的构成。从内部视角而言，自然资源部是国务院的组成部门，也是其"履行特定职能"一部分，因此国务院的这种"规定授权"的方式是整体到部分。而从外部视角看，自然资源部与国务院属于皆有机关法人资格之主体，因而其所谓的"规定授权"，就是一种主体间的"委托代理"。

如此，依据前述分析，在国家土地所有权的委托代理主体间权利传递中，从国务院到自然资源部的环节，所有权委托代理行使已经完成。[①] 无论是2018年中共中央印发《深化党和国家机构改革方案》之中，还是在《中共中央办公厅、国务院办公厅关于印发〈自然资源部职能配置、内设机构和人员编制规定〉的通知》（厅字〔2018〕69号）中，已经明确自然资源部的职责第一条便是"履行全民所有土地、矿产、森林、草原、湿地、水、海洋等自然资源资产所有者职责"。换言之，国务院行使《宪法》第89条之权力，即"规定"自然资源部的职能配置时，已经将国务院代表国家行使的自然资源所有权"规定"于自然资源部的职能之中。

相较于国家自然资源所有权委托代理其他规范建构的欠圆满，国家土地所有权委托代理已有较为详细的规范安排，但关键问题在于如何实现规范的周延性、科学性。在中共中央办公厅、国务院办公厅印发的《全民所有自然资源资产所有权委托代理机制试点方案》之中指出，国有自然资源资产所有者职责为"主张所有、行使权利、

---

① 下文中，其他国家自然资源所有权委托代理存在的"国务院—自然资源部"授权问题，亦不再重复讨论。

履行义务、承担责任、落实权益"，而所有权委托代理机制的核心理念是"统一行使、分类实施、分级代理、权责对等"。[①] 在该方案中明确所有权行使模式为：第一链条，"国务院代表国家行使全民所有自然资源所有权"，第二链条，"国务院授权自然资源部统一履行全民所有自然资源资产所有者职责"，第三链条，除由自然资源部直接履行的职责外，"部分职责由自然资源部委托省级、市地级政府代理履行"。当然，在第三链条中存在但书规定，即这种三阶构造中"法律另有规定的依照其规定"。[②] 从前述分析不难获知，国家自然资源所有权委托代理关键是在第三链条之中，如何构造委托代理主体、委托代理内容、委托代理形式形成法律关系理论。依照《全民所有自然资源资产所有权委托代理机制试点方案》所言，在国家土地所有权委托代理之中，那就要明确相应的主体、内容和形式。

（二）国家土地所有权委托代理一般规范构造的具象构造

自然资源部何以将不同层次、不同类别的国有土地所有权委托于相关的行政机关呢？在委托代理主体问题上，委托主体自然是自然资源部，但代理主体应设计为省级，而后省级再委托部分职责由市地级政府代理，还是自然资源部直接委托省级、市地级政府代理其实值得商榷。诚如有研究指出，委托代理制度的核心内容之一，便是构造"央地政府间、地方同级自然资源主管部门间的行权关系与权责边界"，具体工具便是纵向主体间的"直接行使或委代行使"构造和横向主体间的"统一行使、分类管理、统一指导"构造。[③]

《土地管理法》虽未使用"委托代理"概念，但已经形成了一定

---

① 《中办、国办印发〈全民所有自然资源资产所有权委托代理机制试点方案〉》，载中国政府网，https：//www.gov.cn/xinwen/2022-03/17/content_5679564.htm，2023年11月30日访问。

② 《中办、国办印发〈全民所有自然资源资产所有权委托代理机制试点方案〉》，载中国政府网，https：//www.gov.cn/xinwen/2022-03/17/content_5679564.htm，2023年11月30日访问。

③ 何钊、胡守庚、瞿诗进等：《全民所有自然资源资产所有权权利体系及其行权方式探讨——基于委托代理机制的视角》，载《中国土地科学》2023年第12期，第14-23页。

的"委托代理机制"。《土地管理法》第5条第1款规定"国务院自然资源主管部门统一负责全国土地的管理和监督工作",而第2款明确"县级以上地方人民政府自然资源主管部门的设置及其职责,由省、自治区、直辖市人民政府根据国务院有关规定确定"。从《土地管理法》的自然资源主管部门设置权限规范看,县级以上政府自然资源主管部门的设置及其职责规定,系由省级人民政府(即省、自治区、直辖市人民政府)确定,这就包括行使土地国家所有权的职能。换言之,在委托代理主体上,《土地管理法》的法构造便是,由自然资源部委托省级人民政府(含省、自治区、直辖市人民政府)代理行使国有土地所有权,而并不是直接委托市地级政府代理。省、自治区、直辖市人民政府如何转委托市地级政府,则应由代理主体决定。

当然,这种分析基于法定主义,即《土地管理法》所确定的"自然资源部—省级人民政府"委托代理的原则性构造。然而,该构造是否可以打破,或者说学理上是否应予打破,是值得探讨的。首先应予确定的是,国家土地所有权的委托代理制度原则上不存在纵向委托。自然资源部系以原国土资源部为核心,整合其他行政机构而形成,除了特定国有土地资源外,不应存在横向委托其他部委的情况。从对法律文本的分析及湖南省的实际调研情况看,目前国家土地所有权委托代理制度已经具有相当程度的成熟性,《土地管理法》及相关行政法规的法定委托代理授权,实际上已经构造了相当详细的"自然资源部—市、县人民政府"委托代理制度。《城镇国有土地使用权出让和转让暂行条例》第9条明确,国有土地使用权的出让由市、县人民政府负责,即由其作为国有土地所有权之代理人,行使所有者权利。实质上,国有土地使用权出让是所有权权利行使最重要,也是最核心的一块。进一步,该条例第6条则明确规定,"县级以上人民政府土地管理部门"(而不是市、县人民政府)监督检查国有土地使用权的"出让、转让、出租、抵押、终止"等行为。

　　基于现有法定授权委托代理的制度完备性，法定授权已经成为委托代理的"主线剧情"，且制度运行较为良好，因此作为法定授权之外的"非主线剧情"，不宜将《土地管理法》设定的原则推翻而重构一套新系统。委托代理主体的体系构造应为：法定授权为"自然资源部—市、县人民政府"，非法定授权的委托代理为"自然资源部—省级人民政府"。对于非法定授权的委托代理，省级人民政府可通过再委托，将部分事项交由下级人民政府代理。

　　在委托代理内容问题上，也已在《民法典》与《土地管理法》中有所规定。本质上，委托代理内容主要是关于国有土地上所有权的行使，特别是设立用益物权、设立租赁权等行使方式。由于物权法定，在委托代理行使的权利上，业已有迹可循。值得注意的是，《土地管理法》将土地分为三种类别，即建设用地、农用地与未利用地。建设用地依据设立的用益物权类型区分为出让建设用地（其上设立出让型建设用地使用权）、划拨建设用地（其上设立划拨型建设用地使用权）。《土地管理法》第 2 条之规定："国家依法实行国有土地有偿使用制度。但是，国家在法律规定的范围内划拨国有土地使用权的除外。"第 54 条进一步规定："建设单位使用国有土地，应当以出让等有偿使用方式取得；但是，下列建设用地，经县级以上人民政府依法批准，可以以划拨方式取得。"换言之，划拨建设用地不需要依照有偿使用制度支付相应的对价。鉴于国有划拨土地所有权委托代理规范的特殊性，因此设置专节予以讨论。

　　委托代理制度改革的核心要点之一，便是要"所有者权益"的实现，当然这种实现方式并非单一地体现为资源交易的对价，代理内容的"自然资源资产管护、实现保值增值以及维护所有者权益"也是所有者权益保护的体现之一。[①] 但不可否认"有偿使用"产生的交易对价，是其重要的权益实现形式。土地制度的改革支撑了我国经济

---

　　① 施志源、李思锐、俞虹帆：《自然资源资产所有权委托代理中的权益落实及其制度保障》，载《中国人口·资源与环境》2023 年第 12 期，第 172–183 页。

的发展，特别是建设用地制度的改革，"土地财政"这一现象的产生，实质上也从侧面表达了土地有偿使用制度改革（即建设用地使用权出让制度）的支撑作用。[①] 从我国城市土地使用制度的改革进程及现状看，在我国土地市场制度之中，市场在土地资源配置中，特别是建设用地使用权配置起了重要的作用。[②] 也因其重要性，虽然法律体系中并无土地所有权"委托代理"的表述，但目前我国市场型建设用地所有权的委托代理机制，其实业已成型。《土地管理法》第55条本质上已经构建了体现国有土地所有权的所有者权益条款，即"新增建设用地的土地有偿使用费，百分之三十上缴中央财政"。在该条款中，本质上已通过的条款，主张了土地国家所有权的所有者权益。

基于以上规范构造分析，除委托代理主体权利义务章节所列明的一般性权利义务之外，包含国有建设用地的一般国有土地所有权，委托代理规范构造应为：

1. 既定法定委托代理：自然资源部委托市、县人民政府代理行使国有土地所有权

（1）代理人权利。依照国有土地使用权出让合同向使用权人征收相应的土地出让价款，且依照法定委托代理的分配比例取得相应部分的价款；代理行使所有者的合同履行监督权，监督土地使用权人按照合同在权利边界之内行使矿业权，如依照合同确定的规划指标利用土地。

（2）代理人义务。对于新增建设用地，将国有土地使用权出让合同收取的出让价款支付于委托人自然资源部指定账户；监督土地使用权人，按照合同于权利边界之内行使使用权（该监督权相对于

<hr>

① 陈志勇、陈莉莉：《"土地财政"：缘由与出路》，载《财政研究》2010年第1期，第29-34页；曹飞：《土地财政：本质、形成机理与转型之路》，载《社会科学》2013年第1期，第67-72页。

② 李建建、戴双兴：《中国城市土地使用制度改革60年回顾与展望》，载《经济研究参考》2009年第63期，第2-10页。

土地使用权人是权利，但对于委托人自然资源部而言，则是委托人为代理人设定的法定义务）；向委托人报告国有土地所有权代理行使的情况，包括设立国有土地使用权等内容。

（3）委托人权利。依照国有建设用地使用权出让合同和土地管理法的法定委托代理权益分配比例（30%），取得相应出让价款；监督代理人依照委托代理内容中履行义务，行使相关的所有者权利。

（4）委托人义务。依照国有建设用地使用权出让合同和法定委托代理关系，转让部分权益的取得权。

2. 非法定委托代理：自然资源部委托省级人民政府代理行使国有土地所有权

国有土地所有权非法定委托的主要对象，应是"非出让方式行使所有权"的土地有偿使用下之所有权代理行使，例如目前正推行的"先租后让"等国有土地使用权设置。[1] 除了土地使用权出让之外，现行立法也以法定授权的方式，委托地方人民政府管理国有土地，例如临时用地情境下的国有土地租赁使用权设置。只是这种授权，更偏于设定"行政性权力"。《土地管理法》第 58 条的用词并非合意，而是"由县级以上人民政府自然资源主管部门批准"。因此，在非法定委托代理中，这种构造应如下：

（1）代理人权利。针对临时用地、非出让式用地情形，如租赁国有土地使用权，依法签订相应的合同，并征收相应的土地使用价款；代理行使所有者的合同履行监督权，监督土地使用权人按照合同在权利边界之内行使矿业权，如依照用途不得修建永久性建筑、遵照

---

① 见《自然资源部关于完善工业用地供应政策支持实体经济发展的通知》（自然资发〔2022〕201 号）。各地根据自身实际情况，也推出了相应的具体政策，如《北京市工业用地先租后让指导意见（试行）》（京规自发〔2024〕42 号）、《海南省产业用地先租后让管理实施细则》（琼自然资规〔2020〕13 号）、《河北省工业用地长期租赁、先租后让、弹性年期出让暂行办法》。

合同期限履行等。①

（2）代理人义务。在新型用地方式情境中，应将相应之土地价款支付于委托人自然资源部指定账户；监督土地使用权人，按照合同于权利边界之内行使使用权；向委托人报告国有土地所有权代理行使的情况，包括设立国有土地使用权等内容；若存在国有土地所有权行使的再委托，必要时应取得所有者代表者的相应许可。②

（3）委托人权利。依照委托代理的权益分配比例，收取相应的土地使用价金；监督代理人依照委托代理内容中履行义务，行使相关的所有者权利。

（4）委托人义务。依照委托代理内容，转让相应的所有者行权之权益取得权。

3. 非法定委托代理的再委托（也可称为转委托、二级委托）：省级人民政府再委托市地级或县级人民政府行使国有土地所有权

本质上，这种再委托也是出于效率的考虑。再委托的核心问题是，要前置委托代理（或可称为一级委托）取得授权，方可再行向下委托。在委托内容上，二级委托只能在一级委托的内容内再行委托。这种委托代理，可以是省级人民政府与市地级人民政府，也可以是与县级人民政府，形成委托代理关系。

二级委托代理与一级委托的主要内容可以别无二致，也可以是部分相同。此时的省级人民政府系一级委托中的代理人兼二级委托中的委托人，其除了上述一级代理中的义务外，设定了新的对二级代

---

① 《土地管理法》第57条规定，"临时使用土地的使用者应当按照临时使用土地合同约定的用途使用土地，并不得修建永久性建筑物"，且"临时使用土地期限一般不超过二年"。

② 课题研究时，对于是否可以"再委托"，即便课题内部研究人员也争议较大。一方面，如果要转委托为何不直接由自然资源部委托，另一方面如果"再委托"也就表达自然资源部要对省市两级的委托代理内容设计精细化，而实践中，这是较为困难的。笔者认为，无论是从《地方各级人民代表大会和地方各级人民政府组织法》角度，还是《土地管理法》第5条规定之角度，又或者实践认识方面，其实省级人民政府更有利于统筹设计。相较之下，矿产资源所有权委托代理规范构造中，这个问题通过矿产资源的类型化设计，更易于解决自然资源部对省级、市地级人民政府之所有权委托代理的内容界分。

理人的监督权，即监督二级代理人依照委托代理内容设定义务，行使相关的所有者权利。而二级代理人的权利义务几乎与仅存在一级委托代理时，一级委托代理人的权利义务相近，因此也不再赘述。

（三）国有划拨地所有权委托代理规范构造的具象构造

目前，关于建设用地上以划拨方式行使所有权以及国有农用地问题上，委托代理的权利义务内容并未实现。换言之，在国有建设用地上，应该构建起关于划拨方式行使所有权的委代机制——重点在于其权利义务。一者，依据《土地管理法》第 2、54 条之规定，划拨用地不适用国有土地有偿使用制度，自然资源部或中央政府无法体现其所有权权益；二者，在目前的土地制度改革中，常见于国有企业或事业单位中的国有划拨建设用地使用权转出让建设用地使用权上，亦表明自然资源部或中央政府无法体现其所有权权益。①

以湖南省为例，2021 年湖南省自然资源厅联合其他部门联合印发的《湖南省省属国有企业原划拨土地作价出资（入股）管理办法（试行）》对"划拨土地作价出资（入股）"作了详细的规定，只不过该规范性文件限于省属国有企业拥有的划拨建设用地使用权。该文件第 2 条规定的重点在于，划拨土地作价出资（入股）系，将原无偿的划拨建设用地使用权"转换"为有偿的与出让建设用地使用权，因权利性质转变而形成的价款，转为国有资产或股权的过程。② 其中，国家系土地所有者，相应增值产生之国有资产或股权，

---

① 划拨建设用地并非没有价格，只是这种价格并不是市场竞争形成，为确定划拨地价，自然资源部还制定了相应的规范性文件——《划拨国有建设用地使用权地价评估指导意见（试行）》（自然资办函〔2019〕922 号）。

② 《湖南省省属国有企业原划拨土地作价出资（入股）管理办法（试行）》第 2 条规定，"本办法所称省属国有企业原划拨土地作价出资（入股），是指国家以土地所有者的身份，对省属国有企业原划拨土地使用权以作价出资（入股）的方式实行有偿使用，享有与出让土地使用权相同权能，并对划拨土地使用权转为作价出资（入股）土地使用权过程中形成的国有资产及股权进行管理的行为"。见《湖南省自然资源厅 湖南省财政厅 湖南省人民政府国有资产监督管理委员会 湖南省国有文化资产监督管理委员会关于印发〈湖南省省属国有企业原划拨土地作价出资（入股）管理办法（试行）〉的通知》（湘自资规〔2021〕7 号）。

由国家（湖南省人民政府代表）享有财产权或股权。① 但既然是"国家以土地所有者的身份"，却并未反映出作为土地国家所有权代表者国务院或代行法定职责的自然资源部，在其中的所有者权益。本质上，这是对目前湖南省调查的国有企业划拨土地的"闲置率高、利用率低、资产效益差"问题的回应，但这种回应在学理上仍未捋清。实际上，哪个部门履行出资（入股）的出资人职责，其实也有实务界人士提出了与实务中不同的意见。其认为，从自然资源资产特性、改革方向、监管便利等因素考量，出资人职责履行主体不应由国有资产监督管理部门履行，而会由自然资源主管部门履行。②

　　既然是以作价出资或者入股方式实行土地的有偿使用，体现了土地的资产属性，理应存在所有者权益。虽然这种规范的设计也是在一定的政策理念之下，但若从委托代理机制来看，便有不合理的问题。不仅如此，城镇建设用地中还存在较多的其他划拨建设用地，如因安置房建设而划拨的建设用地，这些划拨地都可能存在转出让地的情形，而这也都涉及土地国家所有权代表者国务院或代行法定职责的自然资源部的所有者权益体现问题。这就要求，在国有土地所有权委托代理的规范构造中，还应针对划拨建设用地进行委托代理构造，特别是其委托代理中权利义务构造：当发生《城市房地产管理法》第40条规定情形，即划拨建设用地使用权转出让地建设用地使用权时，如何确定相应的土地收益分配（包括对价为股权或投资人出资中的体现）。

　　在湖南省全民所有自然资民所有权委托代理试点过程中，《湖南省全民所有自然资源资产所有权委托代理机制试点实施总体方案》

　　①　依照《民法典》第257条，"国家出资的企业，由国务院、地方人民政府依照法律、行政法规规定分别代表国家履行出资人职责，享有出资人权益"。因此，地方政府可以代表国家依法享有出资人权益。

　　②　王亚林、唐松松、王孝德等：《关于国有自然资源资产出资人职责履行主体的思考》，载《中国土地》2023年第10期，第38-40页。

和《湖南省人民政府代理履行全民所有自然资源资产所有者职责的自然资源清单》构建了基本的构架。其中一大重要安排是以省政府本级为重点，开展省直管国有土地的委托代理试点，试点内容包括管理制度、收益分配机制，划拨地是其委托代理行权的核心内容之一。

（四）国有农用地所有权委托代理规范构造的具象构造

目前，国有农用地所有者职责履行还存在较大问题。[①] 全国人民代表大会常务委员会在 2020 年的调研报告中明确指出："在所有者权益方面，中央与地方收益分配机制的调整与完善尚未形成制度。在使用权制度方面，国有农用地、无线电频谱等资源尚未建立使用权权利体系。"[②] 对于国有农用地的委托代理关系形成，目前还缺乏有效的依据。因此，土地领域的所有权委托代理应完善国有农用地方面的委托代理关系。这涉及自然资源部、地方政府、国有农场之间如何设计委托代理关系的问题。

这首先就需要厘析国有农场享有的国有农地使用权的性质问题。早在 2015 年就有学者提出，应明确农场国有农用地使用权的用益物权性质，将其作为国有农用地所有权与农垦国有农用地承包经营权之间的中介性权利。[③] 在《中共中央、国务院关于进一步推进农垦改革发展的意见》中，其指导意见为"推进农垦土地资源资产化和资本化，创新农垦土地资产配置方式"，对于农垦企业改革改制中土地

---

① 屡有诉讼案件发生。如四川省西昌市人民法院《西昌市国土资源局申请执行钢城集团凉山瑞海实业有限公司未经批准占用四川西昌农垦有限公司国有农用地修建弃渣再利用场及拦砂坝执行裁定书》（2018）川 3401 执恢 47 号；四川省西昌市人民法院《西昌市国土资源局申请执行攀钢集团西昌钢钒有限公司未经批准占用经久乡、黄联关镇、西溪乡等乡镇的集体土地和四川西昌农垦有限公司国有农用地修建钒钛综合利用项目生产配套设施及公共服务设施执行裁定书》（2018）川 3401 执恢 45 号。

② 史耀斌：《全国人民代表大会常务委员会预算工作委员会、全国人民代表大会财政经济委员会、全国人民代表大会环境与资源保护委员会关于 2020 年度国有自然资源资产管理情况的调研报告——2021 年 10 月 21 日在第十三届全国人民代表大会常务委员会第三十一次会议上》，载《中华人民共和国全国人民代表大会常务委员会公报》2021 年第 7 期，第 1350-1361 页。

③ 高海：《农场国有农用地使用权的权利属性与物权构造》，载《法商研究》2015 年第 2 期，第 66-74 页。

问题，"可按需要采取国有土地使用权出让、租赁、作价出资（入股）和保留划拨用地等方式处置"。[①] 虽然该改革方案 2015 年便已推出，但时至今日，国有农地上的法权关系仍未明确，相关争议仍在学界持续。[②]

本质上，这种国有农地上权利的设计，涉及新疆生产建设兵团、国家农垦机构、国营农场如何在委托代理中定位的问题。这即是要求形成在国有农用地上构造国有自然资源委托代理关系。应该说目前国有农用地上的构造仍不清晰。农用地上应捋清自然资源部与农业农村部的关系。自然资源部既然是授权统一行使自然资源国家所有权，那么委托代理的起点仍应为自然资源部。其构架可如下设计：（1）明确委托代理关系的主体。即委托人自然资源部和代理人。（2）明确委托代理关系的形式。委托代理可以通过联合发文的规范性文件形成，也可以通过其他方式形成。（3）明确委托代理关系的权利义务，包括利益分配机制和职责划分机制。

至于委托代理的关系类型，至少可以确定以下几种：一者以中央直属农垦为中心。此时的委托代理则可以为自然资源部与农业农村部，或自然资源部与农业农村部农垦局构建委托代理关系。二者以新建生产建设兵团为中心。此时应该通过自然资源部与新疆生产建设兵团之间构建委托代理关系。三者以省属农垦为中心。此时的委托代理设计，可以通过自然资源部与省级人民政府构建委托代理关系。

当然，以上只是国有农用地上构建所有权行使委托代理的一种授权设想。最终的委托代理，还应该回应目前实际用地的国有农场场景。由于农垦系统的市场化改制倾向，国家农垦机构、国营农场逐渐

---

① 《中共中央 国务院关于进一步推进农垦改革发展的意见》，载《中华人民共和国国务院公报》2015 年第 35 期，第 6-11 页。

② 常鹏翱：《国有农用地的产权构造》，载《中国政法大学学报》2021 年第 3 期，第 83-93 页；高海：《论农垦国有农用地使用权的性质与构造》，载《农业经济问题》2019 年第 2 期，第 82-91 页。

转变为市场化公司,① 故针对农地使用权主体为具有市场法人性质的农垦集团或农场改制公司,应有特别构造。该情况之下,若土地属于中央直属农垦集团,也可以自然资源部直接行使所有权为主,为相应的农垦单位设立国有农用地使用权;若属于省级以下的农垦集团或公司,则自然资源部应与省级人民政府之间构建委托代理关系,构建相应的委托代理权利义务。实际上,目前的中央直属垦区实行"部省双重领导,以省为主"为模式,应该说主导垦区改革的主要力量为省级人民政府。② 此时,由省级人民政府,以协议出让或划拨的方式,为实际的农地使用权主体设立用益物权。此"自然资源部—省级人民政府"的委托代理关系中,应由自然资源部与相应人民政府协商所有者权益的体现方式。

(五)无居民海岛所有权委托代理规范构造的具象构造

在国有土地所有权的委托代理问题上,还有一个缺乏学术界关注的对象,即无居民海岛问题。虽然在一些规范性文件中,无居民海岛独立于土地资源,作为一种独立的自然资源类别,但无居民海岛实质上是一种特殊的土地类别。③ 有居民海岛由于已有居住者,因此其开发、建设等已有具体规划、环保等规范管制,其用地与常规用地的规范设计相差不远。④ 与有居民海岛的"非整体用地"不同,无居民海岛则是整体型的作为一种土地资源。2018 年自然资源部发布的《2017 年海岛调查统计公报》显示,我国共有海岛 11000 余个,其中

---

① 李红梅、刘云菲、刘恩平:《推进农垦国有农用地经营管理创新的战略思考》,载《中国农垦》2019 年第 10 期,第 30-33 页。

② 《关于印发〈中央直属垦区"部省双重领导、以省为主"管理暂行办法〉的通知》,载《中华人民共和国农业农村部公报》2018 年第 5 期,第 4-5 页。

③ 按照《海岛保护法》中的名词解释,海岛系指"四面环海水并在高潮时高于水面的自然形成的陆地区域",其依据居民户籍管理的类别界分,可分为有居民海岛和无居民海岛。有居民海岛系指"属于居民户籍管理的住址登记地的海岛",而"无居民海岛"系指"不属于居民户籍管理的住址登记地的海岛"。

④ 《海岛保护法》第 23 条规定:"有居民海岛的开发、建设应当遵守有关城乡规划、环境保护、土地管理、海域使用管理、水资源和森林保护等法律、法规的规定,保护海岛及其周边海域生态系统。"

无居民海岛占绝对多数，遥感监测的海岛 1 万余个。[①]

　　虽然宪法中并无无居民海岛的描述，但《民法典》第 248 条规定了相关权属内容，即无居民海岛属于国家所有，且同国有土地所有权一样，无居民海岛所有权由国务院代表国家行使。除了《民法典》之外，我国还有两部法律对无居民海岛进行了规定，即《海岛保护法》与《海警法》。《海岛保护法》第 1 条即规定了其以"保护与利用海岛资源"为核心的立法目的。[②] 同其他自然资源单行法一样，《海岛保护法》在其第 4 条也明确了"无居民海岛属于国家所有，国务院代表国家行使无居民海岛所有权"的权属设计。[③]《海警法》的相关内容，则主要涉及无居民海岛的监督检查，即海警机构依法的履职内容，包括"对海域使用、海岛保护以及无居民海岛开发利用……等活动进行监督检查"（《海警法》第 12 条）。

　　实际上，不仅在立法之中，关于无居民海岛的使用制度，其他规范性文件中也常有提及其改革事宜。2018 年 7 月 5 日的《国家海洋局关于海域、无居民海岛有偿使用的意见》就已提出，依据《海域使用管理法》和《海岛保护法》的规范体系，建立健全海域与无居民海岛的有偿使用制度；具体而言，系以"多种有偿出让方式并举"之构造，设计符合经济社会发展需求的海域有偿使用制度。[④] 2019 年，中共中央办公厅、国务院办公厅印发的《国家生态文明试验区（海南）实施方案》，则响应了制度建设实践之需，以海南为试点开展无居民海岛有偿使用制度创新，构建市场化出让无居民海岛使用

---

　　① 《2017 年海岛调查统计公报》，载自然资源部网站，https：//www.mnr.gov.cn/gk/tzgg/201807/P020180907587895302182.pdf，2023 年 11 月 30 日访问。

　　② 《海岛保护法》第 1 条规定："为了保护海岛及其周边海域生态系统，合理开发利用海岛自然资源，维护国家海洋权益，促进经济社会可持续发展，制定本法。"

　　③ 《海岛保护法》第 4 条规定："无居民海岛属于国家所有，国务院代表国家行使无居民海岛所有权。"

　　④ 《国家海洋局关于海域、无居民海岛有偿使用的意见》指出这种有偿使用制度应"市场配置、健全规则。更多引入竞争机制配置资源，实现政府和市场作用有效结合"，制度建设应"有序推进市场化出让工作。坚持多种有偿出让方式并举，适应经济社会发展多元化需求"。

权的路径。在全国人民代表大会常委会的调研工作报告中，也专门提起无居民海岛的自然资源资产管理问题。① 在全国人民代表大会批准的国家规划、国务院国有资产管理报告等相关文件中，也相继提出推进无居民海岛的有偿使用制度推进。②

在海岛所有权的委托代理关系中，虽然《海岛保护法》第 5 条第 2 款中有关各级行政机关在无居民海岛的职权设计，即"国务院海洋主管部门负责全国无居民海岛保护和开发利用的管理工作"，而"县级以上地方人民政府海洋主管部门负责本行政区域内无居民海岛保护和开发利用管理的有关工作"。③ 但这种规定并未详明，且其中包含何种所有权委托代理关系不明。依据《海岛保护法》第 30 条设定的事项审批级别，涉及利用特殊用途海岛或填海连岛事项的无居民海岛的开发利用，由国务院审批；而其他保护规划确定的可利用无居民海岛的开发利用，则由相关部门组织审查，省级人民政府审批。

事实上，依据《海岛保护法》第 30 条的规定，无居民海岛的开发利用被区分为两种类型，即一般用岛由省级人民政府审批，而特别用岛由国务院审批。这也就表示，前者由省级人民政府代理行使无居民海岛所有权，而后者由国务院直接行使无居民海岛所有权。

省级人民政府代理行使无居民海岛所有权中，应予以明确相关的委托代理关系。如有偿出让无居民海岛情景中，系自然资源部委托省级人民政府行使所有者权利，其中就包括有偿出让无居民海岛的权利，应取得相应的出让金，并履行所有者的监管义务。在使用权法

---

① 《全国人民代表大会常务委员会预算工作委员会、全国人民代表大会财政经济委员会、全国人民代表大会环境与资源保护委员会关于 2020 年度国有自然资源资产管理情况的调研报告》中也提到"无居民海岛累计审批 33 个，征收无居民海岛使用金 1.4 亿元"。

② 《国民经济和社会发展第十四个五年规划和 2035 年远景目标纲要》提出"完善海岸线保护、海域和无居民海岛有偿使用制度，探索海岸建筑退缩线制度和海洋生态环境损害赔偿制度"。《国务院关于 2022 年度国有资产管理情况的综合报告》中提出"健全国有土地、矿产、水资源有偿使用制度，有序推进海域、无居民海岛有偿使用"。

③ 必须说明的是，依据 2018 年的国务院机构改革方案，部分国家海洋局的职责整合到自然资源部，部分划分到国家林业草原局之中，而自然资源部对外保留国家海洋局牌子。

律关系之中，自然资源部虽是所有者，但是由省级人民政府代理行使无居民海岛所有权，省级人民政府作为出让人取得相应的无居民海岛出让金，但也应依据委托代理关系，分配相应比例的价款予以所有者（自然资源部）。实际上，在财政部、国家海洋局印发的《无居民海岛使用金征收使用管理办法》（财综〔2010〕44号）之中，已经明确"无居民海岛使用金实行中央地方分成"，中央收入占其中的20%，地方收入占其中的80%，而地方收入又区分为三级分配制，即省级、市级和县级人民政府三级分配。

国务院直接（或自然资源部代国务院）行使无居民海岛所有权时应予以明确，如在有偿出让无居民海岛情景中，自然资源部难以直接行使所有者的管理权，相关权利义务要委托省级人民政府或直接委托县级人民政府（第5条第2款）行使与履行。自然资源部作为所有者应取得相应的无居民海岛出让金，但同时在委托代理关系中，作为委托人应在出让金中分配相应比例的价款予以代理人。虽然《无居民海岛使用金征收使用管理办法》（财综〔2010〕44号）中明确了央地收入的分配办法，但其主要适用于省级人民政府作为所有权行使者时的情形，针对自然资源部直接行使无居民海岛所有权时，是否要形成四级分配却是可以有所差异的。

目前而言，无居民海岛上的委托代理机制形成已有雏形，但并不够具体，没有体现所有者职责。因此，无居民海岛之上，还应以规范性文件的形式或其他形式，形成两种不同行权方式的委托代理关系。同时，在委托代理规范性文件中，还应以清单形式明确委托代理关系的权利义务，包括利益分配机制和职责划分机制。我们认为，在无居民海岛上的委托代理规范应该迭代重构。

在委托代理收益分配机制中，应区分两种不同的路径委托代理，即自然资源部行使所有权与省级人民政府行使所有权两类，应区分不同委托代理中的法律关系与收益机制。在收益分配比例上，一是由于在出让事宜中的央地事权不同，央地的收益分配比例应有所差异，二是由于在出让事宜中的地方各级政府的事权亦不同，地方收益的三级分配应有所差异。在委托代理法律关系构建中，建议如下清楚厘定：

（1）省级人民政府行使无居民海岛所有权中：国务院（国家所有权统一代表者）——自然资源部（所有者授权代表者）；自然资源部（无居民海岛国家所有权行使的委托者）——省级人民政府（无居民海岛国家所有者代理人，即无居民海岛国家所有权行使者）；省级人民政府（所有权行使者监管权利义务委托人）——市、县人民政府（所有权行使者监管权利义务代理人）。

（2）自然资源部行使无居民海岛所有权中：国务院（国家所有权统一代表者）——自然资源部（所有者职能履行代表者，亦为无居民海岛国家所有权行使者）；自然资源部（所有权行使者监管权利义务委托人）——省、市、县人民政府（所有权行使者监管权利义务代理人）。

第三节　矿产资源所有权委托代理的规范构造

一、矿产资源所有权及其行使的规范现状

我国矿产资源国家所有权的规范其实与土地国家所有权相似，但是两者的具体情况有较大差异。依据《宪法》第9条规定，矿藏属于国家所有。[①]《民法典》延续了《宪法》的规定，《民法典》第247条规定，矿藏、水流、海域属于国家所有。《矿产资源法》亦承

---

① 《宪法》第9条规定："矿藏、水流、森林、山岭、草原、荒地、滩涂等自然资源，都属于国家所有，即全民所有；由法律规定属于集体所有的森林和山岭、草原、荒地、滩涂除外。"

袭了《宪法》的国家所有原则，① 只不过，与《宪法》《民法典》不同的是，矿产资源法的定义是直接使用的"矿产资源"，而不是"矿藏"。② 依据辞书的解释，"矿藏"的意思是指"埋藏在地下的各种矿物资源的统称"；而"矿产"的意思则是"有开采价值的矿物"。③ 从词义来看，"矿藏"强调的是客观存在的矿物质资源，而"矿产资源"则是强调有价值的矿物质资源。实际上，许多矿产资源并非埋藏在地下，所以在法律解释中"矿藏"不应该限缩在"埋藏地下"，否则会造成法律概念的不周延性。

在矿产资源用益物权的设定上，《民法典》第 329 条规定了探矿权与采矿权，即"依法取得的探矿权、采矿权……"，本质上这种规定方式是将探矿权、采矿权置于规定之前提，以明示法定之物权中存在这两种用益物权。④《民法典》的矿产资源权利设定与《矿产资源法》一致。《矿产资源法》第 3 条第 3 款不仅规定了探矿权、采矿权，而且还设定了探矿权和采矿权的内容、取得方式，内容即"勘查矿产资源之权利"和"开采矿产资源之权利"，取得方式即"依法申请—批准—登记"，⑤《矿产资源法》第 5 条设定了探矿权、采矿权

---

① 《矿产资源法》于 1986 年 3 月 19 日第六届全国人民代表大会常务委员会第十五次会议通过；1996 年 8 月 29 日第八届全国人民代表大会常务委员会第二十一次会议中，依据《关于修改〈中华人民共和国矿产资源法〉的决定》第一次修正；2009 年 8 月 27 日第十一届全国人民代表大会常务委员会第十次会议中，依据《关于修改部分法律的决定》第二次修正。根据十三届全国人大常委会立法规划，自然资源部于 2019 年起草了《中华人民共和国矿产资源法（修订草案）》（征求意见稿），自然资源部网站显示，征求意见期间，共征集到有关 104 个单位和个人的 874 条意见和建议。2023 年 12 月的国务院常务会议中，原则通过了《中华人民共和国矿产资源法（修订草案）》，决定将修订草案提请全国人大常委会审议。

② 《矿产资源法》第 3 条规定："矿产资源属于国家所有，由国务院行使国家对矿产资源的所有权。地表或者地下的矿产资源的国家所有权，不因其所依附的土地的所有权或者使用权的不同而改变。"

③ 李行健主编：《现代汉语规范词典》（第 3 版），外语教学与研究出版社、语文出版社 2014 年版，第 772 页。

④ 《民法典》第 329 条规定："依法取得的探矿权、采矿权、取水权和使用水域、滩涂从事养殖、捕捞的权利受法律保护。"

⑤ 《矿产资源法》第 3 条第 3 款规定："勘查、开采矿产资源，必须依法分别申请、经批准取得探矿权、采矿权，并办理登记。"

的有偿取得制度。① 与一般的用益物权不同，矿产资源用益物权的转让受到严格的限制，《矿产资源法》第 6 条规定，除规定情形之外，探矿权、采矿权不得转让。诚然，关于矿产资源权利设定具体规则上，自然资源部还有详细的规范性文件，如《矿产资源勘查区块登记管理办法》《矿产资源开采登记管理办法》。②

相较于土地国家所有权的主体设计，矿产资源上的主体情况则较为复杂。我国现行法律规范中，其实并无矿产资源的所有权行使主体配置的详细规定，而且随着国家体制的改革这种管理方式一直在不断变化。在《自然资源部关于深化矿产资源管理改革若干事项的意见》（自然资规〔2023〕6 号）明确提出，实行同一矿种探矿权采矿权出让登记同级管理制度，即"自然资源部负责石油、烃类天然气、页岩气、天然气水合物、放射性矿产、钨、稀土、锡、锑、钼、钴、锂、钾盐、晶质石墨的矿业权出让登记；省级自然资源主管部门负责其他战略性矿产的矿业权出让登记，并落实矿产资源规划管控措施。省级及以下自然资源主管部门负责其余矿种的矿业权出让登记。"③ 这也就是说，矿产资源被区分为战略性矿产、非战略性矿产，而自然资源部负责部分战略性矿产的矿业权出让登记，而省级自然资源主管部门负责其他战略性矿产的矿业权出让登记，省级及以下自然资源主管部门负责非战略性矿产的矿业权出让登记。

在自然资源部组建的矿业权出让市场交易中，出让主体的设定

---

① 《矿产资源法》第 5 条规定："国家实行探矿权、采矿权有偿取得的制度；但是，国家对探矿权、采矿权有偿取得的费用，可以根据不同情况规定予以减缴、免缴。具体办法和实施步骤由国务院规定。"

② 《矿产资源开采登记管理办法》于 1998 年 2 月 12 日，由中华人民共和国国务院令第 241 号发布，而后依据 2014 年 7 月 29 日《国务院关于修改部分行政法规的决定》修订。《矿产资源勘查区块登记管理办法》于 1998 年 2 月 12 日，由中华人民共和国国务院令第 240 号发布，而后依据 2014 年 7 月 29 日《国务院关于修改部分行政法规的决定》修订。2023 年 2 月，自然资源部起草了《自然资源部关于进一步完善矿产资源勘查开采登记管理的通知（征求意见稿）》以征求意见，该登记管理规定更为详细。

③ 《自然资源部关于深化矿产资源管理改革若干事项的意见》，载《中华人民共和国国务院公报》2023 年第 28 期，第 24–26 页。

也是如此。① 如在《关于山东省微山县微山湖东南段稀土矿勘查的协议出让公示》中便显示，该出让主体为自然资源部。《关于广西壮族自治区自然资源厅关于向中国稀土集团有限公司协议出让广西平南县大洲矿区稀土矿勘查探矿权的公示的协议出让公示》中，该出让主体为自然资源部。在《关于山西北方铜业有限公司铜矿峪矿等 2 个项目的协议出让公示》中，出让人便为山西省自然资源厅。在《江西省永丰县虎加山水泥用灰岩、含镁水泥用白云岩矿普查探矿权出让成交结果公示》中，出让人为吉安市自然资源局。在《运城市规划和自然资源局采矿权挂牌出让结果公示》中，出让人便为运城市规划和自然资源局。湖南省亦不例外，在《浏阳市六股岭矿区建筑用砂岩板岩矿采矿权网上挂牌出让公告》中，出让人便为湖南省自然资源厅，在《澧县三元矿区建筑石料用灰岩、建筑用白云岩矿采矿权网上挂牌出让公告》中，亦是如此。

　　虽然在规范和事实皆形成了战略性矿产、非战略性矿产的区分，但关于何为战略性矿产，学术界曾有过不小的争议。② 在国务院批复的《全国矿产资源规划（2016—2020 年）》中，依据原国土资源部的文件制定了战略性矿产目录，其中 24 种矿产资源被列入其中：能源矿产包含石油、天然气、页岩、煤炭、煤层气、铀；金属矿产包含铁、铬、铜、铝、金、镍、钨、锡、钼、锑、钴、锂、稀土、锆；非金属矿产包含磷、钾盐、晶质石墨、萤石。③ 从法律概念而言，目前

---

① 相关交易公告，参加自然资源部网站中矿业权市场站点，http：//ky.mnr.gov.cn/，2023 年 11 月 30 访问。

② 此处必须要提及的一个问题是，在界定战略性矿产之前，其实应界定何为"矿产"。该概念更多是通过实践形成，随着科学技术的发展，"矿产"的外延其实在不断扩展。当然，何为"矿产"也是一个法律问题。1992 年 7 月 13 日，全国人民代表大会常务委员会办公厅还曾对具体的矿产外延，进行过答复，即《全国人民代表大会常务委员会办公厅关于卤水是矿产资源的答复》（常办秘字第 48 号）。

③ 《国务院关于全国矿产资源规划（2016—2020 年）的批复》，载《中华人民共和国国务院公报》2016 年第 33 期，第 39-40 页；《我国战略性矿产资源有哪些?》，载《中国非金属矿工业导刊》2023 年第 3 期，第 75 页。

的矿产资源法中没有对"战略性矿产"直接的定义或概念。关于战略性矿产目录的制定,学界早有人提出过相应建议,而具体落实于规范的是《全国矿产资源规划(2016—2020年)》。[①]即便是走入具有规范意义的规划之中,关于"战略性矿产"的定义,似乎也并未厘清。有学者提出:可以将战略性矿产解释为"在节能环保、新一代信息技术、生物、高端装备制造、新能源、新材料、新能源汽车等战略性新兴产业领域中必需的或者能够发挥关键性作用的矿产",主要为"稀土、稀有金属和稀散金属以及铂族元素、稀有气体和小部分有色金属及非金属"。[②]具体而言,如新能源领域中的锂及可取代锂的铷,医学领域中的镓,军民领域中的铀、锂、铍等。对于常规的基础性矿产资源,如石油、铁、铜、煤炭等,则不应不纳入战略性关键矿产。[③]

应予注意的是,在概念的定义上,战略性矿产和关键矿产、大宗矿产,三者有重要的联系,但本质上还是有重大差异。[④]于矿产资源而言,"战略性矿产"概念的重要性不言而喻。有学者在分析国外战略性矿产的确定过程上,提出了依据我国矿产资源形势、战略性矿产确定原则及具体思路。[⑤]诚如学者王江所言:战略性矿产资源是"矿产资源中的关键少数",既关涉国家安全、国际竞争等核心问题,又关涉国家关键技术中的资源支撑,相关法律体系问题不可谓不

---

① 陈毓川:《建立我国战略性矿产资源储备制度和体系》,载《国土资源》2002年第1期,第20-21页。

② 王登红:《战略性关键矿产相关问题探讨》,载《化工矿产地质》2019年第2期,第65-72页。

③ 王登红:《战略性关键矿产相关问题探讨》,载《化工矿产地质》2019年第2期,第65-72页。

④ 王登红:《关键矿产的研究意义、矿种厘定、资源属性、找矿进展、存在问题及主攻方向》,载《地质学报》2019年第6期,第1189-1209页。

⑤ 陈其慎、孙艳飞、邢佳韵等:《国内外战略性矿产厘定理论与方法》,载《地球学报》2021年第2期,第137-144页。

重要。①

　　依据《矿业权出让交易规则》（自然资规〔2023〕1号），"矿业权出让交易是指县级以上人民政府自然资源主管部门和新疆生产建设兵团所属自然资源主管部门出让矿业权的行为"②。也就是说，在矿业权出让交易之中，出让人可概括为出让矿业权的自然资源主管部门，既包括自然资源部，也包括省、市、县级政府自然资源主管部门。换言之，在具体的矿业权出让交易之中，矿产资源所有权的行使主体区分为中央、省、市、县自然资源主管部门四类。但这些不同主管部门之间，并不是完全无涉的，如其中规定"自然资源部以协议方式出让的矿业权，需先征求省级人民政府意见的，由省级自然资源主管部门进行公示"③。实际上，矿产资源既牵涉国家发展，又牵涉经济利益，相关改革一直未停歇。从矿业权交易规则在几年之内不断变更可见一斑。④

　　实际上，在各省还有关于具体的矿产资源勘查开采登记的规范。如《湖南省自然资源厅关于进一步规范和完善矿产资源勘查开采审批登记管理有关事项的通知》中，便对矿业权审批登记权限、矿业权出让方式等作了详细的规定。2023年，安徽省自然资源厅也制定了《关于深化矿产资源管理改革进一步规范矿产资源勘查开采登记的通知（征求意见稿）》，以征求意见。

---

　　① 王江：《论中国战略性关键矿产资源安全的法律监管》，载《中国人口·资源与环境》2021年第11期，第1-10页。
　　② 《自然资源部关于印发矿业权出让交易规则的通知》，载《中华人民共和国国务院公报》2023年第8期，第67-72页。
　　③ 《矿业权出让交易规则》第27项规定。
　　④ 关于矿业权交易规则，2017年、2018年、2023年不断在调整。参见《国土资源部关于印发〈矿业权交易规则〉的通知》（国土资规〔2017〕7号）、《自然资源部关于调整〈矿业权交易规则〉有关规定的通知》（自然资发〔2018〕175号）、《自然资源部关于印发矿业权出让交易规则的通知》（自然资规〔2023〕1号）。

二、矿产资源所有权委托代理的规范构造

（一）矿产资源所有权委托代理规范构造的理论分析

较之于土地之上的委托代理关系，矿产资源国家所有权的委托代理更为复杂。在学理上，国有矿产资源所有权的代表者国务院，已经将相应的权利"规定"于自然资源部。即《中共中央办公厅、国务院办公厅关于印发〈自然资源部职能配置、内设机构和人员编制规定〉的通知》（厅字〔2018〕69号）中明确的，自然资源部"履行全民所有土地、矿产、森林、草原、湿地、水、海洋等自然资源资产所有者职责"。也就是说，矿产资源国家所有权的委托代理逻辑链条，已经通过行政规范的方式，完成了国有自然资源所有者代表国务院到自然资源部之间的委托代理。

《全民所有自然资源资产所有权委托代理机制试点方案》中指出，所有权委托代理机制的核心理念是"统一行使、分类实施、分级代理、权责对等"。在分类实施上，虽无法定的分类，但自然资源部的规范性文件已经构建了一定的分类实施体系。从前述分析不难获知，从法体系而言，矿产资源被区分为战略性矿产、非战略性矿产，自然资源部直接行使战略性矿产的所有权，省级自然资源主管部门行使其他战略性矿产的所有权，而省级及以下自然资源主管部门行使非战略性矿产的所有权。也就是说，在矿产资源国家所有权的委托代理中，应该构造自然资源部—省级人民政府、自然资源部—地市级人民政府、自然资源部—县级人民政府的委托代理关系，将相应的矿产资源所有权委托代理。应予以说明的是，按照该试点方案的规定，立法授权之外的委托代理关系只能授权到市地级以上人民政府，因此自然资源部—县级人民政府委托代理关系只能通过立法授权形成，而不能通过委代内容清单方式形成。

依据所有权委托代理机制的核心理念是"统一行使、分类实施、

分级代理、权责对等"的理念，对于矿产资源国家所有权的核心，是要体现非自然资源部行使情形下的所有者权益。正如全国人民代表大会常务委员会2020年的调研报告指出的问题，"在所有者权益方面，中央与地方收益分配机制的调整与完善尚未形成制度"。[①] 其实，关于非自然资源部行使所有权的矿业权出让收益，一直以来都有自然资源部与地方政府的互动，如广东省，2018年、2021年、2023年均依据《矿业权出让收益征收管理暂行办法》制定本地的规范。[②] 依据2023年的规定，广东省矿业权出让收益的分成为"中央40%，省级20%，地级以上市10%，县（市、区）30%"。在湖南省发布的《湖南省财政厅 湖南省自然资源厅关于印发〈湖南省矿业权出让收益征收管理实施办法〉的通知》中，对于"中央和省级登记矿业权出让收益"，规定由中央、省人民政府、市地级人民政府（或省财政直管县级人民政府）按照4∶3∶3比例分成；而对于"市（州）、县（市、区）登记矿业权，以及市（州）县（市、区）政府出资勘查形成的矿业权出让收益"，由中央、市地级人民政府（或省财政直管县级人民政府）按照4∶6比例分成。[③]

　　总而言之，在矿产资源所有权委托代理规范构造上，结合核心战略性矿产资源、其他战略性矿产资源、非战略性矿产资源的三分，委

　　① 史耀斌：《全国人民代表大会常务委员会预算工作委员会、全国人民代表大会财政经济委员会、全国人民代表大会环境与资源保护委员会关于2020年度国有自然资源资产管理情况的调研报告——2021年10月21日在第十三届全国人民代表大会常务委员会第三十一次会议上》，载《中华人民共和国全国人民代表大会常务委员会公报》2021年第7期，第1350-1361页。

　　② 《广东省财政厅 广东省国土资源厅转发财政部 国土资源部关于印发〈矿业权出让收益征收管理暂行办法〉的通知》，载《广东省人民政府公报》2018年第6期，第10-11页。《广东省财政厅 广东省自然资源厅转发财政部 国土资源部关于印发〈矿业权出让收益征收管理暂行办法〉的通知》，载《广东省人民政府公报》2021年第5期，第40-41页；《广东省财政厅 广东省自然资源厅转发财政部 国土资源部关于印发〈矿业权出让收益征收管理暂行办法〉的通知》，载《广东省人民政府公报》2023年第4期，第32-33页。

　　③ 《湖南省矿业权出让收益征收管理实施办法》以第4章专章的形式规定了"矿业权出让收益分成"。虽然，前述的出让主体为政府自然资源主管部门，但相关出让收入系纳入中央级金库、省非税收入汇缴结算户、市地级人民政府与省直管县级人民政府财政账户。

托代理规范构造可区分为三类，即自然资源部直接行使矿产资源所有权情形、省级人民政府行使矿产资源所有权情形、市地级以下人民政府行使矿产资源所有权情形。不过也应说明，省级人民政府也可以设置部分非战略性矿产资源，由其直接行使所有权。

（二）矿产资源所有权委托代理规范的具象构造

依前述分析，结合立法实践与委托代理理论，在矿产资源所有权的委托代理中，可形成三种委代关系基本分类。

1. 自然资源部直接行使战略性矿产资源所有权情形

自然资源部直接行使战略性矿产的所有权情形下，由自然资源部与矿产资源所在地人民政府之间形成委托代理关系，所在地人民政府可以是省直管县人民政府，也可以是市地级人民政府。针对设立的矿业权，委托人自然资源部，将所有者部分权利义务委托给矿业权所在地人民政府。除委托代理主体权利义务章节所列明的一般性权利义务之外，其形成的委托代理的主要内容为：

（1）代理人权利。依照矿业权出让合同向矿业权人征收相应出让价款，依照委托代理的分配比例取得相应的价款（收益权）；监督矿业权人按照矿业权合同在权利边界之内行使矿业权（监督权）。

（2）代理人义务。将依照矿业权出让合同收取的出让价款支付于自然资源部指定账户（收益分成支付义务）；监督矿业权人按照矿业权合同在权利边界之内行使矿业权——该监督权相对于矿业权人是权利，但对于委托人而言，则是委托人为代理人设定的义务（监督义务）。

（3）委托人权利。依照矿业权出让合同和委托代理中权益分配比例，取得相应出让价款（收益权）；监督代理人依照委托代理中设定义务，行使相关的所有者权利（监督权）。

（4）委托人义务。依照矿业权出让合同和委托代理关系，转让部分权益取得权（收益取得权转让义务）。

2. 省级人民政府行使其他战略性矿产资源所有权情形

省级人民政府行使其他战略性矿产的所有权情形下，由自然资源部与省级人民政府、矿产资源所在地人民政府之间形成委托代理关系。当然，所在地人民政府可以是省直管县人民政府（立法授权时），也可以是市地级人民政府。实际上这是一个二级委托代理关系：所有者代表自然资源部与省级人民政府形成一级委托，省级人民政府与矿产资源所在地人民政府形成二级委托。针对这种情形下设立的矿业权（省级人民政府登记），其形成的委托代理的主要内容为：

（1）（规范授权下）一级委托中的委托人（自然资源部）权利与义务。依照矿业权出让合同和委托代理中权益分配比例，取得相应出让价款；依照矿业权出让合同和委托代理关系，转让部分权益取得权。

（2）（规范授权下）一级委托中的代理人（省级人民政府）权利与义务。依照矿业权出让合同和委托代理中权益分配比例，取得相应出让价款；监督矿业权人按照矿业权合同在权利边界之内行使矿业权。

（3）（委代清单下）二级委托中的委托人（省级人民政府）权利与义务。依照矿业权出让合同和委托代理中权益分配比例，取得相应出让价款，转让相应的权益分配比例予以二级代理人；监督代理人依照二级委托代理中设定义务——行使相关的所有者权利。

（4）（委代清单下）二级委托中的代理人（市地级或县级人民政府）权利与义务。依照矿业权出让合同向矿业权人征收相应出让价款，依照委托代理的分配比例取得相应的价款；监督矿业权人按照矿业权合同在权利边界之内行使矿业权。

3. 市地级以下人民政府行使矿产资源所有权情形

市地级以下人民政府行使非战略性矿产的所有权情形下，由自然资源部与矿产资源所在地人民政府之间形成委托代理关系。当然，所在地人民政府可以是省直管县人民政府（立法授权），也可以是市地级人民政府。实际上这个委托代理关系中，系所有者代表自然资源部直接与矿产资源所在地人民政府形成委托代理关系。在矿业权出让合同中，矿业权的出让主体代表为矿产资源所在地人民政府，而不是自然资源部或省级人民政府。针对设立的矿业权，其形成的委托代理的主要内容为：

（1）代理人权利与义务。依照矿业权出让合同向矿业权人征收相应出让价款，依照委托代理的分配比例取得相应的价款；将依照矿业权出让合同收取的出让价款支付于自然资源部指定账户；监督矿业权人按照矿业权合同在权利边界之内行使矿业权。

（2）委托人权利与义务。依照矿业权出让合同和委托代理中权益分配比例，取得相应出让价款；监督代理人行使相关的所有者权利，履行所有者职责。

与自然资源部直接行使战略性矿产的所有权情形有所不同的是，矿业权的出让主体为矿产资源所在地人民政府，因此其代表所有者的监督管理权并非来自自然资源部，而是来自其作为出让人代表身份。实际上，《矿产资源法》的修订更应凸显"依法治矿"思维，实现矿产资源治理体系现代化，且应在矿业权出让与流转、矿业权人监管与矿产资源管理等具体制度设计时，实现科学化。[1]

值得一提的是，有学者提出，矿产资源国家所有权委托代理行使的实现，应缔结行政协议，且"以政府规章作为委托代理行使矿产资源所有权客体范围的有效法律依据"。[2]虽然从民事委托代理的形成而言，其中有意思自治的因素，但委托代理的载体目前仍以法律规范法定授权为主，以委代清单为补充。我们认为，在委托代理关系形

---

[1] 屈茂辉、陈灵峰：《〈矿产资源法〉修正的宏观审视与微观设计》，载《财经理论与实践》2021年第5期，第148—154页。

[2] 林旭霞、纪圣驹：《矿产资源国家所有权委托代理行使机制研究》，载《福建师范大学学报（哲学社会科学版）》2022年第2期，第138—146页。

成中，更重要的是，在规范性文件中应体现委托代理的法律关系及其科学性（包括利益分配机制、授权与监督机制的科学），而不应纠结于是否为委托代理主体联合签订的形式要求。

在湖南省全民所有自然资源所有权委托代理试点过程中，矿产资源所有权的委托代理实施方案，核心就采用的委托代理清单之形式，即《湖南省全民所有自然资源资产所有权委托代理机制试点实施总体方案》和《湖南省人民政府代理履行全民所有自然资源资产所有者职责的自然资源清单》。其中，矿产资源所有权委托代理机制试点主要是在郴州市、衡阳市，相关委托代理清单明确涵盖了行使所有权的内容、管理制度以及收益分配机制。

第四节　国家林草资源所有权委托代理的规范构造

一、国家林草资源所有权及其行使的规范现状

林草资源，包括森林与草原两种资源。我国林草资源国家所有权的规范似乎与土地国家所有权相似，但两者的具体情况有较大差异，在概念使用上的也存在着差异。依据《宪法》第 9 条规定，森林、草原自然资源原则上属国家所有权，法律另有规定的除外。[①]《宪法》的规定也延续到《民法典》之中，《民法典》第 250 条规定与《宪法》的立法表达一致。[②] 在自然资源单行法上，林草资源包含两部法

[①] 《宪法》第 9 条规定："矿藏、水流、森林、山岭、草原、荒地、滩涂等自然资源，都属于国家所有，即全民所有；由法律规定属于集体所有的森林和山岭、草原、荒地、滩涂除外。"

[②] 《民法典》第 250 条规定："森林、山岭、草原、荒地、滩涂等自然资源，属于国家所有，但是法律规定属于集体所有的除外。"

律，一是《森林法》，① 二是《草原法》。② 应予注意的是，"森林"并不只是包含"林"，在辞书中"森林"的解释为"由以乔木为主体大片生长的林木及生长在其间的各种动物、植物和微生物构成的生物群落"。③ 虽然《森林法》第 83 条将森林定义为"乔木林、竹林和国家特别规定的灌木林"，这本质上是以"林"的资料定义森林。实质上，以此而言，"森林"也可解释为"大片生长的树木林"，但法律解释中应强调其成群树木的空间性，即"达到一定数量的空间性成群树木"。同理，《草原法》中的"草原"，在立法中也存在着这种基于土地的"空间性"。

　　《森林法》与《草原法》同样遵循了《宪法》与《民法典》的权属规范表达，且较之"根本大法"和"民法基本法"更为细致，但两者规定的细致程度有所差异。《森林法》第 14 条不仅规定了森林资源的权属与所有权行使主体设计，同时还设定了"授权规范"——国务院可授权"国务院自然资源主管部门"以履行其森林资源的所有者职责。④ 相比之下，《草原法》的规定则并未达到如此

---

　　① 《森林法》于 1984 年 9 月 20 日第六届全国人民代表大会常务委员会第七次会议通过，1998 年 4 月 29 日于第九届全国人民代表大会常务委员会第二次会议《关于修改〈中华人民共和国森林法〉的决定》第一次修正，2009 年 8 月 27 日于第十一届全国人民代表大会常务委员会第十次会议《关于修改部分法律的决定》第二次修正，2019 年 12 月 28 日第十三届全国人民代表大会常务委员会第十五次会议修订。

　　② 《草原法》于 1985 年 6 月 18 日第六届全国人民代表大会常务委员会第十一次会议通过，2002 年 12 月 28 日第九届全国人民代表大会常务委员会第三十一次会议修订，2009 年 8 月 27 日第十一届全国人民代表大会常务委员会第十次会议《关于修改部分法律的决定》第一次修正，2013 年 6 月 29 日第十二届全国人民代表大会常务委员会第三次会议《关于修改〈中华人民共和国文物保护法〉等十二部法律的决定》第二次修正，2021 年 4 月 29 日第十三届全国人民代表大会常务委员会第二十八次会议《关于修改〈中华人民共和国道路交通安全法〉等八部法律的决定》第三次修正。

　　③ 李行健主编：《现代汉语规范词典》（第 3 版），外语教学与研究出版社、语文出版社 2014 年版，第 1137 页。

　　④ 《森林法》第 14 条规定，"森林资源属于国家所有，由法律规定属于集体所有的除外"且"国家所有的森林资源的所有权由国务院代表国家行使。国务院可以授权国务院自然资源主管部门统一履行国有森林资源所有者职责"。应该说，第 14 条第 2 款的"国务院可以授权国务院自然资源主管部门统一履行国有森林资源所有者职责"，是首次在自然资源单行法立法中，完成自然资源国家所有权的统一性授权。

具体，主要是缺少国务院的授权规范。① 虽然国务院的"授权规范"看似并不是立法之核心，但这体现了一种法定的权利传导路径理念。但《草原法》也有其特色之处，即直接将草原行政主管部门定位为监督管理部门，而非自然资源国家所有权的权利行使主体。②

在森林资源的用益物权设定上，《森林法》第 15 条设定了林地所有权、林地使用权，及森林、林木的所有权与使用权，相关权利具备不动产登记能力。③ 应予解释说明的是，《森林法》第 83 条设计了森林和林木的概念定义，将林木定义为"树木和竹子"。也就是说，林木可以是森林中的树木，也可以是非森林中的树木，林地上可能是森林，也可能只有林木。《森林法》第 16 条则明确规定，林业经营者可享有国有林地使用权、森林使用权及林木使用权，且依法取得之权利可以以转让、出租、作价出资等方式流转，但需经过批准。④

在对于草原资源的使用权设定上，《草原法》第 10 条与第 11 条做了具体的设计，即国有草原资源上可以设定使用权，但限定在全民所有制单位与集体经济组织，以县级人民政府登记发放的权证，确认使用权。⑤ 立法中，对于使用权人身份的性质使用了"等"字之规定，应该说"等外等"的解释，为其他单位使用草原提供了立法解

---

① 关于草原的权属规定与所有者代表规定，皆在《草原法》第 9 条之中。其规定"草原属于国家所有，由法律规定属于集体所有的除外"，且国有草原资源的所有权"由国务院代表国家行使所有权"。

② 《草原法》就草原行政方面有具体规定，即《草原法》第 8 条规定为："国务院草原行政主管部门主管全国草原监督管理工作"，而"县级以上地方人民政府草原行政主管部门主管本行政区域内草原监督管理工作"。

③ 《森林法》第 15 条规定："林地和林地上的森林、林木的所有权、使用权，由不动产登记机构统一登记造册，核发证书。国务院确定的国家重点林区（以下简称重点林区）的森林、林木和林地，由国务院自然资源主管部门负责登记。"

④ 《森林法》第 16 条规定："国家所有的林地和林地上的森林、林木可以依法确定给林业经营者使用。林业经营者依法取得的国有林地和林地上的森林、林木的使用权，经批准可以转让、出租、作价出资等。具体办法由国务院制定。"

⑤ 《草原法》第 10 条规定："国家所有的草原，可以依法确定给全民所有制单位、集体经济组织等使用。"《草原法》第 11 条规定："依法确定给全民所有制单位、集体经济组织等使用的国家所有的草原，由县级以上人民政府登记，核发使用权证，确认草原使用权。"

释空间。

在规范实践中，林草资源存在着所有者权益体现不足的问题。自然资源部是名义上的草原资源所有权代表者，并不可能对全部草原资源直接行使所有权，故而实际上"草原资源资产分布在哪里，就由哪里的人民政府或者国有牧场占有、使用、收益"，[①] 以"行权实践"架空了"名义所有"。这种规范与实践的"双行道"，使得草原资源所有权人的主体地位和权益无法得到体现。在国有森林资源所有权的规范设计与实践上，同样存在类似的问题。[②]

二、国家林草资源所有权委托代理的规范构造

（一）国有林草资源所有权委托代理规范构造的理论分析

在规范构造问题上，森林与草原资源具有一定的相似性，以下分析以森林资源的委托代理规范构造分析为主。实际上，学界已有对森林资源，特别是其商品林做过委托代理设计，其思路为五层委托代理关系：第一个层级为全民—国家—国务院（所有权代表者）；第二个层级为纵向委托关系，即国务院授权自然资源部，而自然资源部二次纵向委托省级政府，三次纵向委托地市级人民政府（其中相关工作由该政府自然资源管理部门代理）；第三个层级为横向委托关系，即自然资源部委托给国有资产管理部门；第四个层级为国家作为出资人，委托国有企业；第五个层级为国有企业治理上的委托代理。[③] 虽然该学者提出了纵横等多向委托代理关系，但本质上没捋清关键性问题，即委托代理系"森林资源的所有权"上的委托代理，而不是

---

① 高东炜：《自然资源委托代理机制改革下全民所有草原所有权的实现研究——B 国有农牧场为研究样本》，内蒙古大学 2023 年法律（非法学）硕士学位论文。

② 杜宇超：《全民所有自然资源委托代理机制改革下国有森林所有权实现研究》，内蒙古大学法律（非法学）2023 年硕士学位论文。

③ 李政、马泽忠、肖禾：《林权改革背景下国有森林资源国家所有权的实现形式》，载《中国土地》2021 年第 8 期，第 13-15 页。

其他，在森林资源使用权主体上不存在所有权委托代理问题。

分析该问题还应从所有权规范开始。关于国有森林与草原资源的所有权人配置情况，在实践上与理论上其实存在一定的差异。理论而言，国有森林与草原资源的所有者代表的国务院具体行政机关，应是自然资源部，而不是国家林业和草原局。依据《国家林业和草原局职能配置、内设机构和人员编制规定》的规定，国家林业和草原局是自然资源部管理的国家局，其职能在负责林业和草原及其生态保护修复的监督管理、推进林业和草原改革相关工作、负责中央政府直接行使所有权的国家公园等自然保护地的自然资源资产管理和国土空间用途管制等内容。① 而《自然资源部职能配置、内设机构和人员编制规定》之中，其职责包含"森林、草原"自然资源资产所有者职责。②

森林和草原资源所有权与监管权的主管部门分离，在实践中还并未如此厘定清楚。在《国家林业和草原局关于印发修订后的〈国有林场管理办法〉的通知》的逻辑之中：③ 国有林场是国有森林资源的使用者，其功能在于资源保护、培育和利用，其取得的资源权利为国有林地使用权、林地森林与林木使用权。④ 但依据《国有林场管理办法》第 9 条的立法表达，设立国有林场的批准属国家林业和草原局之权限，似乎满足"设立国有林场，……应当具有一定规模、权属明确、'四至'清楚的林地"要求之下，国家林业和草原局可为其

① 《中共中央办公厅 国务院办公厅关于印发〈国家林业和草原局职能配置、内设机构和人员编制规定〉的通知》（厅字〔2018〕66 号）。

② 《自然资源部职能配置、内设机构和人员编制规定》，载《中国自然资源报》2018 年 9 月 12 日版。

③ 《国有林场管理办法》于 2011 年发布实施，附于《国家林业局关于印发〈国有林场管理办法〉的通知》（林场发〔2011〕254 号）之中，而后依据 2021 年 10 月 9 日发布《国家林业和草原局关于印发修订后的〈国有林场管理办法〉的通知》（林场规〔2021〕6 号）修订。

④ 《国有林场管理办法》规定，国有林场为"依法设立的从事森林资源保护、培育、利用的具有独立法人资格的公益性事业、企业单位"，且"国有林场依法取得的国有林地使用权和林地上的森林、林木使用权"（第 6 条）。

设立相关森林资源使用权。易言之，国有森林、草原的所有者权能在法规范中是清晰的，但实践中自然资源部与国家林业和草原局之间却有一定的交叉混合，其所有权的行使中并无自然资源部或其他所有权行使代表的身影。

另外，国有林场依法取得国有林地使用权与相应森林、林木的使用权，而不是所有权，但作为所有者或所有者代理人并未与使用者之间形成法律关系。2015 年中共中央、国务院就印发《国有林场改革方案》和《国有林区改革指导意见》，以推进国有林场改革，促进国有林场科学发展。[①] 就湖南省而言，2015 年中共湖南省委、湖南省人民政府印发了《国有林场改革实施方案》（湘发〔2015〕8 号），其中一个重要的改革事项便是"健全责任明确、分级管理的森林资源监管体制"，即"建立归属清晰、权责明确、监管有效的森林资源产权制度，建立健全林地保护制度、森林保护制度、森林经营制度、湿地保护制度、自然保护区制度、监督制度和考核制度"。[②] 根据国家统计局数据显示，2022 年湖南省的林业用地面积 1257.59 万公顷，其中森林面积 1052.58 万公顷。湖南省内的国有农场亦不少，依据湖南省林业局的统计数据显示，"全省共有国有林场 207 个，分布在 14 个市州、99 个县（市、区）"，如湖南省张家界市永定区石长溪国有林场、张家界国有林场、湖南省青羊湖国有林场。[③] 但这种森林资源产权制度设想仍未构建完成。如湖南省发布的《湖南省国有林场管理办法》第 9 条规定，"设立国有林场，由设立国有林场所在地的县级以上人民政府提出建场申请书、可行性报告和规划设计文件，经省

---

① 《中共中央国务院印发〈国有林场改革方案〉和〈国有林区改革指导意见〉》，载《中华人民共和国国务院公报》2015 年第 9 期，第 6-13 页。

② 实质上，国有森林资源资产所有权主体上确实存在较大的森林资源的管理问题，因信息不对称问题造成的系列问题。见陈晓兰：《信息不对称与森林资源管理》，载《安徽农业科学》2013 年第 10 期，第 4424-4426、4430 页。

③ 见湖南省林业局网站，http://lyj.hunan.gov.cn/lyj/ztzl/gdzt/gylc/201512/t20151227_2587543.html，2023 年 11 月 30 日访问。

林业、机构编制、财政部门审核后报省人民政府审批"。① 换言之，国有林场由省人民政府审批设立，审批实际上起到了对国有林场的土地、森林等资源的使用许可，人民政府直接支配了（行使了）相关自然资源的所有权。只不过在设立批复后，还要上报国家林业和草原局。实际上，《森林法》修订的重要目的之一，就是要"建立国有森林资源所有权行使制度"，明确国有森林资源所有权行使主体、行使方式等。② 但目前如上这种省人民政府审批的方式，似乎只构建起类"划拨国有森林资源使用权"的行权方式，并未构架起产权制度体系，且这种方式仍是以行政方式处分资源所有权。当然，完善森林资源的产权制度体系，这也是委托代理制度试点改革落实《森林法》的重要举措。

除了委托代理主体的问题外，森林资源所有权的委托代理，其实还存在客体问题，本质上这与如何确定森林资源的客体有很大关系。如有学者所见，"国有林场与农村基层组织相邻共存，林、农之间利益分歧明显"。③ 该问题的实质是，没有划分好权属的边界。在委托代理内容上，森林资源所有权的委托代理还有所有权行使方式上的问题。其实，在《森林法》修订之际，就有专家提出，"按照全民所有自然资源资产有偿使用的改革精神，今后除了无偿划拨，还可以允许采取有偿出让、授权经营、出租等方式使用国有森林资源"，且森林资源的使用权主体可以不限于国有性质的经营者，使用权主体也不应局限于国有林场、国有林管理局。④ 修订后的《森林法》立足实际、兼顾未来，在行权方式上，有无偿划拨使用与有偿出让使用等；

---

① 《湖南省国有林场管理办法》于 1997 年 9 月 26 日湖南省人民政府令第 82 号公布，于 2011 年 1 月 30 日根据湖南省人民政府令第 251 号修改。

② 国家林业和草原局办公室：《明确森林权属 加强产权保护》，载《绿色中国》2020 年第 2 期，第 74-76 页。

③ 刘书春、秦立春、刘艳：《林地农地交错矛盾有待化解》，载《农村经营管理》2012 年第 3 期，第 31 页。

④ 国家林业和草原局办公室：《明确森林权属 加强产权保护》，载《绿色中国》2020 年第 2 期，第 74-76 页。

在权利取得主体上，包括但不限于国有林业经营者。① 《森林法》确实为相应的改革留足了规范的空间，通过合理解释《森林法》第16条之规定即可。

易言之，在国有林草资源所有权委托代理规范设计上，应该针对以上的所有权行使主体错位、行权方式单一、所有者权益不清等问题，有的放矢构建其规范。当然，规范构造中，一是要区分自然资源部直接行权的森林资源和地方人民政府行权的森林资源，二是要区分不同森林资源的定位，区分市场化与非市场化两种方向。

（二）国有林草资源所有权委托代理规范的具象构造

依照《森林法》第15条的安排，以登记的客体划分，国务院确定的国家重点林区中，直接行使森林、林木、林地所有权的是国务院自然资源主管部门（自然资源部）；而非国家重点林区中相应所有权行使，则是相应的当地地方人民政府。本质上，这是森林资源资产分类管理的科学展现。② 依委托代理理论而言，在森林资源所有权的委托代理中应形成以下几对委代关系。

1. 针对国家重点林区

设立相应的用益物权系自然资源部直接行使所有权，但对于用益物权人的监管却多转移给相应的地方行政机关。所以，无论用益物权人为国有林场（常为事业单位法人），还是市场主体，应由自然资源部与当地人民政府之间形成委托代理关系。所在地人民政府主要指向应是市地级人民政府。委托人自然资源部，代理人为地方人民政府，委托代理的内容为自然资源所有者的部分权利，除委托代理主体权利义务章节所列明的一般性权利义务之外，具体如下：

---

① 国家林业和草原局办公室：《明确森林权属 加强产权保护》，载《绿色中国》2020年第2期，第74-76页。

② 万志芳、张琦：《基于林权改革的国有森林资源管理问题研究》，载《林业经济问题》2009年第6期，第471-474页。

（1）未实现市场化的国有林场。

委托人（自然资源部）权利义务。依照委托代理关系中的所有者职责支付相应的价款，如生态林改造等内容；具有监督权利——监督代理人是否履行委托代理内容的所有者职责。

代理人（地方人民政府）权利义务。依照委托代理关系中的所有者职责受领相应的价款，同时具有被监督的义务；相对于用益物权人，具有监督其行权的权利。

（2）已实现市场化的国有林场。

委托人（自然资源部）权利义务。依照委托代理关系中的所有者权益受领相应比例的价款；监督代理人是否履行委托代理内容所有者职责的权利。

代理人（地方人民政府）权利义务。相对于委托人而言，有依照委托代理关系中的代理权益受领相应价款的权利，但同时具有被监督的义务。相对于用益物权人，有依法请求用益物权人支付相应价款的权利，并具有监督其行权的权利。

2. 针对非国家重点林区

自然资源部不直接行使所有权情形下，可由自然资源部与省级人民政府之间形成委托代理关系，或自然资源部与省级人民政府、资源所在地人民政府之间形成双层委托代理关系。在二级委托代理关系中：所有者代表自然资源部与省级人民政府形成一级委托，省级人民政府与资源所在地人民政府形成二级委托。除委托代理主体权利义务章节所列明的一般性权利义务之外，形成委托代理关系的主要内容为：

（1）一级委托中的委托人（自然资源部）权利与义务。监督代理人行使所有者职责的权利，授权代理人行使所有者权利。

（2）一级委托中的代理人（省级人民政府）权利与义务。依法行使所有者职责，即代理人依照委托代理中的设定，行使相关的所有者权利，包括为国有林场或市场主体设定相应的森林资源用益物权；相对于委托人，具有权利行使被监督的义务。

（3）二级委托中的委托人（省级人民政府）权利与义务。相对于代理人，依照二级委托代理关系中的所有者权益，具有支付相应价款的义务；若为市场化方式设立森林资源用益物权，则有取得相应比例价款的权利；监督代理人是否履行委托代理内容所有者职责的权利。

（4）二级委托中的代理人权利与义务。依照二级委托代理关系中的所有者权益受领相应价款；若为市场化方式设立森林资源用益物权，则有取得相应比例价款的权利；具有依照委托代理内容履行所有者职责的义务。

在委托代理形式上，目前规范体系并未形成周延的委托代理关系，因此更宜以规范性文件或政府规章+委托代理清单的形式，形成相应的委托代理关系。

第五节　水资源所有权委托代理的规范构造

一、水资源所有权及其行使的规范现状

水资源的所有权规范与上述自然资源门类有一定相似性，又有一定的不同。在《宪法》规范中，水资源与其他自然资源并无二致，依据《宪法》第9条规定，水流属于国家所有。《宪法》的规定延续到了《民法典》之中，《民法典》第247条同样规定了水流的国家所有权属性。《水法》同样确认了水资源的国家所有属性，但与《宪法》和《民法典》不同的是，《水法》的规范客体系水资源，而不是水流。[①] 依照辞书的解释，"水流"可解释为"江、河的总称"，又可

---

① 《水法》第3条规定："水资源属于国家所有。水资源的所有权由国务院代表国家行使。"

解释为"流动着的水"。① 水资源则是强调以"水"为质料的资源，强调其价值性。应该说，两者概念是有一定差异的。水资源的外延较之水流更为宽广。

较之于前述的三种自然资源，水资源的特殊性，体现在其主管部门的不同——在我国现行法律中，水资源的所有权行使并不在自然资源部，而是国家水行政机关。依照《水法》第 12 条规定，水资源的管理与监督主体为国务院水行政主管部门。② 较之于一般以地域管辖的行政管理机制，水行政上还有其特殊性——既有一般性的地方政府管理，也有特殊性的流域性管理机构，水资源的管理体制为流域管理与行政区域管理协同制。③ 依据《水法》第 12 条规定，国务院水行政主管部门设立流域管理机构，负责重要江河、湖泊统一管理和监督；而县级以上地方人民政府的职责，重在行政区内的统一管理和监督。④

在水资源使用权设计上，《民法典》只有"物权法定"性的规定，具体性规定更多存在于《水法》之中。《民法典》第 329 条设定的水权有两种类型，即取水权和水域使用权（限定用途为养殖和捕捞）。⑤《水法》的设计思路与《民法典》有所不同，其更为具体。依《水法》第 48 条规定，取水权内容应为"从江河、湖泊或者地下取用水资源"；取水权取得有两种制度，即"国家取水许可制度和水

---

① 李行健主编：《现代汉语规范词典》（第 3 版），外语教学与研究出版社、语文出版社 2014 年版，第 1233 页。

② 《水法》第 12 条规定："国务院水行政主管部门负责全国水资源的统一管理和监督工作。"

③ 水资源的流域性管理机构体现了水资源的流动特性，而这类机构的设立则体现了政府在水资源中的跨域治理责任（含服务、公平和绩效）。见曾璐：《水资源跨域治理中的政府责任研究》，载《经济研究导刊》2018 年第 8 期，第 178-179、196 页。

④ 依据《水法》第 12 条规定："国务院水行政主管部门在国家确定的重要江河、湖泊设立的流域管理机构，在所管辖的范围内行使法律、行政法规规定的和国务院水行政主管部门授予的水资源管理和监督职责。县级以上地方人民政府水行政主管部门按照规定的权限，负责本行政区域内水资源的统一管理和监督工作。"

⑤ 《民法典》第 329 条规定："依法取得的探矿权、采矿权、取水权和使用水域、滩涂从事养殖、捕捞的权利受法律保护。"

资源有偿使用制度";取水权设定的部门也有两个,即"水行政主管部门或者流域管理机构";取水权的获得应"取得许可证"且"缴纳水资源费"。① 当然,以上为该条规定的原则性规定,也存在但书条款以保证一般家庭的生活用水,即"家庭生活和零星散养、圈养畜禽饮用等少量取水"作为例外。应予注意的是,该但书规定既限定"用水情景",同时也限定"用水数量"(少量)。《水法》第 48 条仍然保留了"国务院"作为水资源国家所有权代表主体的核心"立法权",即关于"取水许可制度和征收管理水资源费"的办法,仍规定由国务院制定。

关于交易的价格规定,总的来说水资源的"价格"仍以计划的"费"为核心。前述的取水权对应的对价为"水资源费"。而除了取水权之外,还有《水法》第 55 条中"使用水工程供应水"的水费。② 有所不同的是,该内容指向的是"收费主体"为"供水单位"。但由于这种水费的普遍性,其价格受到严格的价格管制。第 55 条规定"供水价格应当按照补偿成本、合理收益、优质优价、公平负担的原则确定",且定价主体为省级以上人民政府价格主管部门与水行政主管部门,二者依据职权会同确定。从该规定不难看出,水资源的使用价格其实重在"成本",兼顾"收益"。

二、水资源所有权委托代理的规范构造

(一) 水资源所有权委托代理规范构造的理论分析

《自然资源部职能配置、内设机构和人员编制规定》中,水资源的资产所有者职责被写入自然资源部(第 3 条第 1 款)。但《水

---

① 《水法》第 48 条规定:"直接从江河、湖泊或者地下取用水资源的单位和个人,应当按照国家取水许可制度和水资源有偿使用制度的规定,向水行政主管部门或者流域管理机构申请领取取水许可证,并缴纳水资源费,取得取水权。"

② 《水法》第 55 条规定:"使用水工程供应的水,应当按照国家规定向供水单位缴纳水费。"

法》第 12 条规定，国务院水行政主管部门为水资源统一管理单位。依据 2018 年《水利部职能配置、内设机构和人员编制规定》，水利部的首要职责被确定为"保障水资源的合理开发利用"，具体而言包括"拟订水利战略规划和政策，起草有关法律法规草案，制定部门规章"。

以此来看，两个部门之间关于自然资源的所有者职责看起来似乎泾渭分明，自然资源部是所有权统一行使单位，而水利部则为水资源使用监管单位。实践中，则不尽如此。2016 年印发的《水权交易管理暂行办法》（水政法〔2016〕156 号），是水利部的部门规范性文件。《水利部 国家发展改革委 财政部关于推进用水权改革的指导意见》（水资管〔2022〕333 号）也是以水利部为牵头单位。依据《取水许可和水资源费征收管理条例》第 3 条之规定，取水许可制度是分级管理实施，其中国家重要江河、湖泊由国务院水行政主管部门设立的流域管理机构负责与监督，而其他的水资源费的征收、管理和监督，由县级以上人民政府相关部门管理。① 《取水许可管理办法》亦是如此规定。② 如 2023 年 4 月 11 日发布的《水利部长江水利委员会关于 2023 年第一季度核发、变更和注销取水许可证情况公告》、2023 年 7 月 11 日发布的《水利部长江水利委员会 2023 年第二季度取水许可证照管理情况公告》中，众多水电站、供水公司的取水，所有取水许可证都是由水利部长江水利委员会许可。

在地方政府的水权行使上，湖南省政府发布了地方政府规章《湖南省取水许可和水资源费征收管理办法》，湖南省水利厅发布了规范性文件《湖南省取水许可规范管理实施细则（试行）》（2023

---

① 《取水许可和水资源费征收管理条例》在 2006 年 2 月 21 日，由中华人民共和国国务院令第 460 号公布；而后，根据 2017 年 3 月 1 日《国务院关于修改和废止部分行政法规的决定》修订。

② 《取水许可管理办法》于 2008 年 4 月 9 日水利部令第 34 号发布，后依据 2015 年 12 月 16 日的《水利部关于废止和修改部分规章的决定》第一次修正；再依据 2017 年 12 月 22 日的《水利部关于废止和修改部分规章的决定》第二次修正。

年7月），明确了县级以上人民政府水行政主管部门，为取水许可制度与水资源有偿使用制度实施的主体。《湖南省取水许可和水资源费征收管理办法》第5条明确，不同取水单位的不同取水量，归属的取水许可行政管理单位区分为县级、市州、省水行政主管部门。

可见无论是中央还是地方，规范性文件体现出，代表国家行使水资源所有权问题上，具体代表是水利部还是自然资源部，在理论和实践中并不相同，甚至是冲突的。实践中，更大程度上还是水行政主管部门既是所有权行权主体，又是水资源监管主体。这种体现在地方人民政府的水行政中更为明显，诚如有学者所言，一方面地方人民政府是水资源权利的交易主体，一方面地方人民政府又是水资源权利交易的监管主体。[①]

按照2022年的《水利部 国家发展改革委 财政部关于推进用水权改革的指导意见》，水权改革问题上，政府和市场的关系为"发挥好政府在用水权初始分配和交易监管等方面的作用，保障基本用水需求；充分发挥市场机制优化配置水资源的作用，激发节水内生动力"。[②]水权的实践分类，包括"区域水权、取水权、灌溉用水户水权等用水权"。水权的交易制度既有跨区域的纵向分配问题，也有横向配置规范问题。因此这既涉及改革文件所说，"推进江河流域水量分配，水量分配方案批复的可用水量，作为区域在该江河流域的用水权利边界"，在河流水量分配上，地方政府配置的水资源权利为限定量的使用权，[③]又涉及地方人民政府在区域内的水权配置规则。诚

---

① 王慧：《水权交易的理论重塑与规则重构》，载《苏州大学学报（社会科学版）》2018年第6期，第73-84页。

② 《水利部发展改革委财政部关于推进用水权改革的指导意见》，载《中华人民共和国国务院公报》2022年第30期：第57-60页。

③ 实际上，关于区域水权的性质，目前规范并未明确。依照《水权交易办法》第3条第（1）项规定，区域水权交易系"以县级以上地方人民政府或者其授权的部门、单位为主体，以用水总量控制指标和江河水量分配指标范围内结余水量为标的，在位于同一流域或者位于不同流域但具备调水条件的行政区域之间开展的水权交易"。换言之，本质上这是一种用水指标之间的交易，系水资源使用行政管制下衍生的交易。但该交易的标的——区域水权，到底是属于水所有权还是使用权，其实并无定论。

然，多元主体水权交易是一种水资源优化配置与市场机制的反应，[1] 但其中交易标的的定位，是法律中必须要厘清的问题。其实，南水北调工程中的水资源已存在这种资产化管理的委托代理尝试。[2] 诚如已有研究所指出"水资源管理往往以流域为中心进行区块化管理，从中央到地方构成多级委托代理的模式"。[3]

鉴于水资源的跨域和区域内的复杂情况，水资源所有权委托代理关系构造上，更宜通过"横向委托"将跨区重要江河的水资源所有权委托水利部行使，而"纵向委托"则主要是不涉及跨区重要江河的水资源所有权，由自然资源部委省级地方人民政府统筹行使。

（二）水资源所有权委托代理规范的具象构造

依委托代理理论而言，除委托代理主体权利义务章节所列明的一般性权利义务之外，在水资源所有权的委托代理中应形成以下两对委代关系。在水资源所有权的委托代理中，关于水资源所有权委托代理的内容（所有权行使的方式上），依据《水利部、国家发展改革委、财政部关于推进用水权改革的指导意见》，可在现行取水权许可制的基础上，构建不同的设立取水权使用权类型。

1. 自然资源部与水利部之间形成委托代理关系

在水资源所有权行使中，自然资源部获得国务院水资源所有权行使的授权，因此水资源的所有权行使中，可通过自然资源部委托代理水利部的形式，构成跨流域重要江河的水资源所有权行使上的委托代理关系。当然，水利部与其设立的流域管理机构，形成内部的委托代理关系。即于国家重要江河、湖泊之水资源所有权行使上，由水利部委托相应的流域管理机构负责行使与监督，水利部则监督流域

---

① 张凯：《全国统一市场下多元主体水权交易：框架设计与机制构建》，载《价格理论与实践》2023 年第 9 期，第 187-192 页。

② 李慧娟、唐德善、张元教：《基于委托代理理论的水资源资产化管理体制及应用》，载《节水灌溉》2005 年第 6 期，第 33-35、37 页。

③ 孟婕、曹英志、邓跃等：《我国自然资源资产所有权委托代理关系研究》，载《自然资源情报》2023 年第 7 期，第 17-22 页。

管理机构的权利行使与义务履行。

国家重要江河、湖泊之水资源所有权行使上，由水利部（或其设立的流域管理机构）划定流域中各省级单位的区域取水权指标（上限）。本质上，区域取水权指标是一种水资源优化配置的体现，是所有权人对客体的处分权体现。流域管理机关自然也是可以为特定主体，因特定事项设定取水权，但其主体应是特定的。换言之，除特定取水外，流域管理机构的核心应是跨域取水权指标的设计。如《取水许可和水资源费征收管理条例》第 14 条，就将流域管理机构设立取水权情形限定在六种情形：特定江河湖泊的限额以上取水、国际跨界或边界河流取水、省际边界河流湖泊取水、跨省级行政区取水、特定大型建设项目取水、流域管理机构直管河流湖泊取水。其他设立取水权情形，则依照省级人民政府规定。

2. 自然资源部与省级人民政府形成委托代理关系

即非设立专门流域管理机关的国家重要江河、湖泊之水资源所有权行使上，自然资源部与省级人民政府形成委托代理关系，委托由其负责行使水资源所有权与监督，自然资源部则监督省级人民政府的权利行使与义务履行。省级人民政府可以采用规范性文件的方式，规定省级、地市级、县级的水资源所有权行使权限以及监督方式。省级人民政府负责本区域内的水资源配置，即除跨省重要江河流域的水资源配置之外的水资源配置。区分不同的用水主体，水资源所有权行使主体可为市场主体设立取水权，也可为灌溉用水户、公共供水管网用户的用水权设立取水权。不同类型的取水权设置，其价格标准应有所差异。

在水资源所有权的委托代理中，关于水资源所有者权益的体现，目前其系以征收水资源费的方式体现。若是通过水利部（流域管理机构）行使水资源所有权情形，其水资源费纳入国库，已体现了水资源所有者权益。对于地方人民政府行使水资源所有权情形，依照《取水许可和水资源费征收管理条例》第 35 条与 36 条之规定，水资源费分别纳入中央与地方的国库，且全额纳入财政预算。按照《财政部、国家发展改革委、水利部关于印发〈水资源费征收使用管理办法〉的通知》（财综〔2008〕79号）的规定，"水资源费属于政府非税收入"，且第15条规定"除南水北调受水区外，县级以上地方水行政主管部门征收的水资源费，按照1∶9的比例分别上缴中央和地方国库。"实际上这一定程度上体现了水资源所有者权益，中央的水资源费可以视为水资源所有者权益，而地方的水资源可视为委托代理事项相应的代理人权益。目前而言，虽然水权市场初步建立，但市场机制仍不够突出（目前的水权市场主要是取水权交易的二级市场），取水权价格（行政许可价格）仍未能反映出市场对用水的调节，在水资源所有权委托代理中，所有权行使方式的市场化改革仍可进一步深化，以优化水资源的配置。①

第六节　其他国家自然资源所有权委托代理的规范构造

中共中央办公厅、国务院办公厅印发的《全民所有自然资源资产所有权委托代理机制试点方案》之中，其列举的自然资源门类不仅包含以上分析的土地、矿产、森林、草原、水，还包括海洋、湿地、国家公园等自然资源资产。只是限于获得的资料等原因，本书选取了前述几项自然资源资产。从前文不难获知，在构造自然资源资产的委托代理构造时，重在分析其现状、捋清其规范中已存在的委托代理关系，并以委代理论分析目前之不足。本节主要对未展开分析的海洋、湿地、国家公园自然资源资产的委托代理，进行现状分析与规范构造的框架勾勒，以期助于后续研究的开展。

---

① 郑志来、章仁俊：《中国水资源配置模式与优化研究》，载《求索》2009年第11期，第1-4页。

一、海洋自然资源所有权委托代理的规范构造

就海洋自然资源资产而言，目前专门的立法有环境保护的《海洋环境保护法》《海域使用管理法》。[①] 无论是立法名称还是立法目的来看，《海洋环境保护法》的重心在生态环境保护，而不是自然资源所有者权益。[②]《海域使用管理法》则对海洋的功能区划、海域使用的申请与审批、海域使用权、海域使用金及其相关监督、法律责任做了详细的规定。各临海省份，对于海域使用也有自己的条例，如《江苏省海域使用管理条例》。[③] 依照《海洋环境保护法》第 33 条之规定，国家实行海域有偿使用制度，海域使用金的标准由国务院规定，且应上缴财政。在具体的分配比例上，如上海市 2023 年发布的《上海市海域使用金征收管理办法》第 14 条规定，"除本市征收的养殖项目用海的海域使用金全额缴入市级国库外，征收的其他项目用海的海域使用金 30% 缴入中央国库，70% 缴入市级国库"。[④] 本质上，对于国有海洋自然资源所有权委托代理中的关键要素——权利行使主体、使用权对价、收益的分配，已经存在事实上的委托代理关系。只是这种委托代理仍未构造清楚自然资源部、省市之间的委托代理

---

① 《海洋环境保护法》于 1982 年第五届全国人民代表大会常务委员会第二十四次会议通过；后于 1999 年 12 月 25 日第九届全国人民代表大会常务委员会第十三次会议第一次修订；又于 2013 年 12 月 28 日第十二届全国人民代表大会常务委员会第六次会议第一次修正；又于 2016 年 11 月 7 日第十二届全国人民代表大会常务委员会第二十四次会议第二次修正；又于 2017 年 11 月 4 日第十二届全国人民代表大会常务委员会第三十次会议第三次修正；又于 2023 年 10 月 24 日第十四届全国人民代表大会常务委员会第六次会议第二次修订。

② 《海洋环境保护法》第 1 条规定："为了保护和改善海洋环境，保护海洋资源，防治污染损害，保障生态安全和公众健康，维护国家海洋权益，建设海洋强国，推进生态文明建设，促进经济社会可持续发展，实现人与自然和谐共生，根据宪法，制定本法。"

③ 《江苏省海域使用管理条例》于 2005 年 5 月 26 日江苏省第十届人民代表大会常务委员会第十六次会议通过；后于 2018 年 3 月 28 日江苏省第十三届人民代表大会常务委员会第二次会议第一次修正；又于 2020 年 11 月 27 日江苏省第十三届人民代表大会常务委员会第十九次会议第二次修正。

④ 《上海市人民政府关于批转市财政局、市海洋局、市税务局修订的〈上海市海域使用金征收管理办法〉的通知》附件，沪府规〔2023〕13 号。

关系，因此还应依照委托代理理论进一步实现分层的规范化构造。

另外，在所有权行使的方式上，目前仍在以行政许可转市场出让的路径之中，委托代理内容可以扩展其权利行使的选项。本质上，其核心问题在于，在海洋自然资源配置中，如何实现"市场决定性"资源配置与资源公益性配置之间的调和。就目前而言，问题还不在于"市场决定性"，而是"市场"在资源配置中仍为少数决定力量。因此，正如已有研究所指出，海洋自然资源所有权行使方式上，"实施海洋资源资产化管理"应是行权方式扩展的重要突破方向。[①]

二、湿地自然资源所有权委托代理的规范构造

湿地，其实并非《宪法》或《民法》中的概念，在我国《宪法》与《民法典》之中均无相关概念。湿地概念入法在《湿地保护法》之中。该法对湿地保护的原则性规范、湿地资源管理、湿地保护与利用、湿地修复与监督及法律责任等做了较为详细的规定。在该法之中，湿地被定义为"具有显著生态功能的自然或者人工的、常年或者季节性积水地带、水域，包括低潮时水深不超过六米的海域，但是水田以及用于养殖的人工的水域和滩涂除外"。[②] 但是《湿地保护法》与较其更早出现的部门规章《湿地保护管理规定》中的定义，有所差别。按照《湿地保护管理规定》中的说明，湿地系"指常年或者季节性积水地带、水域和低潮时水深不超过 6 米的海域，包括沼泽湿地、湖泊湿地、河流湿地、滨海湿地等自然湿地，以及重点保护野生动物栖息地或者重点保护野生植物原生地等人工湿地"。[③]

《湿地保护管理规定》与《湿地保护法》，一方面是贯彻习近平

---

① 贺义雄、李加辉：《海洋资源资产国家所有权委托代理考核评价的逻辑与实施建议》，载《海洋开发与管理》2023 年第 5 期，第 27—33 页。

② 《湿地保护法》第 2 条。

③ 《湿地保护管理规定》于 2013 年 3 月 28 日国家林业局令第 32 号公布，后于 2017 年 12 月 5 日国家林业局令第 48 号修改。

生态文明思想而产生，另一方面也是如《湿地保护管理规定》所言，系为了履行《关于特别是作为水禽栖息地的国际重要湿地公约》（第1条）。① 湿地规范本质上是一种覆盖性规定（例外性规定），原本属于土地资源、水资源或海洋资源等，但因为符合湿地的标准，故而被纳入湿地自然资源之中。在湿地的利用中，还应依其具体的《自然资源类型遵循水法》《土地管理法》《海域使用管理法》等法律。

就湿地自然资源资产而言，其重点仍在保护性管理之中。湿地保护也不仅仅存在于法律与部门规章之中，在各个地方，还有相应的地方性法规，如《天津市湿地保护条例》（2023 修订）、《海南省湿地保护条例》（2023 修订）、《大同市湿地保护条例》等。相对于法律规范，地方性法规中的规定则更为具体，在《海南省湿地保护条例》中，列举了具体的湿地类型，包括红树林地、森林沼泽、灌丛沼泽、沼泽草地等十余种。②

依委托代理理论而言，在湿地自然资源资产所有权委托代理之中，应针对湿地的专有问题展开委代关系。就主体而言，在委托代理关系中，其代理人既可以是由自然资源部直属的国家公园，也可以是相应的省市县人民政府。湿地自然资源委托代理的重点应是其内容，诚如学者所言，应主要包括"组织开展湿地生态保护修复工作、完善湿地资源利用管控制度、建立湿地资源资产损害赔偿机制、健全监管考核机制、探索开展湿地特许经营"。③ 这就是要求，以委托代理关系的建立，对所有者的湿地自然资源资产生态增值、利用控制、损害赔偿、特许经营和考核监督。实质上，湿地自然资源资产重在其生

---

① 必须要说明的是，我国湿地保护开启已有多年历程，2004 年便印发了《国务院办公厅关于加强湿地保护管理的通知》（国办发〔2004〕50 号）。为强化湿地的司法保护，2023 年最高人民法院还发布了相关的司法案例即《最高人民法院发布十二件湿地生态保护典型案例》。

② 《海南省湿地保护条例》第 2 条规定："本省湿地包括红树林地、森林沼泽、灌丛沼泽、沼泽草地、沿海滩涂、内陆滩涂、沼泽地、河流水面、湖泊水面、水库水面、坑塘水面、沟渠和浅海水域等湿地。"

③ 苗垠：《全民所有湿地资源资产所有权委托代理机制研究》，载《湿地科学与管理》2022 年第 5 期，第 24-28 页。

态产品价值的实现。① 目前而言，这包括碳汇交易、生态补偿、特许经营等，可以以此展开所有权行使方式的创新，作为湿地自然资源资产委托代理的重点。

湖南省全民所有自然资源所有权委托代理试点中，湿地资源的省内重点城市为岳阳市、常德市。委托代理的内容及相应管理制度、收益分配，均在《湖南省人民政府代理履行全民所有自然资源资产所有者职责的自然资源清单》设定。湿地的核心属性是生态属性，较之于以土地、矿产等资产性较强的资源，因此委托代理的设计核心围绕在生态性保护等内容。

三、国家公园所有权委托代理的规范构造

国家公园，顾名思义并非传统自然资源资产的概念，而是一种管理制度的衍生。"国家公园"首见于国家重大政策文件，系 2013 年的《中共中央关于全面深化改革若干重大问题的决定》。② "国家公园"系空间管理的一种类型，为生态保护红线规范之下的国土空间开发制度创新。该文件之后，我国开启了国家公园体制的设点建设工作，2021 年正式设立了大熊猫、三江源、武夷山等多国家公园。2022 年 8 月 19 日，国家林业和草原局发布了《国家公园法（草案）》（征求意见稿）以及《关于〈国家公园法（草案）〉（征求意见稿）的说明》，开启了国家公园的立法进程。

目前而言，我国国家公园的体制并不统一，甚至是"一园一策"，各个国家公园均存在自己的独立的规范，如《三江源国家公园条例（试行）》《武夷山国家公园条例（试行）》《钱江源国家公园

---

① 陈倩茹、吴曼玉、谢花林：《湿地资源生态产品价值实现：基本逻辑、核心机制与模式》，载《自然资源学报》2023 年第 10 期，第 2490-2503 页。

② 《中共中央关于全面深化改革若干重大问题的决定》，2013 年 11 月 12 日中国共产党第十八届中央委员会第三次全体会议通过。

管理办法（试行）》《南山国家公园管理办法》。这类独立国家公园的"上位法"为 2022 年发布的《国家公园管理暂行办法》（林保发〔2022〕64 号）。但其实在法理上，《国家公园管理暂行办法》只是部门规范性文件，而如《三江源国家公园条例（试行）》系地方性法规，其实并无法定约束关系。

《国家公园管理暂行办法》第 19 条规定，"国家公园管理机构应当按照依法、自愿、有偿的原则，探索通过租赁、合作、设立保护地役权等方式对国家公园内集体所有土地及其附属资源实施管理"。换言之，其实国家公园管理机构并不一定具有国家公园园区内的自然资源所有权。因此其继而规定"在确保维护产权人权益前提下，探索通过赎买、置换等方式将集体所有商品林或其他集体资产转为全民所有自然资源资产"，以统一保护。

目前的国家公园制度远不如其他传统自然资源资产管理清晰，甚至国家公园的定位也并不统一。较之于其他自然资源，国家公园这种典型的自然保护地，其在委托代理机制设计中，往往存在着"治理对象复杂、治理范围难界定、利益主体多元的三重特殊性"。① 这也造成了学者所言的困境"仅仅依靠现有法律措施或通过地方立法很难改变国家公园范围内既定的社会关系，难以达成构建以国家公园为主体的自然保护地体系建设的改革设想"。② 因此，该学者期望以《国家公园法》实现"国家公园范围内全民所有自然资源资产所有权的行使方式、权力配置、财政措施以及统一和综合执法制度做出具体的设计和安排"。国家公园自然资源资产所有权委托代理，实质上也是《国家公园法》立法前的试点重要事项，即如何实现国家公园体制下资产管理与生态保护的制度安排，当然"生态价值优先"

---

① 吴佳雨、谭荣、吴格非：《自然保护地委托代理机制与事权清单探索》，载《中国土地科学》2023 年第 4 期，第 43-51 页。

② 汪劲：《中国国家公园统一管理体制研究》，载《暨南学报（哲学社会科学版）》2020 年第 10 期，第 10-23 页。

必然是位于资产所有权行使之前的理念。①

依委托代理理论而言，在国家公园自然资源资产所有权委托代理之中，主要是捋清其中的委托代理主体问题与内容问题。较之于其他自然资源，在委托代理关系之中，委托的主体问题较为关键。相应设立的国家公园管理局往往是作为事业单位而存在，如湖南南山国家公园管理局系湖南省林业局设立的事业单位，甚至 2019 年 3 月，湖南省政府办公厅还印发了《湖南南山国家公园管理局行政权力清单（试行）》，其行使一定的行政权。理解国家公园管理局与相应人民政府之间的关系，是厘清委托代理工作的重要前提。我们认为，在国家公园自然资源资产所有权委托代理之中，自然资源部应成为委托人，而国家公园管理局应该成为相应的代理人，委托代理的内容即国家公园范围内国有自然资源（如土地、森林）的所有权行使，行使的方式与前述土地资源、矿产资源、水资源的方式有所差异，其应以不同国家公园的管理条例中授权内容为准。代理人具有国有自然资源资产的所有权行使之权利，同时也有接受委托人监督的义务。但同时亦应注意，如果是省级政府成立的国家公园管理单位，其委托代理还应构建多层次体系。

在湖南省全民所有自然资源所有权委托代理试点过程中，国家公园因其特殊性质，委托代理设计也比较特殊，集中体现在省政府对南山国家公园和南滩草原国家自然公园的委托代理内容、管理等之上。

---

① 刘宁：《国家公园自然资源资产化管理反思》，载《南京工业大学学报（社会科学版）》2022 年第 2 期，第 47-54 页。

第七章　国家自然资源所有权委托代理的监督制度

第一节　国家自然资源所有权委托代理监督的基本制度逻辑

一、国家自然资源所有权委托代理监督的政策逻辑

"绿水青山就是金山银山。"[①] 作为支撑人类经济社会的关键物质基石，自然资源资产不仅构成了生态环境的核心部分，而且是推动经济发展和保护国家利益的核心物质财富。现阶段，我国自然资源资产管理与生态环境保护中均存在着一些突出问题，这无疑与我国自然资源资产监管体制的不健全息息相关。党的十八大以来，党中央、国务院对健全国家自然资源资产监管体制提出了更高的要求。2022 年由中共中央办公厅、国务院办公厅联合印发的《全民所有自然资源资产所有权委托代理机制试点方案》更是明确指出要完善国有自然资源委托代理的监管制度，探索建立履行所有者职责的考核机制，建立代理人向委托人报告受托资产管理及职责履行情况的工作机制。由此可见，构建符合各方需求、利益相关多元主体参与且系统性的功

[①] 杨莉、刘海燕：《习近平"两山理论"的科学内涵及思维能力的分析》，载《自然辩证法研究》2019 年第 10 期，第 107 页。

能整合的国家自然资源所有权委托代理综合监管法律制度,已成为当下自然资源管理体制建设中亟待解决的问题。

国有自然资源资产在法律、生态和经济三个方面都有其特殊性。因此,在构建其监管法律制度时,应在确保"法律理性"的基础上,同时考虑"经济理性"和"生态理性",以兼顾经济、生态和社会利益之间的平衡。① 国有自然资源委托代理监督机制,应以均衡监督制度的供给与需求为出发点,结合自然资源委托代理试点工作的实际经验,以多元主体的视角出发剖析国有自然资源委托代理监督机制的现实困境,并提出相应的完善之道。

国有自然资源是国家的战略性财富,直接关系到国家的经济繁荣和社会稳定。为了确保这些资源的合理利用和永续发展,国家将其委托给特定的受托人,负责管理和监督资源的开发、利用和保护。但在省、市(地)层面,具体由哪些主体代理履行全民所有自然资源资产所有者的哪些职责及其管理事项,仍处于探索阶段。② 2016年《生态文明建设目标考核办法》明确了各自然资源考核的相关指标。2018年《关于全面加强生态环境坚决打好污染防治攻坚战的意见》明确应强化生态环境的考核和问责机制。2019年《关于统筹推进自然资源资产产权制度改革的指导意见》提出"科学合理的自然资源资产管理考核评价体系"。这些无疑与委托代理试点方案构成了委托代理监督的政策依据和逻辑。

二、国家自然资源所有权委托代理的监督体系

设计国家自然资源所有权受托人监督与评估体系是自然资源国

---

① 张文斐:《国有自然资源资产监管法律制度研究》,首都经济贸易大学2021年博士学位论文。

② 程雪阳:《国有自然资源资产产权行使机制的完善》,载《法学研究》2018年第6期,第145—146页。

家所有权委托代理的重要内容。其根本目的在于考核成效促进效率，加快自然资源市场化配置科学化实现，强化主体的责任承担，实现自然资源的高效率配置。然而，国家自然资源所有权受托人的监督与评估是一个涉及法律、管理和伦理等多个领域的复杂问题。一方面，我们可以通过建立科学的监管机制和评估体系，用以确保国有资源的科学管理、合理开发和持续利用。[①] 另一方面，在全球化的今天，各国都面临着资源管理的共同挑战。国际经验的比较性参考对于完善国家自然资源所有权受托人的监督与评估机制至关重要。

在自然资源国家所有权委托代理监督制度中，科学的监管机制应是体系性的。其中既有委托代理产生的委托人监督，也有公法已有设计的监督制度。讨论自然资源国家所有权委托代理监督制度，应该是既包含国家自然资源所有权受托人的监督考核，也包含现有监督制度中的人民代表大会（以下简称人大）监督、检查监督与行政监督。

第二节　国家自然资源所有权
受托人的监督考核

一、国家自然资源所有权受托人监督考核的法律基础

对国家自然资源资产的管理和保护贯穿于国民经济和社会发展的各个方面，是我国生态文明建设的关键，而对国家自然资源的合理管理和有效监督是实现这一关键的重要途径。为了履行对这些战略性资源的责任，国家委托特定的受托人（政府）负责管理、开发和

---

① 常纪文：《国有自然资源资产管理体制改革的建议与思考》，载《中国环境管理》2019年第1期，第11-13页。

保护国有自然资源。对这一关系的监督与评估需要建立在坚实的法律基础上，在法定规范体系下确保资源的公正利用、合理开发。

国家自然资源所有权委托代理的法律基础始于宪法。宪法作为国家根本大法，明确规定了我国的基本经济制度，以及国家对土地、矿产、水域等自然资源的所有权。《宪法》第 6 条规定："中华人民共和国的社会主义经济制度的基础是生产资料的社会主义公有制，即全民所有制和劳动群众集体所有制。社会主义公有制消灭人剥削人的制度，实行各尽所能、按劳分配的原则。国家在社会主义初级阶段，坚持公有制为主体、多种所有制经济共同发展的基本经济制度，坚持按劳分配为主体、多种分配方式并存的分配制度。"《宪法》第 9 条具体化了基本经济制度在自然资源的应用，规定："矿藏、水流、森林、山岭、草原、荒地、滩涂等自然资源，都属于国家所有，即全民所有；由法律规定属于集体所有的森林和山岭、草原、荒地、滩涂除外。国家保障自然资源的合理利用，保护珍贵的动物和植物。禁止任何组织或者个人用任何手段侵占或者破坏自然资源。"这一规定奠定了国家对自然资源所有权的法定基础，明确了国家对自然资源的保障、保护和开发利用的权利。

除去《宪法》的相关规定外，国家自然资源委托代理方能规范意义的管理和监督在《民法典》和其他自然资源法律法规体系中得到较为详细规定。《土地管理法》《水法》《矿产资源法》等法律明确规定了国有自然资源的开发、利用和保护的条件，以及受托人的权利和责任。这些法律不仅强调对资源的公平利用和对生态环境的保护，还规定了受托人以及使用人应遵循的法定行为准则。例如《土地管理法》为国有土地资源的合理利用提供了法律支持，规定了土地使用权的取得、变更和转让等方面的程序和条件。另外，它也强调了对土地资源的保护原则，包括保护农用地和生态功能区等。《水法》则涉及对水域资源的管理，规定了水资源的使用和保护原则，确保水的合理配置和持续利用。它还提出了对水资源进行监测和评估的要求，为监督与管理水资源提供了法律依据。

除了国家层面的法律法规，行政法规、部门规章、地方性法规和规划也为国家自然资源委托代理监管体制建设提供了重要指引。各省级行政区根据地方实际情况制定了相应的办法，以适应地方自然资源利用的差异性。这些地方性法规和规划综合考虑资源的可持续发展、生态保护和地方环境特征，确保了资源监管的精细化和本地性。这些规范指导也具体体现在行政机关的设置上。在完善相关法律体系的同时，我国也设置了相应的监管机构，负责监督与评估国家自然资源受托人的行为。自然资源部是我国主管国家土地资源、矿产资源、水域资源等各类自然资源的综合主管部门。其作为中央政府层面的监管机构，职责包括制定相关政策、法规、监督资源的开发和利用以及对违法行为进行查处。大部制的自然资源部的设立极大地提高了国家自然资源监管的专业性，也确保受托人的行为在自然资源部的指导下能够且应该符合法律法规和国家政策。

除去以上法律法规与地方性法规和规划，目前，我国也制定了一系列的国家自然资源资产监管的相关政策，不同类别的自然资源的监管权也逐渐聚拢并明晰。但国家自然资源所有权受托人的监督考核体系仍未完全建立起来。近年来，国家提出了一系列有关自然资源资产监管与生态文明建设的制度政策及文件。2015 年发布的《中共中央国务院关于加快推进生态文明建设的意见》提出要把资源消耗、环境损害、生态效益等指标纳入经济社会发展综合评价体系。2016 年中共中央办公厅与国务院办公厅印发的《生态文明建设目标考核办法》，指出要把环境资源指标、执行纳入地方政府考核。2017 年中共中央办公厅、国务院办公厅印发的《关于建设资源环境承载能力监测预警长效机制的若干意见》，则直接提出把资源环境承载预警评价结论，纳入干部考核指标。2018 年《中共中央国务院关于全面加强生态环境保护坚决打好污染防治攻坚战的意见》更加确定生态环境等考核和与环境污染问题问责。2019 年中共中央办公厅与国务院办公厅印发的《关于统筹推进自然资源资产产权制度改革的指导意见》重要之一，便是构建科学的自然资源资产管理考核评价体系。2022 年中共中央办公厅、国务院办公厅印发的《全民所有自然资源资产所有权委托代理机制试点方案》更为具体，针对全民所有的土地、矿产、森林、海洋、湿地、水、草原、国家公园等八种自然资源资产开展所有权委托代理试点设计，则是明确提出考核、监督要求。

这些政策的出台有力地推动了自然资源资产监管和管理体系的建立，推动自然资源资产得到合理的利用，同时也起到了保护生态环境和实现可持续的绿色发展的作用。众多的制度性文件为国家自然资源所有权的受托人在监督和考核方面提供了有针对性的政策指导。

二、国家自然资源资产监督考核的国际经验

在全球范围内，对国家自然资源资产的监管与评估也是一个备受关注的议题。国际社会在此领域积累了丰富的经验，为我国在国家自然资源管理与监督方面提供了宝贵的经验与启示。[1]

美国在国家自然资源资产监督方面拥有丰富的经验，其在法律框架的构建、监管机制的设定以及实践运作等方面为其他国家提供了有益的参考。[2] 美国在国家自然资源资产监管中采用了分权与分工的原则。不同的机构负责监督和管理不同类型的自然资源，确保了自然资源监管的专业性和高效性，这一组织结构有助于避免权力滥用和资源管理的混乱。美国非常注重监管过程中的透明度和公众参与度，通过自然资源开发与决策向社会公众开放等机制，确保了公众有机会参与自然资源资产监管的全过程，这一举措有助于建立公众信

---

[1]　唐京春、王峰：《国外自然资源公共服务及对我国的启示》，载《中国国土资源经济》2015 年第 1 期，第 16-19 页。

[2]　王春娟、陈建均、刘大海等：《中美自然资源管理模式分析及其可持续发展启示》，载《资源导刊》2023 年第 3 期，第 54-56 页。

任，提高决策的科学性。同时，美国采用了先进的科技手段，如遥感技术、地理信息系统等，来监测和评估国有自然资源的状况，帮助提高国家自然资源资产监督的效率和准确性，确保资源的合理利用。

与美国国家自然资源资产监管制度相比，欧盟在国家自然资源资产监管方面更为注重社会责任和环境绩效，其通过建立明确的法律框架和多元化的监管机构，为国家自然资源资产监管提供了有力的支撑。而日本则将国家自然资源的可持续发展作为监督和考核的重要标准。管理人在资源管理中需要考虑资源的长期利用，以确保资源的可持续发展，且资源管理与环境管理在有效衔接下展开。[①] 同时，日本强调协同治理的理念，鼓励政府、企业、学术机构和社会公众等各方参与到国家自然资源资产监管中来。这种协同治理模式有助于提高决策的多元性，减少资源监管中可能存在的利益冲突。与欧美发达国家一致，日本在国家自然资源监管中积极应用科技创新和数字化技术。通过使用先进的遥感技术、地理信息系统等，实现对资源状况全面、准确、高效的监测与评估，从而极大地提高了监管的科学性。

三、国家自然资源所有权受托人监督考核的困境

国家自然资源所有权受托人在履行其职责时面临着一系列的困境和挑战。[②] 这些挑战涉及法律法规的不完善、资源利益的冲突、环境保护与经济发展的不平衡等多个方面。以下将深入探讨这些困境，并提出相应的完善建议。

第一，国家自然资源所有权受托人监督考核的清晰、直接性法律

---

① 邓锋：《当前日本自然资源管理的特点与借鉴》，载《中国国土资源经济》2018年第10期，第10-13页。

② 李冬：《自然资源资产国家所有权委托代理行使的法律表达》，载《中国不动产法研究》2021年第2期，第189-192页。

法规欠缺。国家自然资源所有权受托人的行为在很大程度上依赖于法律法规的制定和执行。然而，当前的法律法规体系尚未出台针对国家自然资源所有权受托人监督考核的相关直接规定。而现有的法律制度体系也存在不少问题，一方面，一些法律法规可能过于笼统，未能对受托人在资源管理中的职责和限制提供有益参考，给予了其过于宽泛的自由空间。另一方面，一些法律法规可能存在执行难度，导致监管的滞后性。这使得受托人在资源管理中存在法律盲区，增加了滥用权力的风险。

第二，国家自然资源所有权受托人的监督考核存在资源利益的冲突。国家自然资源往往伴随着巨大的经济利益，而这些利益常常与资源的合理利用和生态环境的可持续发展存在冲突。受托人可能面临着资源的开发与可持续性的平衡难题。在经济发展压力下，受托人往往更倾向于追求短期经济效益，而忽略了资源的长期可持续性。

第三，国家自然资源所有权受托人监督考核面临环境保护与经济发展的平衡问题。[①] 受托人往往面临着环境保护与经济发展的两难选择。一方面，过度的资源开发可能对环境造成不可逆转的破坏，危及生态平衡。另一方面，过于严格的环保措施则对经济的发展产生负面影响，限制了资源的开发和利用。

第四，国家自然资源所有权受托人监督考核的公众参与度不足。在自然资源的监督管理中，公众通常是直接受益或受害的主体之一。然而，公众对资源管理决策的参与程度却相对较低，信息不对称使得公众在资源监管过程中难以发挥有效的监督作用。这也容易导致资源管理决策与公众期望的脱节。

第五，国家自然资源所有权受托人监督考核技术手段滞后。在国家自然资源委托代理的监督管理中，科技的发展对于监督与评估至关重要。然而，受托人可能面临技术手段滞后的问题，无法及时采用

---

① 潘楚元、苏时鹏：《国有自然资源资产管理：功能定位、特征事实与国别比较借鉴》，载《自然资源学报》2023 年第 7 期，第 1682–1697 页。

先进的科技手段来监测资源的开发情况、环境的变化等。

四、国家自然资源所有权受托人监督考核的完善路径

国家自然资源的合理管理和持续利用是现代社会的一项重要任务。为确保国家的战略资源得以有效利用和保护，监督与评估国家自然资源所有权受托人的行为至关重要。在这个过程中，建立科学、透明、高效的监督与评估体系是至关重要的。本节将深入探讨完善这一体系的路径，包括法律法规的完备、专门监管机构的强化、公众参与的提升、技术手段的创新等方面。

一是制定完备的法律法规。法律法规是监督与评估的基石，需要在确保合法性的基础上促进资源的持续利用。因此，完善国家自然资源所有权受托人监督考核的首要任务是健全法律法规，明确国家自然资源所有权受托人的权责，规范其行为。法律法规应该具体而有力，既要确保对资源的有效开发利用，又要注重环境保护和可持续发展。在完备法律法规的过程中，需要广泛听取专家学者和社会各界的意见，确保法律法规的科学性和社会的接受度。法律法规的制定要考虑到不同自然资源的特点，因地制宜，形成具有可操作性的制度。另外，法律法规的执行机制也需要得到充分的考虑，确保其能够在实践中发挥作用。

二是强化专门的监管机构。为了保障监督与评估的专业性和高效性，国家需要强化专门监管机构。这个机构的职责包括制定相关政策、法规、监督资源的开发和利用并对违法行为进行查处。这个机构应该独立于政府内部监督体系，确保其决策的客观性和公正性。在强化监管机构的过程中，需要加强其与科研机构、行业协会等的合作，形成监管合力。监管机构的人员需要具备丰富的专业知识，定期进行培训以适应不断变化的资源管理环境。此外，监管机构还需要加强与地方政府的协调，形成上下联动的监管网络。

三是提升公众的参与度。公众是资源管理的直接受益者和关注者，因此，提升公众参与的程度对于监督与评估至关重要。[①] 在这一方面，透明度是关键。政府和受托人应当主动向公众公开资源管理的相关信息，包括资源利用计划、环境影响评估报告等。建立信息公开平台，方便公众获取并了解相关信息。同时，政府可以通过组织公众听证、座谈会等形式，听取公众的意见和建议。通过加强公众教育，提高公众对资源管理的理解和参与意愿，形成社会共治的氛围。政府还可以借助互联网和移动应用等技术手段，建立在线平台，方便公众随时随地参与资源管理的讨论和决策。

四是创新技术手段。在现代科技的支持下，技术手段的创新对于监督与评估的有效性至关重要。首先，可以引入先进的遥感技术、卫星监测等手段，实时监测资源的开发利用情况和环境的变化。这有助于及时发现潜在的问题，防范资源的滥用和环境的破坏。[②] 其次，大数据分析和人工智能技术也可以用于资源监管中。通过对大量数据的分析，可以发现规律和趋势，为决策提供科学依据。人工智能技术可以用于风险预警和模拟分析，帮助受托人更好地制定决策方案。此外，加强信息技术的应用，建立资源管理信息系统，使得监管更加精准和高效。这需要政府和受托人的共同努力，不仅要投入资金，还需要培养和引进相关技术人才。[③]

五是学习借鉴国际经验。国际经验是宝贵资源，国家可以通过学习其他国家的成功经验和教训，找到更加科学和适合本国情况的监督与评估路径。可以通过国际合作、学术交流等方式，建立与其他国

---

① 陈爱国：《公众参与社区自然资源管理的路径选择——以云南大理洱海为个案的研究》，载《民俗研究》2017年第1期，第143-151页。

② 高鹏：《基于地理信息系统的自然资源管理与可持续发展策略分析》，载《信息系统工程》2023年第10期，第130-133页。

③ 肖海：《自然资源智能执法监管平台建设》，载《北京测绘》2024年第2期，第139-144页。

家相关机构的联系，分享经验，共同应对全球性的资源监管问题。① 在学习国际经验的过程中，需要注意吸收有益的经验，但也要充分考虑本国的实际情况。不同国家的资源状况、社会体制和文化背景都有所不同，因此在借鉴经验时要灵活运用，根据本国的实际情况进行再革新。

第三节　国家自然资源所有权委托代理的人民代表大会监督

在委托代理行使方式下，各级行政机构作为国家自然资源所有权的代表，通过内部评估和领导干部的自然资源资产审计制度，可以强化制度约束。同时，政府作为自然资源所有者，也拥有对资源开发利用活动的管理权，这种双重性使得自然资源所有者与管理者之间存在着权力冲突问题。② 然而，从宏观角度看，政府部门作为双重主体，更倾向于强调对自然资源开发和利用中的市场行为进行监督，这意味着需要借助外部资源来加强对行政实体的监督力度。因此，建立完善的国家自然资源监督管理机制成了当前政府管理改革的重点和难点之一。在我国的国家自然资源的监管结构里，人民代表大会（亦简称人大）对于国家自然资源所有权的代理和委托监督显得尤为关键。③

国家自然资源的监督是涉及国家经济、社会和生态环境全局利益的大问题，而全国人大作为最高国家权力机关，其监督职能承担着

---

① 国土资源部信息中心课题组：《国外自然资源管理的基本特点和主要内容》，载《中国机构改革与管理》2016 年第 5 期，第 25-28 页。

② 陈静、郭志京：《自然资源资产国家所有权委托代理机制分析》，载《中国土地》2020 年第 9 期，第 30-32 页。

③ 屈茂辉、张媞：《我国自然资源产权监督制度探析》，载《河南科技大学学报（社会科学版）》2020 年第 4 期，第 82-88 页。

确保国有自然资源合理利用、公平分配和环境保护的重要任务。例如，国务院对国有资产管理情况的报告，就是通过向全国人大报告自然资源资产的管理情况，实现了全国人大对自然资源使用以及管理的监督。自然资源资产报告制度，是人大监督的重要举措之一。然而，在当前的实践中，人大监督面临着一系列的挑战和问题。本节将通过对国家自然资源所有权委托代理中人民代表大会监督现状的分析，揭示人民代表大会在国家自然资源所有权委托代理中的角色、困境与发展方向。

一、国家自然资源所有权委托代理人民代表大会监督的法律基础

国家自然资源所有权委托代理的人民代表大会监督的法律框架在近年来得到了逐步的建设与健全。《宪法》与相关法律法规均明确规定了人民代表大会作为国家权力机关，行使对自然资源所有权的监督职责。各级人民代表大会在地方性法规中也对自然资源管理和监督做出了一系列规定，为国家自然资源所有权委托代理提供了法律基础。

我国立法体系确立了人民代表大会对国家自然资源所有权委托代理的监督权力，这为人民代表大会行使权力提供了法定的依据，使其能够在法律层面对国家自然资源的使用和管理进行监督。《宪法》第57条、第58条规定了全国人民代表大会及其常务委员会的定位：全国人民代表大会是最高国家权力机关。它的常设机关是全国人民代表大会常务委员会，全国人民代表大会和全国人民代表大会常务委员会行使国家立法权。第62条规定了全国人大的职权，包括具体职权15项，兜底性职权1项。第67条规定了全国人民代表大会常务委员会的职权，包括具体职权21项，兜底性职权1项。这其中，就有：（一）解释宪法，监督宪法的实施；（六）监督国务院、中央军事委员会、国家监察委员会、最高人民法院和最高人民检察院的工

作。这些规定确保了全国人大及其常务委员会对国家自然资源所有权委托代理的监督权力。

除此之外，相关自然资源单行法也对人大的监督权力进行了明确。如《土地管理法》中详细规定了土地的所有权属于国家，由国务院代表国家行使。人大通过对土地管理法的审议和修改，能够确保土地资源的有效利用和公平分配。《水法》中规定水域的所有权属于国家，由国务院代表国家行使。《水法》明确了对水资源的开发利用、保护、节约使用等方面的原则和规定，为人大监督水资源的管理提供了法律基础。再如《矿产资源法》中规定矿产资源属于国家所有，由国务院代表国家行使所有权。该法规详细规定了矿业权的获取、转让、终止等方面的规定，为人大监督矿产资源的代理提供了法律依据。除了国家层面的法规，地方各级人大也在地方性法规中对自然资源行政管理监督进行了一系列的规定。这些规定往往更具体，更贴近地方的实际情况，为人大在地方层面进行监督提供了具体法律支持。[①]

二、国家自然资源所有权委托代理人民代表大会监督的基本原则

人大监督原则是指人民代表大会及其常务委员会在遵循现行法律规定的基础上，为了充分发挥其监督职能而必须遵守的基本原则，这包括权力的集体性原则、对应性原则和实践性原则，这些原则也应是国家自然资源所有权委托代理人民代表大会监督的基本原则。[②]

1. 集体性原则

集体性权力的原则指的是组织在形成共同意志时的监督方式也

---

① 如《湖北省人民代表大会常务委员会关于加强国有资产管理情况监督的决定》《河南省人民代表大会常务委员会关于加强国有资产管理情况监督的决定》。

② 昱竹：《人大监督监察委员会制度完善研究》，上海师范大学 2022 年硕士学位论文。

就是有学人定义的集体行使监督职权原则。① 人大的集体监督权最突出的特性是权力的行使不会受到任何组织或代表个人的干涉。因此，在国家行政管理中，人大享有广泛而又充分的监督职权。确定监督事项、执行监督程序以及形成监督结果，这些都是由人大根据法律规定的程序，通过集体讨论来作出决策的。因此，在人民代表大会制度中，人大对国家机关及其工作人员进行有效的监督具有十分重要的意义。

集体性原则要求在集体中每个人必须遵守并维护自己所代表的群体的利益。对监督实体来说，他们更加重视集体的影响力，每位成员都应对集体的决策承担责任，他们与被监督的人之间存在平行的关系，并且他们的地位都是相互独立和平等的；对于监督客体而言，其利益诉求与权力有着直接联系，因此，必须对之有明确而严格的约束，否则就会出现公与私的矛盾冲突以及权力滥用等问题。关于监督权，它是由明确的法律和制度所规定的，不允许任何个体随意决定其是否继续存在，同时，监督权力的实施也不应受到任何个体的干涉。在我国，集体行使权力就是国家通过立法赋予各级国家机关及其工作人员以集体职权，从而使它们能够依法履行职能，保证社会政治稳定和经济发展的一种监督机制。集体性权力的原则是确保权力的制约和监督能够规范地行使，并实现监督目标的关键保障。监督对象在集体中具有相对独立性，而监督主体则是通过自己的行为影响着集体中其他成员的行为。只有在一定程度上形成"人人有责""人人有权"的良好社会氛围时，才能保证监督活动得以有序展开并发挥应有作用。显然，集体行使权力的原则是为了确保监管者能够规范地执行其监督职责的核心准则。

2. 对应性原则

对应性原则意味着监督的主体与被监督的对象之间的权利是相

---

① 黎旺才：《〈监督法〉的基本原则》，载《海南人大》2007 年第 7 期，第 41-42 页。

互匹配的。在法律关系中，监督主体作为国家公职人员，代表着一定范围内特定社会公共利益，而监督对象作为公民个体，代表着全体人民群众，二者既相互联系又彼此独立。这表明，任何权力的实施都应受到相应的监管和限制，以实现对其的有效控制。在我国现行的法律制度中，由于缺乏相应的配套规定，致使部分权力因缺乏必要的制衡，而产生了越权现象。如果出现权力失衡和失控的行为，这将极有可能导致监管主体长时间受到被监管对象的制约和控制，从而难以对被监管对象进行有效的制约和监督。因此，建立有效的监督机制，就必须遵循对应性原则。建立一个合适的制度框架是对应性原则的关键支撑。在我国现有法律规定中，没有专门针对政府官员监督而设立的监督机制，更多的是通过立法形式来约束政府官员，使得权力无法实现有效制衡。这也表明，为了完善人大的监督机制，我们必须确保权力与职责的一致性。[1] 每一种权力的行使都应有相应的监督标准，确保所有的权力执行者和权力都在监督的范围之内，这样才能有效地预防权力的腐败和避免监督的失衡。

3. 实践性原则

对于监督主体来说，在实际操作中，可以根据特定的法律标准对被监督的对象进行监督，这种监督必然要具有可以实践的特征性。监督对象行使权利是一种国家权力运作过程中的必然现象和要求。在进行法律监督时，法律的原则性规定不应过于严格，必须与实际情况紧密结合。具体到司法层面，在完善监督体系的同时也必须注重其规范性和可操作性，使之更加具有现实针对性。首先，需要确保与党的纪律和国家的法律相协调，并确保在法律应用中遵循统一的标准;[2] 同时也要避免法律之间相互冲突和抵触。其次，需要及时地跟

---

① 王平：《简论人大常委会监督应遵循的原则》，载《山东人大工作》2007 年第 10 期，第 26-27 页。

② 薄晓：《监督法的基本原则和主要内容》，载《新疆人大（汉文）》2007 年第 1 期，第 45-48 页。

进相关的配套法律，以确保法律原则的具体规定得以实施。《监督法》作为国家治理体系和治理能力现代化建设的重要内容之一，是法治中国的基本构成要素之一，也是依法治国方略在司法领域的具体体现。

目前我国《监督法》条文过于原则性，在各级人大的监督执行过程中，监督的实际操作性受到限制。在面对类似案件时，地方人大采取了完全不同的法律措施，缺少明确的操作指南，统一的监管规范无法解决，其实施效果并不理想。因此，需要从理论上厘清"操作性"和"规范化"之间的关系，为司法实践提供指导依据。制定明确、概念清晰的法律条款是操作性原则的明确体现。总而言之，国家自然资源所有权委托代理的人大监督首先应遵循人大监督的一般性原则。

三、国家自然资源所有权委托代理人民代表大会监督的现实问题

在我国国家自然资源资产管理体系中，人大作为国家权力机关，承担着对国家自然资源所有权委托代理的监督职责。然而，在监督过程中，仍然存在一系列问题。这些问题包括信息不对称、权力运作不畅、法律法规落实难度大等。我们应深入分析这些问题，并提出相应的解决措施，以推动国家自然资源委托代理监督体系向更加健康和长效的方向发展。

首先，国家自然资源所有权委托代理的人民代表大会监督存在信息不对称问题。在国家自然资源的监督中，信息不对称是一个严峻的问题。信息不对称可能体现在资源利用情况的报告不及时、不准确，以及监管部门获取信息的难度较大等方面。这使得人大难以全面、及时地了解国家自然资源的实际利用情况，从而影响了其监督的深度和广度。

其次，国家自然资源所有权委托代理的人民代表大会监督存在

权力运作不畅问题。权力运作不畅是指在国家自然资源委托代理监督中,人大的权力难以得到有效行使,监管职能受到一定的制约。这可能涉及一些行政机关的配合度较低,以及人大在监督中所面临的权责不匹配等问题。

最后,国家自然资源所有权委托代理的人民代表大会监督存在法律法规落实难度大的问题。其一为法律法规对国家自然资源所有权委托代理监督的规定欠缺,部分法条的规定较为笼统难以有效执行。其二则是一些地方政府对法律法规执行的能力不高,部分地方企业在资源利用中存在违法行为而能够逃避法律法规的制裁。

四、国家自然资源所有权委托代理人民代表大会监督的完善路径

由以上分析可知,人大监督国家自然资源所有权委托代理机制的构建,需要统筹法律法规、信息透明、权责划分等多个方面的因素。通过制定完善的法律法规、加强信息公开、优化权责关系等途径,可以建立起更为完善的监督机制,确保国有自然资源的合理利用、公平分配和环境保护。[①]

首先,完善国家自然资源所有权委托代理的人民代表大会监督,需要制定健全的法律法规体系。我国应当致力于制定一套全面覆盖国家自然资源所有权委托代理的法律法规。这些法律法规需要详细规定自然资源委托代理中所有权的归属、使用条件、转让程序、监督权限等内容,以确保自然资源监督管理的合法性和透明度。在制定法律法规时,需要注意法律的时效性问题,需要制定具有较强的适应性和时效性的法律制度,用以适应国家经济和社会的快速变化。同时,应定期对法规进行修订和更新,使其更好地适应新形势下的自然资源监管需求。

---

① 王秀卫、李静玉:《全民所有自然资源资产所有权委托代理机制初探》,载《中国矿业大学学报(社会科学版)》2021年第3期,第73页。

其次，完善国家自然资源所有权委托代理的人民代表大会监督，应当加强人大专门性机构的构建。① 国家自然资源所有权委托代理的监督工作，这涉及众多部门和学科的复杂专业知识。如果仅依靠人大的职权来实现对代理机构的监督管理显然不够，仅仅依靠人大现有的职能部门员工来进行监管也难以达到预期。鉴于当前的情境，对人大及其常委会进行全方位和系统性设置法律监管机构已经变得不可或缺。从目前情况看，由于人大本身职能范围有限，其作用还远远不能满足现实社会发展需求。为了增强人大的监督职能，更应该依靠人大常委会下属的专业机构和人员，这也意味着我们需要组织专业团队和专门的监督机构，以提高人大的组织监督能力。②

再次，完善国家自然资源所有权委托代理的人民代表大会监督，需要强化信息公开机制。③ 一是建立统一的信息平台，为解决信息不对称问题，人大可以倡导建立统一的信息平台，用于汇总、公开与国家自然资源委托代理相关的数据和信息。这个平台可以包括资源利用情况、环境影响评估、执法结果等方面的内容。二是实施实时监测技术，运用先进的信息技术，实现对资源利用情况的实时监测。通过大数据、人工智能等技术手段，提高监管的精准性，降低信息不对称的可能性。三是推动信息公开的法规建设，加强对信息公开的法律制度建设，确保相关企业和行政机关按规定主动向社会公开相关信息。建立违规不公开信息的追责机制，推动信息公开成为资源监管的常态。

最后，完善国家自然资源所有权委托代理的人民代表大会监督，应当优化权责关系。一是要明确人大的监督权限，法律法规需要明确

---

① 孔令路：《我国地方人大监督机制存在的问题与完善路径》，载《学理论》2014年第35期，第7-8页。

② 叶榅平：《自然资源国家所有权行使人大监督的理论逻辑》，载《法学》2018年第5期，第74-84页。

③ 叶榅平：《自然资源国家所有权行使人大监督的理论逻辑》，载《法学》2018年第5期，第83-84页。

人大在自然资源委托代理中的监督权限，确保人大有足够的法定权力来行使监督职责。这包括对自然资源委托代理过程中开发、利用、转让等行为的全面监督权限。二是要增强人大的法定权威，确保其监督权不受侵犯。通过立法对侵犯人大权威的行为进行制裁，维护人大的监督权力。

在湖南省全民所有自然资源所有权委托代理试点设计之中，就包含人民代表大会的监督设计。湖南省自然资源所有权委托代理清单中明确指出，土地资源、矿产资源、国家公园等行使情况均应定期向湖南省人大常委会汇报资源资产使用情况，接受人大监督，对人大负责。

第四节　国家自然资源所有权委托代理的检察监督

一、国家自然资源所有权委托代理检察监督的法律体系与基本原则

在国家自然资源所有权委托代理检察监督领域，建立健全的法律体系和明确的基本原则至关重要。这不仅有助于确保资源的公平合理利用，还能保障生态环境的可持续发展。[①] 本节首先要探讨国家自然资源所有权委托代理机构检察监督的法律框架及其基本原则。

（一）国家自然资源所有权委托代理检察监督法律体系的构建

国家自然资源所有权委托代理的法律体系需要建立在明确的法律法规基础之上。这包括国家自然资源所有权在《宪法》《土地管理法》《水法》里的有关规定，以及专门针对委托代理机构检察监督的

---

① 《"检行同行"守护资源安全》，载《资源与人居环境》2023 年第 7 期，第 24-28 页。

地方性法规与政策文件。

首先，就国家自然资源所有权委托代理检察监督现有法律体系的完善而言，国有土地、矿藏、水等自然资源大多数实行国家所有权，为了保障国有自然资源的有效管理和监督，法律需要对检察系统的监督职责进行明确。而《土地管理法》《水法》《矿产资源法》等法律则需要详细规定国家自然资源委托代理的归属、使用条件、转让程序等，以便检察机关能够有效履行监督职责。同时，我们也应完善相应的检察监督法，明确委托代理机构检察监督的程序、权限、责任等方面的规定，为检察机关提供法定的权力基础。

其次，就国家自然资源所有权委托代理检察监督法律体系构建的关键要素来看，一则应明确监督的对象和范围，在法律体系中，即国家自然资源所有权委托代理机构检察监督的对象和范围。[①] 这包括资源的种类、利用环节、转让程序等方面的详细规定，以确保监督的全面性和有效性。二则应明确监督的程序与方法，即法律法规需要明确国家自然资源所有权委托代理检察监督的具体程序和方法。这包括检察机关进行监督的步骤、依据的法律规定、采用的监督手段等，以确保监督的程序合法、透明、有力度。三则应明确监督权力与责任，即法律法规中需要清晰规定检察机关在监督中的权力和责任。这包括检察机关的调查权、检举权、提起公诉的权力等，以及对于发现违法行为的及时制止和纠正的责任。

（二）国家自然资源所有权委托代理检察监督的法律原则

在法律体系的构建中，需要明确的法律原则来引导国家自然资源委托代理的监督工作，具体来说应包含以下原则。

1. 公平正义原则

正义是社会制度的首要价值，正如真理是思想体系的首要价值

---

① 林旭霞、纪圣驹：《矿产资源国家所有权委托代理行使机制研究》，载《福建师范大学学报（哲学社会科学版）》2022年第2期，第144-146页。

一样。①《正义论》中罗尔斯针对现有制度体系提出了两项原则：第一个原则，即每个人对与其他人所拥有的最广泛的基本自由体系相容的类似自由体系都应有一种平等的权利；第二个原则，即社会的和经济的不平等应这样安排，使它们被合理地期望适合于每一个人的利益，并且依系于地位和职务向所有人开放。② 第一个原则，简单来说，即平等自由的原则，意味着社会生活中的每个个体均享有平等的政治经济权利，俗称为平权思想。第二个原则为机会均等原则，代表着在社会领域所有的职务与地位应公平公正地向社会主体开放。罗尔斯的这一理论原则，为自然资源法领域的公平正义原则提供了指引，国家自然资源所有权委托代理检察监督的公平正义原则也存在两个维度，一为国有自然资源的利用和分配过程是公平公正的，我们应通过配套制度保障每个人平等地享有国有自然资源开发利用的权利，以此避免资源被独占或歧视性分配，保障各方合法权益。二为法律面前人人平等，不合理的资源浪费与环境破坏行为都将平等地受到法律的制裁。

2. 可持续发展原则

虽然我国幅员辽阔，但庞大的人口基数与飞速发展的社会经济需求导致我国人均自然资源不足、环境承载能力弱等问题。可持续发展的原则对我国的发展具有深远的意义，也是确保人类社会能够持续运转的关键策略。当前，在我国经济社会快速发展的背景下，由于人口不断增加以及工业规模扩大导致的环境污染严重等问题日益凸显。因此，在开发和利用自然资源的过程中，我们必须在尊重生态规律的基础上，调整资源经济的发展结构，提高资源的利用率和有限资源的附加价值，从而在可持续发展的过程中构建和谐社会。由于我国

---

① ［美］约翰·罗尔斯：《正义论》，何怀宏等译，中国社会科学出版社1988年版，第3页。

② ［美］约翰·罗尔斯：《正义论》，何怀宏等译，中国社会科学出版社1988年版，第60—61页。

人口众多，人均占有资源较少，我国大力发展一次性资源消费，这不仅造成了大量消耗，而且导致生态环境受到严重污染。换句话说，我国应当从过去过分强调开发利用转向更加注重有效利用。这不仅需要通过提高使用效率来推动经济的发展，还需要在可持续发展的过程中尽量减少对环境的负面影响，以实现真正的可持续发展，并解决由于过度开发导致的各种矛盾。而这些自然资源利用行为的调整，都离不开良好的资源监督机制，故而在国家自然资源所有权委托代理检察监督的机制构建过程中，我们要始终坚持可持续发展原则，着眼于资源的可持续利用，规定资源利用过程中需符合生态环境保护和可持续发展的要求，确保资源的代际可持续性。

3. 透明公开原则

践行国家自然资源所有权委托代理检察监督的公开透明原则，是实现行政民主化的重要一环。党的二十大报告明确提出："人民民主是社会主义的生命，是全面建设社会主义现代化国家的应有之义。全过程人民民主是社会主义民主政治的本质属性，是最广泛、最真实、最管用的民主。"国家自然资源所有权委托代理的检察监督是我国行政监督中的重要一环，更是实现我国国有自然资源资产合理利用与有效保护的关键途径，国有自然资源属于国家所有，是全体人民的共同财产，因此，坚持国家自然资源所有权委托代理检察监督的公开透明原则，是实现人民民主、保障人民知情权的客观需要。所以，在国家自然资源所有权委托代理检察监督的工作中，我们应始终坚持与强调自然资源利用的信息透明度，确保相关信息及时公开，让社会各界能够了解资源利用的全貌，增加监督的有效性。

二、检察机关在国家自然资源所有权委托代理监督中的角色与职责

在国家自然资源所有权委托代理监督中，检察机关发挥着重要

的角色，其权利与责任直接关系到资源的合理利用、公平分配以及环境的可持续发展。本节将深入探讨检察机关在这一领域中的角色与权利，以期更好地理解其在监督工作中的地位和作用。

（一）检察机关在国家自然资源所有权委托代理监督中的定位

1. 检察机关的角色定位

首先，检察机关在国家自然资源所有权委托代理监督中充当着法律行使的监察者。其主要职责是确保资源的利用过程和转让程序符合法律法规的规定，防范和纠正违法行为，维护法律的权威和尊严。

其次，检察机关在国家自然资源所有权委托代理监督中充当着社会公正的捍卫者。作为社会公正的捍卫者，检察机关需要确保国有自然资源的合理利用和分配的公平公正。通过监督资源利用的全过程，检察机关可以有效地发现和制止一切损害公共利益、违背公正原则的行为，为社会创造公正的资源利用环境。

最后，检察机关在国家自然资源所有权委托代理监督中充当着资源环境的保护者。国有自然资源的利用必须与环境保护相协调，以实现可持续发展的目标。在这一过程中，检察机关充当着环境保护守护者的角色。通过监督资源的开发和利用，检察机关可以及时发现环境污染、生态破坏等问题，保障国有自然资源的可持续性利用。

2. 检察机关监督的关键领域

一为资源使用的合法性，检察机关应当对国有自然资源委托代理中的使用是否合法进行监督。这包括资源的采集、转让、利用等环节，检察机关有责任确保这些过程符合相关法律法规的规定。

二为资源分配的公平性，国有自然资源的公平分配是社会公正的基石。检察机关应当对资源的分配过程进行监督，防止资源被独占或不合理分配，确保资源的分配是公平公正的。

三为资源保护的稳定性，国有自然资源的利用必须与环境保护相协调。检察机关有责任对资源利用过程中可能产生的环境影响进行监督，确保资源的开发和利用不损害生态环境。

（二）检察机关在国家自然资源所有权委托代理监督中的职责

1. 检察权的行使

检察机关在国有自然资源监督中行使的核心权利之一是检察权。这包括对资源利用环节的巡视、调查、提起公诉等权力。在自然资源委托代理过程中的资源的采集、转让等过程中，检察机关有权介入，确保相关行为的合法性。

2. 接受举报和检举权

作为法律监督机关，检察机关有接受举报和检举的权力，可以接受社会公众、企事业单位及其他组织提供的与国家自然资源所有权委托代理相关的线索。通过收集并调查这些线索，检察机关能够迅速了解资源利用中存在的问题，从而有效履行监督职责。[①]

3. 案件提起权

在监督过程中，检察机关有权根据调查结果提起公诉，将违法行为移送司法机关进行处理。这种权利的行使不仅是对违法行为的一种制度性制裁，也是对法治社会的维护。

4. 督促整改权

在发现自然资源委托代理中存在违法问题时，检察机关有权要求相关单位进行整改，并对整改情况进行跟踪监督。这种权利的行使有助于及时纠正违法行为，维护国有自然资源的合法权益。

三、国家自然资源所有权委托代理监督中检察机关监督的优化路径

在国家自然资源所有权委托代理监督中，检察机关作为法律监察机关，扮演着关键的角色。然而，监察工作中仍然存在一些问题，

---

① 范景松、王瑜坤、张含：《试论检察举报制度的完善》，载《人大建设》2010年第11期，第40—41页。

如信息不对称、法律法规不够完善、监督机制不够灵活等，这些问题都将极大地影响监督效果。

（一）检察机关监督国家自然资源所有权委托代理的问题

1. 信息不对称

在监督国有自然资源的过程中，信息不对称问题仍然较为突出。相关的资源利用信息、环境影响评估等并不总是及时公开，导致检察机关在监督中难以获取全面的、真实的信息。

2. 法律体系不健全

目前，涉及国家自然资源所有权委托代理的法律法规体系并不够完善。有关自然资源委托代理过程中资源利用、转让、监督等方面的法规较为零散，导致监察工作缺乏明确的法律依据和规范。

3. 监督机制不灵活

现有的监督机制有相对僵化的区域，无法灵活应对复杂多变的自然资源利用状况。由于在本问题上监察机关权力边界不清晰，监督手段有限，难以有效应对资源利用中的新情况、新问题。

4. 地方保护主义严重

地方政府在资源利用中存在一定的地方保护主义，以维护本地利益为主，有时会对检察机关的监督产生阻碍。① 这种现象可能导致一些地方资源利用不当却难以得到有效监督和制约。

（二）检察机关监督国家自然资源所有权委托代理的优化路径

1. 提高信息的透明度

为解决信息不对称问题，可以采取一系列措施来提高信息透明度。首先，建立健全的信息公开制度，规定相关单位应当及时、真实地向社会公开资源利用的有关信息。其次，借助先进的信息技术手段，建立资源利用的实时监测系统，使得资源利用的情况随时可被监测。

---

① 任克勤、刘柏纯：《论依法独立行使检察权的障碍及保障》，载《河南司法警官职业学院学报》2006 年第 1 期，第 11—14 页。

2. 完善法律法规体系

为解决法律法规不够完善的问题，需要加强相关法律法规的制定和修订工作。特别是应当明确国家自然资源所有权委托代理机构的监督职责和权力，规范资源利用的各个环节，以便检察机关有明确的法律依据来履行监督职责。

3. 创新监督机制

为提高监督机制的灵活性，可以通过创新监督手段和方法，使其更好地适应资源利用中的多样性和复杂性。这包括引入大数据分析、人工智能技术，以更精准、高效地监督资源的利用。同时，适时进行监督制度的改革，使监察机关的权力更有力度，更具弹性。

4. 增强地方政府合作意愿

为应对地方保护主义现象，需要通过政策引导和法规规定，增强地方政府与检察机关的合作意愿。在委托代理监督中，可以采取激励机制，对于与检察机关合作积极的地方给予奖励，对于阻碍监督的地方采取相应的制约措施。建立地方政府与检察机关的定期沟通机制，加强信息交流，促进地方与国家之间的合作。

5. 强化人才培养与技术支持

为提高监察机关在资源利用中的监督水平，还需要加强人才培养和技术支持。培养一支专业化、高水平的检察人才队伍，使其具备熟练的资源利用法律知识和丰富的监督经验。[1] 同时，引入先进的科技手段，提供必要的技术支持，使监察机关更好地履行监督职责。

---

[1] 余冬阳、张群胜、荆国良：《新时代基层青年检察人才培养的思考》，载《中国检察官》2022年第11期，第75-77页。

第五节　国家自然资源所有权委托
代理的行政监督

一、国家自然资源所有权委托代理行政监督的法律基础与基本原则

自然资源属于国家所有，而政府作为自然资源资产产权实际上的管理者和监督者，依法承担着对自然资源使用、占有、交易、开采、经营等市场行为的监管职责。[①] 国家自然资源所有权行政监督的法律基础主要建立在宪法与相关自然资源单行法之上。[②] 依《宪法》规定：国家享有相应自然资源的所有权，国家自然资源所有权行政监督是确保这一所有权合法高效行使的法治保障。相关法律明确了政府机关对国有自然资源的监督职责。

法治原则是行政监督最为关键的基本原则。在国家自然资源所有权委托代理的行政监督中，法治原则的应用主要包括以下几个方面的子原则。

合法性原则。国家自然资源所有权委托代理行政监督合法性原则主要体现在监督主体合法；监督材料合法；监督程序合法；监督步骤、方法、标准合法；监督结果合法五个方面。而这一原则的核心，就是行政监督职权法定和行政监督行为受法约束。其核心内容分为两大部分：一是对权力来源合法性的监督；二是监督权力行使的合理性。其中，监督权力来源的正当性是基础和前提，而行政监督行为的

[①] 叶海清：《制度兼容、制度互补与我国自然资源产权制度完善》，载《改革与战略》2010 年第 4 期，第 21 页。

[②] 王锋、余星涤、杜雪铭：《自然资源管理制度体系分析》，载《国土资源情报》2018 第 5 期，第 4 页。

合法有效性则是目的与手段。前者关注的是行政实体权力的合法性问题，而后者则专注于解决行政活动本身的合法性问题。在评估国家自然资源所有权委托代理行政监督过程中某一行政行为的合法性和有效性时，需要考虑两个重要方面：首先，是该行为的行政主体的合法性以及该行为所涉及的客体——国家对其拥有的自然资源享有的权利能否得到有效保护。其次，应关注这一行为是否具有合法依据。由于行政行为具有一定的规范性和强制性，所以在行政监督中也必须遵循正当程序。然而，在实际操作中，仍然存在一些不合法律或不合逻辑的行政监管行为。我国现行法律没有对行政监督合理性原则作出明确规定，而这种规定恰恰是行政监督合理性的重要体现。因此，行政监督的合理性原则应运而生，这要求行政实体在进行行政监督时，不仅要确保其行为是合法的，还需要确保其行为是合理和适当的。

合理性原则。国家自然资源所有权委托代理行政监督的合理性原则包含两个维度：一为平等。"平等"为法治之根基，无"平等"便无"法治"。因而"平等原则"也就成为法的基础性原则。[1] 我国《宪法》第33条第2款规定："中华人民共和国公民在法律面前一律平等。"平等是诞生于历史长河的一枚明珠，是理性社会与文明社会的象征。代入自然资源领域依旧如此，政府在行使国家自然资源所有权委托代理的监督职责时，应平等的对待每一个主体，执法必严，违法必究。二为正当。即行政监督主体在做出行政监督行为时，应当具有普适性，简而言之，应符合普罗大众的道德标准与生活价值观。当然人类由于认知水平的差异，其思想觉悟与生活观念存在差异，因此，这里的正当强调的是普世性的道德标准。

权责一致原则。明确行为责任是一切体制改革的核心问题。[2] 权

---

① 周佑勇、伍劲松：《行政法上的平等原则研究》，载《武汉大学学报（哲学社会科学版）》2007年第4期，第520-524页。

② 王放放：《论权责一致原则》，载《广东行政学院学报》2000年第4期，第16页。

责一致原则是我国政治生活与政治体制中的基础性原则，也是国家自然资源所有权委托代理行政监督中应当明确与贯彻的关键性原则。权责一致是我国行政监督体制改革的基础点。行政监督体制改革应有两个立足点：一是有效性——有利于发现和解决现实中的矛盾与弊端，二是可行性——从中国国情出发，具有实践性地平稳地解决问题。[①] 故而，落实国家自然资源所有权委托代理行政监督中的权责一致原则，能够有效保障行政监督权力与责任的均衡性与一体性。

二、国家自然资源所有权委托代理行政监督的机制与运行

国家自然资源所有权委托代理行政监督机制的建立与运作对于保障国有自然资源的合法权益、促进资源的合理利用至关重要。这一机制不仅需要明确的法律框架，还需要行政监督的具体操作机制，以确保监督的全面、有效和高效。

（一）国家自然资源所有权委托代理行政监督的机制[②]

迄今为止，我国并未出台专项法律法规对国家自然资源所有权委托代理行政监督进行规制，对自然资源资产的管理、保护与监督多依赖于由《土地管理法》《森林法》《草原法》《矿产资源法》《水法》《野生动物保护法》等自然资源单项法律和多部行政法规、部门规章组成的自然资源法律体系。根据《民法典》和《土地管理法》等自然资源单项法律的相关规定，自然资源属于国家所有，而政府作为自然资源资产产权实际上的管理者和监督者，依法承担着对自然资源使用、占有、交易、开采、经营等市场行为的监管职责，目前，政府对自然资源所有权委托代理的管理与监督实行统一所有、分级分部门行使体制，即在"坚持国家所有的前提下，建立中央政府和

---

① 王放放：《论权责一致原则》，载《广东行政学院学报》2000 年第 4 期，第 17 页。

② 本小节中的内容已经在期刊正式发表。见屈茂辉、张媞：《我国自然资源产权监督制度探析》，载《河南科技大学学报（社会科学版）》2020 年第 4 期，第 82-83 页。

地方政府分别代表国家履行出资人职责，享有所有者权益的体制"。

在此背景下，自然资源的占有、使用、收益、处置等权利经由中央政府统一调配后，将层层下放，最终实现由地方政府对我国自然资源产权进行具体的管理与监督。而鉴于我国以单行法为主的自然资源立法体系，政府对自然资源产权的管理与监督多实行分部门分级管理，即矿藏、水流、森林、野生动物等各类自然资源都分别由不同的政府部门进行管理与监督，这种集所有者与监管者于一身的政府内部监督制度是当前我国自然资源所有权委托代理政府监督机制所采用的主要的监督模式，在这一模式之下，政府内部监督体系的具体内容正在进行着不断地丰富与扩充。

为了对自然资源的开发、利用与保护工作提供积极指引，从根本上制止对自然资源的滥用与破坏行为，[①] 政府正在不断创新与完善监督制度，努力形成一条环环相扣，互补兼容的完整的国有自然资源产权监督链条，从而就自然资源资产开发利用和保护修复的全过程进行及时、全面的监督。就当前现状而言，资源督察制度、责任追究制度、绩效评价考核体系和领导干部资源资产责任审计四项制度在政府内部监督体系中起到了至关重要的作用，[②] 具体来说，对自然资源资产进行合理的调查把控是政府监督工作开展的基础，有助于政府部门厘清管辖范围内的自然资源资产状况，跟踪自然资源的动态变化，及时察觉资源浪费与生态破坏现象，同时，明确责任主体，严惩违法行为能够有效地遏制企业为追求经济利益大肆破坏生态的违法行为。政府监督不仅要监督企业的经济行为，更要监督政府官员的行政行为，自然资源离任审计制度将被审计领导干部任职期间履行自然资源资产管理和生态环境保护责任情况进行审计评价，从而界定

---

① 王立林、孟庆瑜：《论我国的自然资源立法及其法律体系构建》，载《东方论坛》1998年第3期，第58—69页。

② 王锋、余星涤、杜雪铭：《自然资源管理制度体系分析》，载《国土资源情报》2018年5期，第3—8页。

领导干部的绩效与应承担的责任，自然资源离任审计制度与绩效评价考核体系的建立对转变当前我国粗放型经济发展模式，增强领导干部生态环保意识，统筹自然资源开发利用中的经济效益与生态效益具有重要意义。

（二）国家自然资源所有权委托代理行政监督的运行

首先，问题的发现与举报。国家自然资源所有权委托代理的行政监督程序始于问题的发现。问题可通过监察机关主动发现，也可通过社会举报、媒体曝光等途径引起关注。政府机关应当建立有效的信息收集渠道，及时掌握有关国家自然资源所有权委托代理行政监督领域的问题。

其次，问题的核实与立案。一旦政府机关接收到关于国家自然资源所有权委托代理的问题，首要任务是进行核实。核实过程包括搜集相关证据、了解问题背景和涉事方，以确保问题确有实据。若问题确实存在，政府机关将对问题进行立案，明确调查的范围、对象和事实依据。

再次，为调查取证。在立案后，政府机关可根据需要听取相关当事人的陈述，以了解问题的各个方面。同时，进行调查取证，搜集更多的实质性证据。这个阶段需要确保程序的公正性，保护当事人的合法权益，以免造成不正当的损害。

最后，为决定处理与结果通报。调查取证结束后，政府机关将根据获得的证据撰写调查报告。这个报告应当详细描述问题的性质、当事人的行为、违法违规的事实依据等内容。基于报告，政府机关将决定是否对涉事方采取行政处理措施，例如责令整改、罚款、吊销资质等。决定的过程需要遵循法定程序，确保程序的公正和合法性。

最终的结果通告是政府机关对调查结果的正式宣布，将决定结果通告给相关当事人。在结果通告中，监督机关将说明问题的认定、采取的措施，以及当事人对结果的救济途径。同时，政府机关可能会对调查结果进行整理，形成监督报告，并对公众进行公开。公开监督报告有助于提高监督的透明度，加强社会监督，确保监督的公正性。

三、国家自然资源所有权委托代理行政监督的问题及优化路径

国家自然资源所有权委托代理行政监督是实现国家资源合理利用的关键环节，而在湖南省全民所有自然资源所有权委托代理试点设计之中，包括了湖南省人民政府作为委托代理制度的受托人，接受来自国务院自然资源部的委托，代理其行使国家自然资源所有权，并接受来自中央政府相应的行政监督。在对市地级政府的自然资源委托代理清单中同样也阐明，各类型自然资源所有权的行使，相应纳入自然资源部对湖南省人民政府行权履职情况的考核、监督与评价，且湖南省政府应配合自然资源部对地市级人民政府代理履职情况进行考核、评价和监督。但这一重要环节在实践中仍面临着一系列问题。① 这些问题可能源于法律体系的不完善、政府监督机关的制度性不足以及外部环境的挑战等多方面原因。为了更好地履行监督职责，我们必须深入剖析这些问题，并提出相应的优化路径。

（一）国家自然资源所有权委托代理行政监督的问题

1. 法律制度不完善

目前，国家自然资源所有权行政监督的法律体系尚不够完善。相关法规在具体规范方面可能存在模糊性，导致监督机关在实践中难以明确监督的范围和方式。

2. 政府监督机关制度性不足

由于一些地方政府投入不足、机关内部管理问题、监督机关职能定位不清晰等一系列原因，一些地方政府的监督机关制度性不足，缺乏足够的资源、人才和技术支持，这使得监督机关在履行监督职责时可能面临能力不足的问题。

---

① 李政、王孝德、马泽忠等：《全民所有自然资源资产国家所有权实现路径探索》，载《自然资源情报》2022年第3期，第60-64页。

3. 外部干扰因素较多

一些地方政府监督机关由于受到政治、经济等外部因素的干扰，使得监督工作难以真实、客观地展开。① 从而导致监督结果受到影响，不符合实际情况。

4. 监督手段相对单一

目前政府监察机关在履行职责时，监督手段相对单一，主要依赖于文件查阅、现场检查等传统手段。缺乏先进的科技手段使得监督的效果受到限制。

（二）国家自然资源所有权委托代理行政监督的优化路径

1. 完善相应法律法规体系

通过国家自然资源所有权委托代理监督相关法律法规的制定和完善，建设更为完备的法律体系。这包括明确行政监督范围、强化法规执行力度、建立资源监督的专门法规等。通过法律法规的完善，可以为行政监督机关提供更为明确的法律依据。

2. 强化政府监督机关制度建设

加强政府监督机关的内部制度建设，包括提高机关的专业水平、建设高效的管理机制、优化人才队伍结构等。此外，需要加大政府对监督机关的支持力度，确保监督机关能够有充足的资源和权力来履行监督职责。

3. 加强政府监督机关的独立性与公正性

加强监督机关的独立性和公正性，建立更为完善的机制来防范外部干扰。可以通过设立独立的资源监督机构、强化监督机关的法定独立性等方式来确保监督机关的独立性。

4. 推动监督手段的创新应用

加强政府监督手段的创新应用，推动科技手段在监督中的广泛应用。包括利用大数据分析技术、人工智能等先进技术，提升监督的

---

① 曾维涛：《完善我国行政监督体制的几点思考》，载《江西财经大学学报》2006 年第 5 期，第 75-78 页。

精准性和效率。① 同时，推动监督机关培训人才，提升其运用新技术的能力。

5. 建设社会公众监督机制

如前所述，自然资源国家所有权实质意义上的受益人应是全体人民。在我国当前的经济发展过程中，由于缺乏相关的监督机制等原因，使得资源的利用和保护出现了一系列问题，甚至造成了严重的后果。各个层级的主体在行使自然资源的国家所有权时，社会大众的监督变得尤为关键。因此，我们有责任优化政府信息的公开途径，确保公众能够及时获取代理实体关于自然资源利用的详细信息，并确保这些信息是全面、透明和公开的。为此，应通过立法形式将社会公众与政府部门之间的信息沟通制度确立下来。与此同时，也应积极推动社会大众对政府在自然资源管理方面的行为进行有效监管，并进一步完善相应的奖励制度。通过建立起有效的监督机制来约束行政不作为和腐败行为。对于那些发现政府部门违法、违纪或违规行为，并勇于揭露的社会大众，应给予奖励，以确保全民监督成为自然资源资产产权监督体系建设中的中流砥柱。

① 徐丹：《人工智能时代行政执法监督的变迁与应对》，载《人工智能》2022 年第 1 期，第 90-96 页。

参考书目

[1] 中共中央文献研究室. 习近平关于社会主义生态文明建设论述摘编 [M]. 北京：中央文献出版社，2017.

[2] 中共中央宣传部，中华人民共和国生态环境部. 习近平生态文明思想学习纲要 [M]. 北京：学习出版社，2022.

[3] 习近平. 论坚持人与自然和谐共生 [M]. 北京：中央文献出版社，2022.

[4] 习近平法治思想概论编写组. 习近平法治思想概论 [M]. 北京：高等教育出版社，2021.

[5] 中共中央宣传部，中央全面依法治国委员会办公室. 习近平法治思想学习纲要 [M]. 北京：人民出版社，2021.

[6] 习近平. 论坚持全面依法治国 [M]. 北京：中央文献出版社，2020.

[7] 中共中央文献研究室. 习近平关于全面依法治国论述摘编 [M]. 北京：中央文献出版社，2015.

[8] 张文显. 法理学 [M]. 3版. 北京：法律出版社，2007.

[9] 张文显. 法理学 [M]. 5版. 北京：高等教育出版社，2018.

[10] 卓泽渊. 法理学 [M]. 2版. 北京：法律出版社，2016.

[11] 赵明. 法理学 [M]. 北京：法律出版社，2012.

[12] 赵肖筠，史凤林. 法理学 [M]. 2版. 北京：法律出版社，2012.

[13] 付子堂. 法理学高阶 [M]. 3版. 北京：高等教育出版社，2020.

[14] 周永坤. 法理学 [M]. 4版. 北京：法律出版社，2016.

[15] 张晋藩. 中国宪法史 [M]. 修订本. 北京：中国法制出版社，2016.

[16] 张晋藩. 中国法律的传统与近代转型 [M]. 4版. 北京：法律出版社，2019.

[17] 周旺生. 立法学 [M]. 2版. 北京：法律出版社，2009.

[18] 杨临宏. 立法学：原理、程序、制度与技术 [M]. 北京：中国社会科学出版社，2020.

［19］王保民. 立法法理学［M］. 北京：法律出版社，2019.

［20］黄文艺. 立法学［M］. 北京：高等教育出版社，2008.

［21］陈光. 立法学原理［M］. 武汉：武汉大学出版社，2018.

［22］邓世豹. 立法学：原理与技术［M］. 广州：中山大学出版社，2016.

［23］吕克·J. 温特根斯. 立法法理学［M］. 朱书龙，译. 北京：商务印书馆，2022.

［24］关保英. 行政法学［M］. 2版. 北京：法律出版社，2018.

［25］关保英. 比较行政法学［M］. 修订版. 北京：商务印书馆，2022.

［26］姜明安. 行政法与行政诉讼法［M］. 7版. 北京：北京大学出版社，2019.

［27］姜明安. 行政法［M］. 5版. 北京：法律出版社，2022.

［28］姜明安. 行政法与行政诉讼法［M］. 7版. 北京：北京大学出版社，2019.

［29］章剑生. 现代行政法总论［M］. 2版. 北京：法律出版社，2019.

［30］陈新民. 中国行政法学原理［M］. 北京：中国政法大学出版社，2002.

［31］余凌云. 行政法讲义［M］. 3版. 北京：清华大学出版社，2019.

［32］胡建淼. 行政法学［M］. 5版. 北京：法律出版社，2023.

［33］哈特穆特·毛雷尔. 行政法学总论［M］. 高家伟，译. 北京：法律出版社，2000.

［34］杨解君. 法国行政合同［M］. 上海：复旦大学出版社，2009.

［35］王名扬. 王名扬全集：法国行政法［M］. 北京：北京大学出版社，2016.

［36］叶必丰. 行政行为原理［M］. 北京：商务印书馆，2014.

［37］王克稳. 行政审批制度改革中的法律问题［M］. 北京：法律出版社，2018.

［38］王利明，杨立新，王轶，等. 民法学［M］. 6版. 北京：法律出版社，2020.

［39］江平. 民法学［M］. 4版. 北京：中国政法大学出版社，2019.

［40］王轶. 民法原理与民法学方法［M］. 北京：法律出版社，2009.

［41］孙宪忠. 民法典法理与实践逻辑［M］. 北京：中国社会科学出版社，2022.

［42］弗朗茨·比德林斯基. 私法的体系与原则［M］. 曾见，刘志阳，喻露，译. 北京：中国人民大学出版社，2023.

［43］屈茂辉，等. 中国民法［M］. 3版. 北京：法律出版社，2022.

［44］屈茂辉. 民法引论［M］. 北京：商务印书馆，2014.

［45］孙宪忠. 权利体系与科学规范［M］. 北京：社会科学文献出版社，2018.

［46］孙宪忠. 中国物权法总论［M］. 4版. 北京：法律出版社，2018.

［47］孙宪忠. 物权法的实施：物权确定：第 1 卷［M］. 北京：社会科学文献出版社，2013.

［48］王利明. 中国民法典评注：物权编［M］. 北京：人民法院出版社，2021.

［49］孙宪忠，朱广新. 民法典评注：物权编［M］. 北京：中国法制出版社，2020.

［50］王利明. 物权法研究［M］. 4 版. 北京：中国人民大学出版社，2016.

［51］王利明. 物权法［M］. 2 版. 北京：中国人民大学出版社，2021.

［52］孙宪忠. 论物权法［M］. 修订版. 北京：法律出版社，2008.

［53］梁慧星，陈华彬. 物权法［M］. 7 版. 北京：法律出版社，2020.

［54］程啸. 不动产登记法研究［M］. 2 版. 北京：法律出版社，2018.

［55］屈茂辉. 物权法：原理精要与实务指南［M］. 北京：人民法院出版社，2008.

［56］屈茂辉. 用益物权制度研究［M］. 北京：中国方正出版社，2005.

［57］屈茂辉. 用益物权论［M］. 长沙：湖南出版社，1999.

［58］徐涤宇，胡东海，熊剑波，等. 物权法领域公私法接轨问题研究［M］. 北京：北京大学出版社，2016.

［59］王克稳. 行政许可中特许权的物权属性与制度构建研究［M］. 北京：法律出版社，2015.

［60］孙宪忠，等. 国家所有权的行使与保护研究［M］. 北京：中国社会科学出版社，2015.

［61］王克稳. 自然资源特许权有偿出让研究［M］. 北京：北京大学出版社，2021.

［62］张牧遥. 国有自然资源特许使用权研究［M］. 北京：中国社会科学出版社，2019.

［63］欧阳君君. 自然资源特许使用的理论建构与制度规范［M］. 北京：中国政法大学出版社，2016.

［64］单平基. 自然资源权利配置法律机制研究［M］. 南京：东南大学出版社，2020.

［65］叶榅平. 自然资源国家所有权的理论诠释与制度建构［M］. 北京：中国社会科学出版社，2019.

［66］张璐. 自然资源损害救济机制类型化研究［M］. 北京：法律出版社，2015.

［67］陈家宏，等. 自然资源权益交易法律问题研究［M］. 成都：西南交通大学出版社，2012.

［68］黄萍. 自然资源使用权制度研究［M］. 上海：上海社会科学院出版社，2013.

［69］刘卫先. 自然资源权体系及实施机制研究：基于生态整体主义视角［M］. 北

京：法律出版社，2016.

[70] 张璐. 自然资源损害救济机制类型化研究 [M]. 北京：法律出版社，2015.

[71] 施志源. 生态文明背景下的自然资源国家所有权研究 [M]. 北京：法律出版社，2015.

[72] 邱秋. 中国自然资源国家所有权制度研究 [M]. 北京：科学出版社，2010.

[73] 王世杰. 国有自然资源权益核算研究 [M]. 北京：经济科学出版社，2021.

[74] 朱道林，王健，张倩，等. 自然资源资产核算国际比较与借鉴 [M]. 北京：中国大地出版社，2022.

[75] 李永宁. 环境资源法前沿热点问题研究 [M]. 北京：中国政法大学出版社，2018.

[76] 李永宁. 西部地区资源环境法律问题研究 [M]. 北京：中国政法大学出版社，2018.

[77] 肖国兴. 破解"资源诅咒"的法律回应 [M]. 北京：法律出版社，2017.

[78] 蔡守秋. 环境资源法教程 [M]. 3版. 北京：高等教育出版社，2017.

[79] 王文革. 环境资源法：理论·实务·案例 [M]. 3版. 北京：中国政法大学出版社，2020.

[80] 颜运秋，陈海嵩，余彦. 环境资源法 [M]. 长沙：中南大学出版社，2016.

[81] 王文革. 自然资源法：理论·实务·案例 [M]. 北京：法律出版社，2016.

[82] 陈德敏. 资源法原理专论 [M]. 北京：法律出版社，2011.

[83] 余元玲，等. 水资源保护法律制度研究 [M]. 北京：光明日报出版社，2010.

[84] 阎其华. 自然资源法 [M]. 北京：中国政法大学出版社，2021.

[85] 张梓太. 自然资源法学 [M]. 北京：北京大学出版社，2007.

[86] 孟庆瑜，刘武朝. 自然资源法基本问题研究 [M]. 北京：中国法制出版社，2006.

[87] 戚道孟. 自然资源法 [M]. 北京：中国方正出版社，2005.

[88] 吴兴南，孙月红. 自然资源法学 [M]. 北京：中国环境科学出版社，2004.

[89] 肖国兴，肖乾刚. 自然资源法 [M]. 北京：法律出版社，1999.

[90] 屈茂辉，等. 自然资源法总论 [M]. 长沙：湖南大学出版社，2024.

[91] 邵学峰. 中国国有自然资源合理开发利用与提升监管质量研究 [M]. 北京：经济科学出版社，2018.

[92] 蔡守秋. 生态文明建设的法律和制度 [M]. 北京：中国法制出版社，2016.

［93］关保英. 自然资源行政法新论［M］. 北京：中国政法大学出版社，2008.

［94］高桂林，杨雪婧. 生态文明视野下自然资源法治研究［M］. 北京：中国政法大学出版社，2022.

［95］马永欢，吴初国，曹清华，等. 生态文明视角下的自然资源管理制度改革研究［M］. 北京：中国经济出版社，2017.

［96］黄锡生. 生态文明法制建设研究［M］. 重庆：重庆大学出版社，2022.

［97］杨朝霞. 生态文明观的法律表达：第三代环境法的生成［M］. 北京：中国政法大学出版社，2019.

［98］于法稳，胡剑锋. 生态经济与生态文明［M］. 北京：社会科学文献出版社，2012.

［99］谢高地. 自然资源总论［M］. 北京：高等教育出版社，2009.

［100］朱迪·丽丝. 自然资源：分配、经济学与政策［M］. 蔡运龙，译. 北京：商务印书馆，2005.

［101］姜丽华. 自然资源经济与管理研究［M］. 哈尔滨：哈尔滨出版社，2022.

［102］于宏. 自然资源开发与规划管理［M］. 长春：吉林人民出版社，2021.

［103］郑昭佩. 自然资源学基础［M］. 青岛：中国海洋大学出版社，2013.

［104］黄贤金. 自然资源经济学［M］. 北京：高等教育出版社，2021.

［105］于池. 中国国有企业权利委托代理关系研究［M］. 北京：中国经济出版社，2012.

［106］张孝梅. 委托人与代理人的目标冲突及融合［M］. 北京：中国人民大学出版社，2015.

［107］袁久和. 我国农民专业合作社中的委托代理关系与治理研究［M］. 北京：经济管理出版社，2018.

［108］刘自敏. 公共事业部门监管体制的经济学分析［M］. 北京：中国财政经济出版社，2018.

［109］母小曼. 土地储备过程中的委托代理关系与制度约束［M］. 北京：光明日报出版社，2007.

［110］刘研华. 基于委托-代理理论的环境规制激励机制设计［M］. 长春：吉林人民出版社，2011.

［111］陈国富. 委托-代理与机制设计［M］. 天津：南开大学出版社，2003.

［112］罗艳梅. 双重委托代理关系下角色冲突、委托人权力配置与内部审计行为研

究［M］. 北京：北京大学出版社，2018.

[113] 罗建钢. 委托代理：国有资产管理体制创新［M］. 北京：中国财政经济出版社，2004.

[114] 沈剑. 委托代理关系下国有企业经营中的机会主义行为及治理研究［M］. 西安：陕西师范大学出版社，2020.

[115] 让-雅克·拉丰，大卫·马赫蒂摩. 激励理论：第一卷：委托-代理模型［M］. 陈志俊，等译. 北京：中国人民大学出版社，2002.

[116] 夏涛独. 土地市场化背景下土地使用权招标出让的委托代理分析研究［M］. 成都：西南财经大学出版社，2017.

[117] 自然资源部国土整治中心. 自然资源资产权利体系与行使研究［M］. 北京：新华出版社，2022.

[118] 自然资源部自然资源所有者权益司. 全民所有自然资源资产所有者权益管理［M］. 北京：商务印书馆，2023.

[119] 王文革. 全民所有自然资源资产权益实现机制研究［M］. 北京：法律出版社，2022.

缩略语表

序号	简称	全称
1	《宪法》	《中华人民共和国宪法》
2	《民法典》	《中华人民共和国民法典》
3	《土地管理法》	《中华人民共和国土地管理法》
4	《矿产资源法》	《中华人民共和国矿产资源法》
5	《草原法》	《中华人民共和国草原法》
6	《森林法》	《中华人民共和国森林法》
7	《水法》	《中华人民共和国水法》
8	《海域使用管理法》	《中华人民共和国海域使用管理法》
9	《农村土地承包法》	《中华人民共和国农村土地承包法》
10	《湿地保护法》	《中华人民共和国湿地保护法》
11	《海岛保护法》	《中华人民共和国海岛保护法》
12	《物权法》	《中华人民共和国物权法》
13	《城市房地产管理法》	《中华人民共和国城市房地产管理法》

续表

序号	简称	全称
14	《企业国有资产法》	《中华人民共和国企业国有资产法》
15	《国务院组织法》	《中华人民共和国国务院组织法》
16	《地方各级人民代表大会和地方各级人民政府组织法》	《中华人民共和国地方各级人民代表大会和地方各级人民政府组织法》
17	《行政处罚法》	《中华人民共和国行政处罚法》
18	《行政诉讼法》	《中华人民共和国行政诉讼法》
19	《行政许可法》	《中华人民共和国行政许可法》
20	《环境保护法》	《中华人民共和国环境保护法》
21	《监察法》	《中华人民共和国监察法》
22	《海警法》	《中华人民共和国海警法》
23	《野生动物保护法》	《中华人民共和国野生动物保护法》
24	《土地管理法实施条例》	《中华人民共和国土地管理法实施条例》
25	《城镇国有土地使用权出让和转让暂行条例》	《中华人民共和国城镇国有土地使用权出让和转让暂行条例》
26	《陆生野生动物保护实施条例》	《中华人民共和国陆生野生动物保护实施条例》
27	《森林法实施条例》	《中华人民共和国森林法实施条例》

后 记

本书源起于我作为专家组长参与的《湖南省全民所有自然资源资产所有权委托代理机制试点实施总体方案》研究和领衔承担的湖南省自然资源厅重大科研项目"湖南省全民所有自然资源资产产权体系实现机制创新研究"。书稿写作历时一年半。本书的章节体例及核心观点由本人确定，各章的初稿由我指导的作为项目核心骨干的博士研究生同学完成，最后再由我修改、统稿。本书也集结了我近些年关于自然资源国家所有权理论和法律制度的体系性思考，纳入了部分已发表的文章观点。初稿的写作，第一章由陈希主笔；第二章由陈希撰写第一节，柳婷婷撰写第二、三节；第三章由柳婷婷主笔；第四章由廖子轩主笔；第五章由刘斯钦主笔；第六章由吴俊廷主笔；第七章由张媞主笔。

初稿的完成，各位作者付出了很多艰辛和努力。从作者撰写的文稿中可以发现，自然资源法学不同于一般意义上的部门法学，往往涉及宪法学、行政法学、民法学、经济法学等等，是真正意义上的领域法。同时，我也欣喜地看到，几位博士研究生无论在知识广度和理论思维，还是在资料收集和应用，抑或是逻辑展开等方面都有了明显的进步，具备了基本的从事法学研究的能力。尤其令人欣慰的是，攻读博士研究生期间曾留学德国两年的柳婷婷博士（现在为湖南财政经济学院法学教师，毕业当年就获批了国家社科基金项目并破格晋升为副教授），在本课题研究中已展露出了扎实的学术研究底蕴，问题意识突出，观点阐述精当，文笔自然流畅。相信她在未来的学术生涯中定能粲然可观。

本书的出版，要特别感谢湖南省自然资源厅的领导以及权益处、科技处的领导，还要感谢湖南大学出版社及其编辑谌鹏飞先生的辛勤劳动。

本书虽然经过了多次的修改、校对，但仍难免有错漏之处，观点上也可能有浅陋之言，敬请各位同行学者批评指正。

二〇二四年五月

于岳麓山下东升楼